U0529564

本书获得中国社会科学院大学中央高校基本科研业务费优秀博士学位论文出版资助项目经费支持，谨以致谢！

中国社会科学院大学文库
优秀博士学位论文系列
UCASS Excellent
Doctoral Dissertation

西夏文《解释道果语录金刚句记》研究

李雷　著

中国社会科学出版社

图书在版编目(CIP)数据

西夏文《解释道果语录金刚句记》研究 / 李雷著 . —北京：中国社会科学出版社，2022. 12

（中国社会科学院大学文库 . 优秀博士学位论文系列）

ISBN 978-7-5227-0968-0

Ⅰ. ①西… Ⅱ. ①李… Ⅲ. ①西夏语—喇嘛宗—佛经—研究 Ⅳ. ①B946. 6

中国版本图书馆 CIP 数据核字（2022）第 202096 号

出 版 人　赵剑英
责任编辑　刘　芳
责任校对　杨　林
责任印制　李寡寡

出　　版　中国社会科学出版社
社　　址　北京鼓楼西大街甲 158 号
邮　　编　100720
网　　址　http://www.csspw.cn
发 行 部　010-84083685
门 市 部　010-84029450
经　　销　新华书店及其他书店

印　　刷　北京君升印刷有限公司
装　　订　廊坊市广阳区广增装订厂
版　　次　2022 年 12 月第 1 版
印　　次　2022 年 12 月第 1 次印刷

开　　本　710×1000　1/16
印　　张　18. 75
字　　数　261 千字
定　　价　98. 00 元

中国社会科学院大学优秀博士学位论文系列

序　　言

呈现在读者面前的这套中国社会科学院大学（以下简称“中国社科大”）优秀博士学位论文集，是专门向社会推介中国社科大优秀博士学位论文而设立的一套文集，属于中国社会科学院大学文库的重要组成部分。

中国社科大的前身，是中国社会科学院研究生院。中国社会科学院研究生院成立于1978年，是新中国成立最早的研究生院之一。1981年11月3日，国务院批准中国社会科学院研究生院为首批博士和硕士学位授予单位，共批准了22个博士授权学科和29位博士生导师。截至2020年7月，中国社科大（中国社会科学院研究生院）学校拥有博士学位一级学科17个、硕士学位一级学科16个，博士学位二级学科108个、硕士学位二级学科114个，还有金融、税务、法律、社会工作、文物与博物馆、工商管理、公共管理、汉语国际教育等8个硕士专业学位授权点，现有博士生导师757名、硕士生导师1132名。40多年来共授予科学学位硕士7612人、博士6268人，专业硕士学位6714人。

为鼓励博士研究生潜心治学，作出优秀的科研成果，中国社会科学院研究生院自2004年开始评选优秀博士学位论文。学校为此专门制定了《优秀博士学位论文评选暂行办法》，设置了严格的评选程序。秉持“宁缺勿滥”的原则，从每年答辩的数百篇博士学位论文中，评选不超过10篇的论文予以表彰奖励。这些优秀博士学位论文有以下共同特点：一是选题为本学科前沿，有重要理论意义和实践价值；二是理论观点正确，理论或方法有创新，研究成果处于国内领先水平，具有较好的社会效益或应用价值与前景；三是资料翔实，逻辑严谨，文字流畅，表达确当，无学术不端行为。

《易·乾》曰："君子学以聚之，问以辩之"。学术研究要"求真求实求新"。博士研究生已经跨入学术研究的殿堂，是学术研究的生力军，是高水平专家学者的"预备队"，理应按照党和国家的要求，立志为人民做学问，为国家、社会的进步出成果，为建设中国特色社会主义的学术体系、学科体系和话语体系做贡献。

习近平总书记教导我们：学习和研究"要求真，求真学问，练真本领。'玉不琢，不成器；人不学，不知道。'学习就必须求真学问，求真理、悟道理、明事理，不能满足于碎片化的信息、快餐化的知识。"按照习近平总书记的要求，中国社科大研究生的学习和学术研究应该做到以下三点。第一，要实实在在地学习。这里的"学习"不仅是听课，读书，还包括"随时随地的思和想，随时随地的见习，随时随地的体验，随时随地的反省"（南怀瑾先生语）。第二，要读好书，学真知识。即所谓"有益身心书常读，无益成长事莫为"。现在社会上、网络上的"知识"鱼龙混杂，读书、学习一定要有辨别力，要读好书，学真知识。第三，研究问题要真，出成果要实在。不要说假话，说空话，说没用的话。

要想做出实实在在的学术成果，首先要选择真问题进行研究。这里的真问题是指那些为推动国家进步、社会发展、人类文明需要解决的问题，而不是没有理论意义和实践价值的问题，也不是别人已经解决了的问题。其次，论述问题的依据要实在。论证观点依靠的事例、数据、观点是客观存在的，是自己考据清楚的，不能是虚假的，也不能是自以为是的。再次，要作出新结论。这里说的新结论，是超越前人的。别人已经得出的结论，不能作为研究成果的结论；对解决问题没有意义的结论，也不必在成果中提出。要依靠自己的独立思考和研究，从“心”得出结论。做到“我书写我心，我说比人新，我论体现真”。

我希望中国社科大的研究生立志高远，脚踏实地，以优异的学习成绩和学术成果“为国争光、为民造福”。这也是出版本优秀博士学位论文集的初衷。

王新清

2021年12月9日

目　录

绪　论

“道果”（lam ’bras）法是藏传佛教萨迦派根本大法，其根本所依为《道果》，全称《道果根本金刚句》（*Lam ’bras bu dang bcas pa’i rtsa ba rdo rje’i tshig rkang*，或曰《道果语录金刚句》）。[①]相传萨迦派祖师密哩斡巴（Virūpa）曾在夜晚受金刚无我佛母（Nairātmyā）指授，造《道果根本金刚句》，浓缩了《喜金刚三续》的精华。[②]11世纪中期，辗转传至大译师卓弥·释迦也失（’Brog mi lo tsā ba Shākya ye shes）。自此，“道果”法开始在西藏传承。又历约一百年，传至萨迦初祖萨钦·贡噶宁波（Kun dga’ snying po,

① 今各种刻版《丹珠尔》均收其本，见北京版 rgyud tsi, pp. 152a-155b，那塘版 rgyud tsi, pp. 140b-144a，德格版 rgyud tsi, pp. 139a-142b。吕澂先生认为《道果金刚句》原名《道果指示》（*Lam ’bras bu dang bcas pa’i gdam-ngag*）。见吕澂《汉藏佛教关系史料集》，《华西协和大学中国文化研究所专刊》乙种第一册，1942年版，“导言”第Ⅷ页。据译师法护言，《道果》应名为《道果根本颂金刚句偈》，一般藏传佛教略称《金刚句偈》。见毕瓦巴原著，萨嘉班智达讲释《道果本颂金刚句偈注》，法护译，大藏文化出版1992年版，第30页。

②《喜金刚三续》（*Kye rdor rgyud gsum*）为本续《喜金刚二品本续王》（*Hevajra tantra rāja, kye’i rdo rje shes bya ba rgyud kyi rgyal po*）、不共注释续《圣空行母金刚帐续》（*Ārya ḍākinī vajrapañjara, ’phags pa mkha’ ’gro ma rdo rje gur*）、共通注释续《吉祥三菩怛续》（*Sampuṭa nāma mahātantra, yang dag par shes bya ba’i rgyud chen po*）。转引自安海燕《明代汉译藏传密教文献研究》，中国藏学出版社2019年版，第167页。

1092—1158）。[①]在此之前，《道果》仅口耳相传，贡噶宁波首次将其记录成文字。又因《道果》内容深奥难解，应弟子所请，贡噶宁波将道果教授分疏本颂，为其作十一种疏释，成《金刚句偈注》（*rDo rje tshig rkang rnam 'grel*）。[②]

道果法由“道”和“果”两大部分组成。“道”是道果法的主体，指修行人需要修习的各种法门，以证得圆满佛果。道可分为广、中、略和深、中、浅共六道。其完整内容为“广道”所摄，包括共同道（共轮涅道）、世间道和出世间道，其中共同道复分为三相道（snang ba gsum bstan pa'i lam）、三续道（rgyud gsum bstan pa'i lam）、四量道（tshad ma bzhi ru bstan pa'i lam）、六要道（gdams ngag drug tu bstan pa'i lam）、四耳承道（snyan brgyud bzhir bstan pa'i lam）、五缘生道（rten 'brel lngar bstan pa'i lam）和滞方慧护法（thabs shes kyi phyogs so lhung ba'i lam gyi bar chad srung ba'i bye brag bstan pa），世间道和出世间道亦有若干分支。“中道”和“略道”则是就广道语义上的浓缩。深、中、浅三道是据补特伽罗之根器而言，分别对应上、中、下根的补特伽罗。“果”指经过修道而证得的成就果，包括自利果、利他果、自他二利果三种，即“三果德”。“广中略三道”“深中浅三道”与“三果德”合称“道果九法”。

① 关于卓弥译师的生平及“道果”法在西藏的早期传承参见 Donald M. Davidson, *Tibetan Renaissance: Tantric Buddhism in the Rebirth of Tibetan Culture*, New York: Columbia University Press, 2005, pp. 161-209； 马洲洋《西藏“道果法”早期传承述略——以卓弥译师的生平事迹为中心》，载沈卫荣主编《汉藏佛学研究：文本、人物、图像和历史》，中国藏学出版社 2013 年版，第 349—373 页。

② 整个道果教授的教诫共四部分，三十一函，其中第二十八至三十函为《金刚句偈注》，但从目录看实际只有八家。其余三部分为《教学释》（*Slob bshad*）、《会众释》（*Tshogs bshad*）和《道果红卷》（*Lam 'bras pod dmar*）。法护认为《金刚句偈注》是由“得其真传诸师，将诀窍教授分疏本颂”而成。见毕瓦巴原著，萨嘉班智达讲释《道果本颂金刚句偈注》，法护译，大藏文化出版 1992 年版，第 30 页。

本书所研究的西夏文《解释道果语录金刚句记》（卷一）即是对《道果根本金刚句》的长篇疏释。对西夏文译本的解读，将为西夏文献学、西夏藏传佛教以及“道果”法相关研究提供一份新资料。

第一节　西夏文藏传佛教文献研究概况

现存西夏文佛教文献有汉传和藏传两个系统，学界对其判定的依据主要是看西夏文译本所据之底本，据汉文本翻译的即为汉传，据藏文本翻译的则为藏传。西夏文《佛母大孔雀明王经》（[illegible]）是第一部得到解读的西夏文藏传佛经。1932年，王静如通过比较梵、藏、汉诸译本的差别，证明西夏文本译自藏文本。[①]同年，聂历山和石滨纯太郎，以及罗福成分别对西夏文《八千颂般若经》（[illegible]）片段和《大随求陀罗尼经》（[illegible]）的部分内容进行释读，指出其译自藏文。[②]

1977 年，西田龙雄整理出《西夏佛典目录》，通过对比西夏文和藏文的经题，对部分西夏文佛典的底本做了初步鉴定。[③]1999年，克恰诺夫在此基础上进一步核对了大部分佛典的正文，编成

① 王静如：《〈佛母大孔雀明王经〉夏梵汉合璧校释》，《西夏研究》第 1 辑，国立中央研究院历史语言研究所单刊之八，1932 年，第 181—249 页。

② ［俄］聂历山、［日］石滨纯太郎：《西夏文〈八千颂般若经〉合璧考释》，《国立北平图书馆馆刊》第 4 卷第 3 号（西夏文专号），1932 年，第 2751—2762 页；罗福成：《圣大明王随求皆得经下卷释文》，《国立北平图书馆馆刊》第 4 卷第 3 号（西夏文专号），1932 年，第 2723—2726 页。

③ ［日］西田龙雄：《西夏文华严经》第 3 册，京都大学文学部 1977 年版，第 1—60 页。

了更为完整的《圣彼得堡东方文献研究所所藏西夏佛教文献目录》。[①]这一工作显然为解读藏传西夏文佛经提供了便利，但其中难免存在一些讹误，需要研究者重新考证。此外，部分藏文底本或已亡佚，现存的文本无法与西夏文本勘同，这也成为研究者面临的首要难题。

在此期间，学界对西夏文藏传佛教文献鲜有问津。只有西田龙雄简要翻译了西夏文《大印究竟要集》《大手印顿入要门》《大手印定引导要门》等其中有关传承体系的内容，[②]并开始觉察到西夏文献中的有些佛教术语是从藏语“硬译”来的，比如“[illegible]”（如来）译自藏文 de bzhin gshegs pa、“[illegible]”（彼岸）译自藏文 pha rol。[③]聂鸿音受此启发，开始有意识地整理和比对西夏文献中佛教术语的翻译，根据底本的不同将其分为“汉式词”和“藏式词”，[④]并指出西夏在翻译藏文本中的佛教术语时习惯意译藏文，不同于翻译汉文本时的音译。[⑤]之后，聂鸿音又解读了《圣出有坏母胜慧到彼岸中心大乘经（般若心经）》（[illegible]），通过比较夏、汉、藏、梵各本，指出西夏文本译自藏文本，并对其中出现的藏式词进行了整理和说明。[⑥]

此后，学界在释读西夏文藏传佛典时，除了判定其底本外，

① Е. И. Кычанов, *Каталог тангутских буддийски памятников,* Киото: Университет Киото, 1999.

② ［日］西田龙雄：《西夏语仏典目录编纂の诸问题》，收录于Е. И. Кычанов, *Каталог тангутских буддийски памятников,* Киото: Университет Киото, 1999. XLI-XLIV。汉译本见［日］西田龙雄《西夏语佛典目录编纂的诸问题》，载沈卫荣主编《汉藏佛学研究：文本、人物、图像和历史》，王曦译，中国藏学出版社 2013 年版，第 105—141 页。

③ Е. И. Кычанов, *Каталог тангутских буддийски памятников,* Киото: Университет Киото, 1999. стр. 31.

④ 聂鸿音：《西夏佛教术语的来源》，《固原师专学报》2002 年第 2 期。

⑤ 聂鸿音：《西夏的佛教术语》，《宁夏社会科学》2005 年第 6 期。

⑥ 聂鸿音：《西夏文藏传〈般若心经〉研究》，《民族语文》2005 年第 2 期。

更加关注对藏式词的积累，常常制作索引，并对翻译规则和方式进行总结。例如林英津解读西夏文本《圣妙吉祥真实名经》（[illegible]），[①]其注释部分内容详尽，包括夏、汉、藏本的对校，西夏语义的考证，以及翻译方法的解说等，正文后另附索引。孙昌盛通过对照藏文本《真实相应大本续》（*Yang dag par sbyor ba zhes bya ba'i rgyud chen po*），明确了西夏文本《吉祥遍至口合本续》（[illegible]）中一大批藏式词的意义，并认为西夏文翻译并没有统一的标准，基本上是忠实于原本。[②]孙伯君指出西夏意译藏文、音译汉文的翻译方式是受汉文佛经和藏文佛经自身奉行的翻译原则影响所致。汉文佛经大多奉行唐玄奘的“五不翻”原则，翻译梵文佛经时，关于佛、菩萨和声闻等词语，汉文佛经主要采用音译；藏文佛经大多奉行吐蕃赞普赤德松赞 814 年颁布的法令，故主要采用意译。[③]段玉泉则通过对周慧海三个译本的释读和对勘研究，指出其中的佛教术语有意译、音译和转译三种情况。[④]西夏文《守护大千国土经》（[illegible]）中的佛教术语翻译方式更为复杂，安娅将其归纳总结为意译藏文、音译和意译藏文结合、音译梵文、音译藏文结合四类。[⑤]胡进杉、张九玲、李若愚、孙伯君、聂鸿音、李梦溪等也分别对《七功德

① 林英津：《西夏语译〈真实名经〉释文研究》，《语言暨语言学》专刊甲种之八，“中央研究院”语言学研究所，2006 年。

② 孙昌盛：《西夏文〈吉祥遍至口合本续〉（第四卷）研究》，博士学位论文，南京大学，2006 年；《西夏文〈吉祥遍至口合本续〉整理研究》，社会科学文献出版社 2015 年版。

③ 孙伯君：《西夏佛经翻译的用字特点与译经时代的判定》，《中华文史论丛》第 86 辑，上海古籍出版社 2007 年版，第 307—326 页。

④ 段玉泉：《语言背后的文化流传：一组西夏藏传佛教文献解读》，博士学位论文，兰州大学，2009 年。

⑤ 安娅：《从西夏文〈守护大千国土经〉看西夏人译藏传佛经》，《宁夏社会科学》2016 年第 4 期；《西夏文藏传〈守护大千国土经〉研究》，花木兰文化出版社 2017 年版。

谭》（[illegible]）[1]、《大随求陀罗尼经》（[illegible]）[2]、《喜金刚现证如意宝》（[illegible]）[3]、西夏文“大手印”法经典[4]、《菩提心及常作法事》（[illegible]）[5]、《显明圣金刚能断至胜慧彼岸大经义·灯炬记》（[illegible]·[illegible]）[6]中的藏式词进行了说明和总结。

在对西夏文本与藏文本，或兼及汉文本进行详细的对勘后，学者们对西夏文本的翻译程序也有一些讨论。孙伯君认为西夏文《佛说圣大乘三归依经》（[illegible]）译自汉文本，从而推测在西夏时期，某些番、汉两译佛经的翻译程序可能是先翻译成汉文，再据汉文译成西夏文。[7]王龙在对《圣大乘胜意菩萨经》作夏、汉、藏对勘后，同样指出其西夏译本并非直接译自藏文本，而是据汉文本转译的。[8]段玉泉在对《胜相顶尊总持功能依

① 胡进杉：《西夏文〈七功德谭〉及〈佛说止息贼难经〉译注》，载杜建录主编《西夏学》第8辑，上海古籍出版社2011年版。

② 张九玲：《西夏文〈大随求陀罗尼经〉研究》，花木兰文化出版社2017年版。

③ 李若愚：《西夏文〈喜金刚现证如意宝〉考释》，博士学位论文，中国社会科学院研究生院，2017年。

④ 孙伯君、聂鸿音：《西夏文藏传佛教史料——“大手印”法经典研究》，中国藏学出版社2018年版。

⑤ 孙伯君、胡进杉：《西夏文〈菩提心及常作法事〉研究》，《西夏学》2019年第1期。谢皓月另对黑水城出土的系列“发菩提心”文本进行了释读和研究。详见谢皓月《黑水城出土之“发菩提心”系列文本及其思想源流分析》，博士学位论文，中国人民大学，2020年。

⑥ 李梦溪：《西夏文〈显明圣金刚能断至胜慧彼岸大经义·灯炬记〉研究》，博士学位论文，中国人民大学，2020年。

⑦ 孙伯君：《黑水城出土西夏文〈佛说圣大乘三归依经〉译释》，《兰州学刊》2009年第7期。

⑧ 王龙：《藏传〈圣大乘胜意菩萨经〉的夏汉藏对勘研究》，《北方民族大学学报》2017年第5期。

经录》（[illegible]）、《圣胜慧到彼岸功德宝集偈》（[illegible]）、《圣观自在大悲心总持功能依经录》（[illegible]）作夏、汉、藏跨语言对勘研究后，认为西夏翻译藏传佛教文献的基本模式为西夏文本和汉文本由藏文本同步译出，二者间又互有参考。[①]

从译经时间来看，《大乘无量寿宗要经》显得尤为重要。据卷尾инв. № 697 发愿文可知，[②]俄藏《大乘圣无量寿经》（[illegible]）为西夏天祐民安五年（1094）梁太后和崇宗皇帝发愿的法本，是目前所知最早的译自藏文的西夏文本。[③]这一时间也证实了藏传密教经典实际于西夏早期就已传入河西走廊地区。而日本天理图书馆藏西夏文《大乘无量寿宗要经》（[illegible]）则署“癸巳年（1293）神足月十五日”，不仅成为目前所见翻译年代最晚的西夏文刻本，更为“进一步明确党项遗民于蒙元时期在西夏故地继续从事藏文佛典的翻译提供了可靠的证据”[④]。后附八思巴所撰的《出有坏无量寿智莲华鬘赞叹》，也成为目前仅见的有明确翻译时间的帝师八思巴作品的西夏文译本。另一件译自八思巴作品的西夏文译本是《喜金刚现证如意宝》，但无确切的翻译时间。因其所据藏文原本撰于阳土马年（1258）藏历九月，同样可证明在元代仍有西夏遗民使用西夏文翻译佛教典籍。[⑤]

《大乘要道密集》的发现，则为西夏文藏传密教文献的研究

① 段玉泉：《语言背后的文化流传：一组西夏藏传佛教文献解读》，博士学位论文，兰州大学，2009 年。

② 西夏文录文及译文见聂鸿音《西夏佛经序跋译注》，上海古籍出版社 2016 年版，第 19—22 页。

③ 孙颖新：《西夏文〈无量寿经〉研究》，中国社会科学出版社 2018 年版。

④ 孙伯君：《天理图书馆藏八思巴“赞叹”〈大乘无量寿宗要经〉：至元三十年（1293）的西夏文译本考释》，《敦煌研究》2022 年第 4 期。

⑤ 李若愚：《西夏文〈喜金刚现证如意宝〉考释》，博士学位论文，中国社会科学院研究生院，2017 年。

开辟了新视野。《大乘要道密集》由属于“道果”法和“大手印”法的八十三篇仪轨文书组成，起初被认为成书于元代。[①]1977 年，西田龙雄首先把西夏文本《解释道果语录金刚句记》与《大乘要道密集》中的同名经典联系到一起。[②]1999 年，又介绍了西夏文《大印究竟要集》《大手印顿入要门》《大手印定引导要门》等几篇藏密“大手印”法经典，翻译并探讨了其中有关大手印法传承体系的内容，指出其与《大乘要道密集》所收相关经典具有很大关联，[③]从而启发学界关注《大乘要道密集》与西夏所传藏传密法之关系。21 世纪初，陈庆英开始对《大乘要道密集》进行较为细致的研究，尤其对其中部分文献的传、译者作了详细考证，从而正确地指出了一个前人尚未曾注意到的事实，即《大乘要道密集》中所收录的并非都是元代的译本。例如其撰写的《西夏大乘玄密帝师的生平》《〈大乘要道密集〉与西夏王朝的藏传佛教》等文章，通过考证西夏帝师与藏传佛教祖师的传承关系，明确《解释道果语录金刚句记》应是在西夏时期传布、汇集和翻译成汉文和西夏文本的。[④]沈卫荣于 2002 年在《俄藏黑水城文献》中发现了一系列汉译藏传密教修法、仪轨文书。其在随后的几年间撰写

① 早期对《大乘要道密集》进行研究的学者主要有吕澂、Christopher Beckwith 及王尧。参看沈卫荣《藏传佛教在西域和中原的传播——〈大乘要道密集〉研究初编》，北京师范大学出版社 2017 年版，第 2—6 页。

② ［日］西田龙雄：《西夏文华严经》第 3 册，京都大学文学部 1977 年版，第 24 页。

③ ［日］西田龙雄：《西夏语仏典目录编纂の诸问题》，收录于E. И. Кычанов, *Каталог тангутских буддийски памятников,* Киото: Университет Киото, 1999. XLI-XLIV。汉译本见［日］西田龙雄《西夏语佛典目录编纂的诸问题》，载沈卫荣主编《汉藏佛学研究：文本、人物、图像和历史》，王曦译，中国藏学出版社 2013 年版，第 105—141 页。

④ 陈庆英：《西夏大乘玄密帝师的生平》，《西藏大学学报》2000 年第 3 期；《〈大乘要道密集〉与西夏王朝的藏传佛教》，《中国藏学》2003 年第 3 期；《西夏及元代藏传佛教经典的汉译本——简论〈大乘要道密集〉（〈萨迦道果新编〉）》，《西藏大学学报》2000 年第 2 期。

系列论文，指出《大乘要道密集》所收诸多汉文本可能最早是西夏时期翻译的，并揭示了藏传密教早已在西夏时代就于河西走廊地区广泛流传的事实。[①]索罗宁通过比对《大乘要道密集》收录的大手印资料与黑水城出土俄藏инв.№ 2841、№ 7216 西夏文文本，指出西夏文和汉文本可能不具有母本和译本的关系，《大印究竟要集》所代表的是 12 世纪西夏的“大手印”法传承体系，《大乘要道密集》则是西夏晚期的“大手印”系统。[②]孙伯君、聂鸿音在考释黑水城所出西夏文文献“大手印”文本与《大乘要道密集》等所收相应或相关文本的基础上，首次对西夏所传藏传佛教中涉及“大手印”的法本、传承等进行了较为全面的考证，包括《除念定碍剂门》（[illegible]）、《对治定相剂门》（[illegible]）、《治风碍剂门》（[illegible]）、《十六种要义》（[illegible]）、《能照无明》（[illegible]）、《中有身要门》（[illegible]）、《大手印顿入要门》（[illegible]）、《大手印定引导要门》（[illegible]）、《大手印定引导略文》（[illegible]）、《大手印伽陁支要门》（[illegible]）、《大手印渐入顿入要门》[③]、《大手印静虑八法》（[illegible]）、《大手印九喻九法要门》（[illegible]）、《大手印除遣增益损减要门》（[illegible]

① 沈卫荣：《序说有关西夏、元朝所传藏传密法之汉文文献——以黑水城所见汉译藏传佛教仪轨文书为中心》，《欧亚学刊》第 7 辑，中华书局 2007 年版，第 159—167 页；又载《西藏历史和佛教的语文学研究》，上海古籍出版社 2010 年版，第 440—459 页；《〈大乘要道密集〉与西夏、元朝所传西藏密法》，载《西藏历史和佛教的语文学研究》，第 347—391 页；《文本对勘与历史建构：藏传佛教于西域和中原传播历史研究导论》，《文史》2013 年第 4 期，第 43—91 页。

② 索罗宁：《西夏文“大手印”文献杂考》，载沈卫荣主编《汉藏佛学研究：文本、人物、图像和历史》，中国藏学出版社 2013 年版，第 235—267 页。

③ 西夏文题名残佚。

[illegible]）、《大手印十二种失道要门》（[illegible]）、《大手印湛定鉴慧觉受要门》（[illegible]）、《大手印八镜要门》（[illegible]）、《大手印九种光明要门》（[illegible]）、《大手印十三种法喻》（[illegible]）、《大手印修习人九法》（[illegible]）、《大手印三种法喻》、《大手印修习行人九种留难》（[illegible]）、《大手印顿入真智一决要门》（[illegible]）、《大手印顿入要门》、《大手印四种收心》（[illegible]）、《亥母耳传记》（[illegible]）、《大印究竟要集》（[illegible]），厘清了其中所涉诸位上师的传承关系，进而明确西夏所传“大手印”修法的传承脉络。[①]孙伯君还提醒学界注意，尽管有些西夏文本与《大乘要道密集》收录的汉文题名完全相同，但内容颇有差异，因而西夏时期盛行的萨迦派、噶举派教法或许与元代的传承体系有所不同。[②]杨杰也以《大乘要道密集》中的大手印文本为研究对象，同定并释读其藏文原本，厘清这些文本的传承来源，并通过比较研究，发现西夏的传译者基于藏文原本做了一定重组、编集与再阐释，从而体现出西夏对藏传佛教的本土化理解与融合创新。[③]

此外，也有学者关注在西夏传法的上师及帝师制度。邓如萍最早结合藏文文献对西夏的帝师制度进行描述，还利用藏文史料

① 孙伯君：《西夏遗存文献所见藏传佛教的传承世系》，《中华文史论丛》2014年第3期（总第115期），第71—109页；孙伯君、聂鸿音：《西夏文藏传佛教史料——“大手印”法经典研究》，中国藏学出版社2018年版。

② 孙伯君：《〈大乘要道密集〉与西夏文本关系再探》，《西夏学》2013年第2期。

③ 杨杰：《西夏对藏传佛教的吸收与融创——以〈大乘要道密集〉所收数篇大手印文本为例》，《中国藏学》2020年第2期。

以及西夏文献题款，考证了八个西夏僧人的生平。[①]史金波也对西夏藏传佛教的僧人和封号作了一定梳理。[②]聂鸿音通过比较西夏译名方式与藏式译法，对部分国师、帝师的名字进行还原勘同，并指出西夏只是在中国历史上最早创立“帝师”的封号，但没有建立起完整的帝师制度。[③]

总而言之，随着西夏文藏传佛教文献研究的不断丰富和深入，学界已取得可喜的成果。在解读和对勘西夏文藏传佛教文献的基础上，首先对藏式词已有一定积累，对其翻译方式也有较全面的总结。其次，对早期藏传佛教和西夏所传“大手印”法的总体面貌，以及元代所传藏传佛教与西夏的传承关系，已有较为系统、深入的研究，特别是注意到将黑水城出土的藏传密教文献与《大乘要道密集》相结合。孙伯君、聂鸿音的《西夏文藏传佛教史料——“大手印”法经典研究》可视为这方面的代表性成果。最后，对于西夏遗民在元代仍开展译经活动这一历史事实，学界也从不同文本或角度进行了证明，这对正确认识西夏遗民在推动藏传佛教传播中所起的作用具有重要意义，或可作为重要研究方向继续深入。但大量藏传佛教文献尚未解读，文献背后的重要价值也未得到充分挖掘，西夏藏传佛教还有许多问题有待解决。

① ［美］邓如萍：《党项王朝的佛教及其元代遗存》，聂鸿音、彭玉兰译，《宁夏社会科学》1992 年第 5 期；《西夏佛典中的翻译史料》，《中华文史论丛》2009 年第 3 期（总第 95 期），第 111—162 页。

② 史金波：《西夏的藏传佛教》，《中国藏学》2002 年第 1 期。

③ 聂鸿音：《西夏帝师考辩》，《文史》2005 年第 3 期；又载聂鸿音《西夏文献论稿》，上海古籍出版社 2012 年版，第 240—252 页。

第二节 《解释道果语录金刚句记》简介

顾名思义，《解释道果语录金刚句记》是对《道果语录金刚句》的释论，当与“十一家《金刚句偈注》（*rDo rje tshig rkang rnam 'grel*）”性质相同。[①]现存同名汉文本及西夏文本外，《大乘要道密集》（以

① 二者都是对《道果语录金刚句》的释论。据法护译师所言，《道果红卷》与十一家注大同小异，而其据《道果红卷》译出的《道果本颂金刚句偈注》与夏、汉两本有相同之处，亦有明显的区别，无法勘同。俄藏西夏文本似乎更接近译于明代的《道果延晖集》，例如对四种金刚上师之“明内自生智上师金刚师”的阐释，《延晖集》作“二明内等者，只彼上师依世俗谛菩提心中围界品清分，将资内本来元成语性脉字字婆伽中围，俾使转为生定之因，及成修证无上菩提真正道故，即于所治语字婆伽，授以能治密灌顶已，转语字轮显成堪修能证报身自摄受道，并训四种自生智见，与彼相系属三昧耶戒、光明、迁旨、纯究竟宗，良由赐与诸如是等善证报身佛果要门，故云明内自生智上师也”；俄藏西夏文本作“第二者，彼上师依世俗菩提心坛城，［身］内所净依自性有脉字轮，使彼为等持之因，及成无上菩提道故。能净密灌顶，转自性语字轮，能显报身自摄受道，并训四种自生智见，与彼相属三昧耶戒，又互不涉滥皆圆满宗，能得等证报身佛果要门，谓明内自生智金刚上师也”；《道果金刚句偈释论——康巴噶邓所问卷》则作“能明内自生智上师金刚师，于［资］语授密灌顶，是语能明圆满报身，明自摄受拙火道，自修习故，生四种自生智见，故称明内自生智上师。于彼内者，乃脉内不住之种子字，自生者，乃不观待境缘也；语者，乃四种子字，于彼喉间四处乃耶啰辣斡四字，彼之外有十六哑哩字等等。于彼如是之种子字授以能净之灌顶，于即彼种子字明一切语能成报身之拙火也（nang rang byung gi ye she ston par byed pa'i bla ma rdo rje slob dpon gyis/ ngag la gsang ba'i dbang bskur nas/ ngag nyid longs spyod rdzogs pa'i skur ston par byed pa bdag byin gyis brlabs pa'i tsaṇḍalī'i lam bstan pa de/ rang gi nyams su blangs pas lta ba rang 'byung gi ye shes bzhi skye bas na bla ma de la de skad ces bya'o// de la nang ni rtsa'i nang ma gnas pa'i yi ge yin la/ rang 'byung ni yul rkyen la ma ltos pa'o// ngag ni yi ge bzhi yin la de'ang mgrin pa'i phyogs bzhi na ya ra la wa bzhi/ de'i phyi rol na ā li bcu drug yod pa la sogs pa'o// de lta bu'i yi ge de la de dag par byed pa'i dbang bskur nas/ yi ge de nyid las gsung thams cad pa longs sku 'byung bar byed pa'i tsaṇḍalī ston pa'o//）”（沈卫荣先生曾选取部分文本对萨迦派之四种金刚上师释作比对和讨论，详见沈卫荣《藏传佛教在西域和中原的传播——〈大乘要道密集〉研究初编》，北京师范大学出版社 2017 年版，第 143—156 页）。此外，沈卫荣先生还指出，“我们或可相信于西夏时代所传的道果法或不是萨思迦派的直系传承，而是与希解派关系密切的‘折麻传承’，尽管这个传承后来于西藏本土完全失传”，见沈卫荣《藏传佛教在西域和中原的传播——〈大乘要道密集〉研究初编》，北京师范大学出版社 2017 年版，第 137 页。

下简称《密集》）中另有就其中某部分修法要诀所作的专章疏释，如《含藏因续记文》《座等略文》《身中围事相观》等。

一 汉文本《解释道果语录金刚句记》

今存汉文本《解释道果语录金刚句记》见于《密集》第三卷，[①]款题“北山大清凉寺沙门慧忠译，中国大乘玄密帝师传，西番中国法师禅巴集”[②]。

陈庆英据此指出汉文本《解释道果语录金刚句记》为西夏时期的译本。他首先将“北山大清凉寺”与汉文本《密咒圆因往生集》篇末款题中的“北五台山大清凉寺”联系到一起，加上《解释道果逐难记》（以下简称为《逐难记》）款题中的“甘泉大觉圆寂寺”[③]，认为五台山寺或是一个寺庙群，清凉寺即为其中之一。[④]又因《密咒圆因往生集》之序言所署时间为“大夏天庆七年”（1200），其集录者为西夏僧人沙门智广、沙门慧真等人，“慧真”与“慧忠”当为同辈僧人，进而得出汉文本《解释道果语录金刚句记》也应译于1200年前后的结论。[⑤]

禅巴（Chen pa）法师，另见于《密集》中的《逐难记》。其开篇缘起部分云：“依两部番本，宝昌译成汉本，勘会一处。此记有二部，刘掌厮啰所说者略，中难呤迦法师不传。此记者，大

① 中国人民大学国学院汉藏佛学研究中心主编：《大乘要道密集》第3册，北京大学出版社2012年版，第1页上—18页下。

② 中国人民大学国学院汉藏佛学研究中心主编：《大乘要道密集》第3册，第1页上。

③ 中国人民大学国学院汉藏佛学研究中心主编：《大乘要道密集》第3册，第19页上。

④ 陈庆英：《西夏大乘玄密帝师的生平》，《西藏大学学报》2000年第3期。杨富学先生对此持不同观点，认为“大清凉寺”即指代“北五台山”。详见杨富学《西夏五台山信仰斟议》，《西夏研究》2010年第1期。

⑤ 陈庆英：《西夏大乘玄密帝师的生平》，《西藏大学学报》2000年第3期。

禅巴师所集也。文广易解，是此记也。”后又云：“此敬礼词者是大禅巴于自师嚷法师处而敬礼也，嚷萨悉结瓦者，乃极喜真心师之易名也。”[①]陈庆英首先根据上述内容推断出嚷法师就是萨迦五祖之初祖萨钦·贡噶宁波。[②]由此可知，作为贡噶宁波的弟子，禅巴法师只可能是西夏时期的人，萨迦的道果法亦当通过他传播于西夏。

陈庆英还细致考证过“大乘玄密帝师”。通过写于西夏乾祐二十二年（1189）的《观弥勒菩萨上生兜率天经》发愿文及《密集》中的《大手印伽陀支要门》之师承次第记载，推知大乘玄密帝师是噶举派祖师米拉日巴的再传弟子，其老师是米拉日巴的弟子辩麻辩征。[③]孙伯君另据相关西夏文文献中的信息，指出大乘玄密帝师生活在西夏仁宗时代，是参与校经的经师。[④]因而玄密帝师同样当是西夏时人。

从内容上看，汉文本《解释道果语录金刚句记》并不完整，开篇即为“五、密义相续不绝处令获成就及生诸功德故，以四耳传教示道者”，显然是在解释“广道”之“共轮涅道”中的“四耳承道”，前缺三相道、三续道、四量道及六要道。

该文首先从“一、主戒江河不绝”“二、摄受相续不绝”“三、师要绳墨了不误谬”“四、以敬信力充足自心”解释《道果语录金刚句》中的“密乘耳传，四母不绝故也”（gsang sngags snyan brgyud la sogs bzhi ma cad pas），即“四耳承道”；后从“六、依

① 中国人民大学国学院汉藏佛学研究中心主编：《大乘要道密集》第3册，第19页上。

② “贡噶宁波”为Kun dga’ snying po之音译，意译为“普喜心”，与“极喜真心”相符。详见陈庆英《〈大乘要道密集〉与西夏王朝的藏传佛教》，《中国藏学》2003年第3期。

③ 陈庆英：《西夏大乘玄密帝师的生平》，《西藏大学学报》2000年第3期。

④ 孙伯君：《西夏仁宗皇帝的校经实践》，《宁夏社会科学》2013年第4期。

殊胜缘起和合出生正觉受故，以五缘起教示道者”开始解释“五缘生道”；接着从“七、从初学人至十二地半，凡于方便、胜慧偏堕行人须凭护卫故，以遮护留碍教示道者”解释《道果语录金刚句》中的“堕方便中修习人等”（thabs kyi phyogs su lhung ba’i rnal ’byor pa’i lab gyi bar chad ni），即“滞方慧护法”。此部分为“各不分别世出世间总明通轮回圆寂道”，共七段。之后为“集缘轮世间道”部分，也分七段，但汉文本《解释道果语录金刚句记》仅对“三引导仪”及“二进道仪”作出诠释。

《密集》中另有一长篇《道果延晖集》（以下简称《延晖集》），成书于明代，其内容从解释《道果语录金刚句》礼敬文始，止于“四量道”，亦不完整。[①]可以看出，《延晖集》与《解释道果语录金刚句记》前后相接，只是缺少对“六要道”的解释。而对“六要道”的疏释可见于《密集》中的《六要记文》，因此《密集》的编集实际上是有一定的取舍，并非随意为之。[②]

二　西夏文本《解释道果语录金刚句记》

西夏文本《解释道果语录金刚句记》（[illegible][③]）原件1909年出土于黑水城遗址，今藏俄罗斯科学院东方文献研究所。著录首见戈尔巴乔娃和克恰诺夫《西夏文写本和刊本》第251号，名为《道果言金刚句之解具记》。[④]西田龙雄在《西夏文佛经目录》第076号中著录为《道果语录金刚句之解具记》，

① 吕澂先生认为此或传抄脱误。见吕澂《汉藏佛教关系史料集》，《华西协和大学中国文化研究所专刊》乙种第一册，1942年版，“导言”第V页。

② 沈卫荣：《藏传佛教在西域和中原的传播——〈大乘要道密集〉研究初编》，北京师范大学出版社2017年版，第87—88页。

③ 或直译为《道果语录金刚王句之解具记》。

④ З. И. Горбачева и Е. И. Кычанов, *Тангутские рукописи и ксилографы*, Москва: Издательство восточной литературы, 1963. стр. 110.

并提及藏文本《道果语录金刚句》。[①]据克恰诺夫《西夏佛典目录》，俄罗斯科学院东方文献研究所所藏共有 3 个编号：№ 386 中инв. № 913，对应第一卷；инв. № 914，对应第六卷；№ 387 中的инв. № 4528，对应第一卷：[②]

（1）инв. № 913：写本，卷子装，24×1055 厘米，全文留存，行 20 字，上边距 2 厘米，下边距 1 厘米，结尾重复标题，卷子背面有小字注释。

（2）инв. № 914：写本，卷子装，24×880 厘米，无头，行 24—25 字，上边距 2 厘米，下边距 1.5 厘米，结尾重复标题，卷子背面有小字注释。

（3）инв. № 4528：写本，卷子装，19×734 厘米，无头，经卷下端已经残朽，行 25 字，上边距 1.7 厘米，下边距 0.8 厘米，结尾重复标题，卷子背面有小字注释。

本书以инв. № 913、4528，即第一卷为研究对象。在对全文进行释读后，发现西夏文本《解释道果语录金刚句记》（以下简称为俄藏西夏文本）的内容仅解释到“广道”之“三续道”中的“身方便续”，且不完整。从西夏文本现存有第六卷来看，《解释道果语录金刚句记》应是成体系的大部头作品，至少分六卷对《道果语录金刚句》进行疏释。

① ［日］西田龙雄：《西夏文华严经》第 3 册，京都大学文学部，1977 年，第 24 页。西田原意当为参照《藏文大藏经》第 3131 号（cf. ［Tib. No. 3131］*Lam ḫbras-bu-dang bcas-pa ḫi gdams-ngag* 具道果教敕），然克恰诺夫在其《西夏佛典目录》中或将之理解为西夏文本译自《藏文大藏经》第 3131 号，实误。Е.И. Кычанов, *Каталог тангутских буддийских памятников*, Киото: Университет Киото, 1999. стр. 488.

② Е.И. Кычанов, *Каталог тангутских буддийских памятников*, стр. 487-488.

第三节 研究意义和研究方法

一 研究意义

本书以解读俄藏西夏文本《解释道果语录金刚句记》为基础，充分利用西夏学界、藏学界已有的解读成果展开研究。此项研究的意义如下。

首先，为西夏学界提供基于早期藏传佛教典籍的西夏语语料库。现存西夏文献大多为佛教文献，但目前学术界对藏传佛经的研究还不够充分。本书首次对西夏文本《解释道果语录金刚句记》（卷一）进行全面解读、校释和研究，能够丰富西夏语语料库，为进行其他相关研究提供便利。

其次，推动西夏语言学研究。该文献所涉佛教术语丰富，通过对勘研究，其成果将为学界进一步确定词义、明确词语来源提供参考。

再次，为明确几种有关“道果”法译本的关联及其内容提供线索。《密集》中有相当数量的文本与萨迦派“道果”法有关，但其编排次序、具体内容与《道果语录金刚句》的关系并不十分明朗。通过西夏文译本科判，我们可以明确知晓《密集》各篇对应《道果语录金刚句》的哪部分内容，从而对《道果语录金刚句》及《密集》有更深入的认识。尤其是西夏文译本的释读，还让我们弄清了《逐难记》与《解释道果语录金刚句记》之关系。因此对西夏文本的研究也将有助于我们明确这些有关“道果”法的汉文本、西夏文本间的关联，从而为全面了解萨迦派对《道果语录金刚句》的诠释传统和萨迦派“道果”法的早期面貌提供可能。

最后，学界对藏传密法在西夏时期的传播事实以及元明时期中原所传行的藏传佛教与西夏之关系已有一定研究，而关于俄藏西夏文本的整理和解读必将丰富这方面的研究成果，为藏传密法在河西地区的传播、在西夏乃至蒙元时期的传承提供更有力的证据。元明时期中原所传行的藏传佛教与西夏有很深的渊源关系，从现存汉文和西夏文的译本来看，西夏时期已有萨迦派的“道果”法传入，这类西夏文译本的释读无疑是研究西夏和元代藏传密教于河西和中原传播历史的最为直接和重要的资料。

二 研究方法

本书拟采用典范的文献语言学方法，对其进行整理和研究。具体将采取以下方法。

一是对校法和本校法。俄藏西夏文译本共有инв.№ 913、4528两个编号。инв.№ 913 保存完整，инв. № 4528 缺失篇首至 3.12 处的内容，之后两版本可对校，以纠正抄写过程中出现的“讹、衍、脱、倒”之错。尤其инв.№ 4528 字迹更为工整，可为инв.№ 913 中不易辨认之字的确认提供参照；инв.№ 913 保存较好，可补инв.№ 4528 中残缺之字。此外，无法使用对校法而内容又不尽完整或疑有误时，可根据上下文义补足，即使用本校法。

二是四行对译法。即使用西夏文录文、标音、汉文对译和译文的格式对文献进行解读。这种格式能够较好地服务于语言学方面的研究，可较为直观地反映出夏、汉对译时需要注意的语言现象或采用的翻译方法。

三是文本对勘法。本书以西夏文本解读为出发点，以相关的汉、藏文本为对勘材料，重视对词汇的考源和比对。此外，对于某些汉文本中的译音词，使用梵汉对音法对其进行分析总结，即通过反映出来的译音规律，判定其译写年代。

第一章　西夏文《解释道果语录金刚句记》（卷一）字词研究

作为写本文献，其抄写过程中难免出现“讹、衍、脱、倒”[①]，发现并纠正文字上的错误，可以在一定程度上扫除文献释读的障碍，是释读西夏文文献的首要前提。其次，准确理解文献中文字所表达的词义又是文献释读的重要基础。通过不同语言文本间的对勘，又能帮助我们更精准地理解西夏词义及其翻译方式。

本章首先在字的层面，归纳俄藏西夏文本中出现的异讹字类型，并对其特点和成因进行分析总结；其次在词的层面，补充新词义，指出西夏语中也可能存在词义沾染的现象；最后在藏式词的翻译上，补充了其中出现的新译法及新术语。

第一节　异讹字的类型、特点及成因

本节先举例说明确定异讹字的方法，即本校法和对校法；其次将异讹字的类型主要归纳为异体字、通假字和其他三大类，并将其特点总结为异讹类型丰富、字形对通假字的影响较大、部分异讹字形成通例；最后分别从主客观角度对异讹字的成因

① 脱文和衍文直接在第三章“考释”部分以页下注的形式说明。

进行分析。

本节所讨论的“异讹字”，包括两种情况：一是因为笔画或构件异写而形成的异体字；二是甲字写成了乙字，比如通假字，或者由于其他原因造成的讹误。[①]

一　异讹字确定的方法

由于俄藏西夏文本共有инв.№ 913、4528 两个编号，913 号全文留存，4528 号的内容从 3.12 开始与 913 号重合，且该文献中常有重复语句，因此对异讹字的确定可以使用校勘学中的本校法和对校法。[②]此外，西夏文译本中的部分内容另见于其他汉文文献，也可作为参照以确定正字。

（一）本校法

“本校法”，指的是西夏文译本前后互证，用前后文中出现的相同词语或语句校出异讹字。如：

1. [西夏字][西夏字][西夏字][西夏字]*[西夏字][西夏字][西夏字][西夏字]

以智慧灌清净*心垢（инв. № 913：14.24[③]）

913 号中的“[西夏字]”字，义为“心”。该段内容阐释“由何灌顶清净何垢”。该句前有“以瓶灌清净身垢”“以密灌清净语垢”，该句之后为“以第四灌清净身、语、意三垢”，可知此处的“[西夏字]”（心）讹误，当改为“[西夏字]”（意）。

2. *[西夏字][西夏字][西夏字][西夏字][西夏字][西夏字][西夏字][西夏字]

*以训四种自生智见（инв. № 913：2.4）

该段内容疏解四种上师。该句之后还可见相同句式，作

---

① 第一类异体字中，也可能由于异写而写成了另一个西夏字，但这是由于两字字形相近造成的，与第二类情况有本质区别。

② 有些字因为异写而写得不成字，这类情况比较容易辨认，不再举例进行说明。如“[西夏字]”异写为[西夏字]。

③ 数字表示该文字在原文献中的页码和列数。详见第三章。

“[illegible]”（**并**训上坚固四喜同生智见инв. № 913：2.11），结合《延晖集》[①]可知此处当改为“[illegible]”（并）。

（二）对校法

一些异讹字的出现导致文意不通，如果 913 和 4528 号恰好用字不同，我们便可通过对校得知哪个为正字。如：

3. [illegible]*[illegible]，[illegible]

右手*分刀，左手头器（инв. № 913：16.7/17.8/17.14/17.21）

913 号中的“[illegible]”字，义为“分”，“分刀”一词词义不明。对之 4528 号，作“[illegible]”，义为“割”，据此“[illegible]”当为“[illegible]”之讹。

4. [illegible]、[illegible]*[illegible]

一、转法轮等敕许*［摩］灌（инв. № 913：12.23）

913 号中的“[illegible]”字，一般用作译音字，或作“羞愧、惭愧”义，在该句中显然讹误。该字在 4528 号中作“[illegible]”，义为“授”，该句应为“转法轮等敕许授灌”。“[illegible]”当为“[illegible]”之讹。

对校法还可应用于不同语言的文本之间，比如：

5. [illegible]*[illegible]

顶*本色石王（инв. № 913：16.8）

913 号中的“[illegible]”字，音 mər^2，义为“本”，4528 号中作“[illegible]”，音 mə^2，与“[illegible]”音近，义为“种”，两字当为近音通假。从文意上看，《道果本颂金刚句偈注》（以下简称为《偈注》）的此部分内容为“观自身顶门种种金刚杵”，《逐难记》有“顶即众色”“众色杵”，从而可以确定西夏文译本当为“[illegible]”（mə^2 种、众）字。

当然有些时候可以同时使用本校法和对校法，如：

---

① 第二章有详细介绍。

6. [西夏文][西夏文][西夏文][西夏文][西夏文][西夏文]*[西夏文]

次*教空分体性（инв. № 913：18.21）

913 号中的“[西夏文]”字，义为“教、化”等，在 4528 号中作“[西夏文]”，义为“习”。该段内容是对“三体性见”的诠释，该句属于“入定习仪”部分，[①]此前有“[西夏文][西夏文][西夏文][西夏文][西夏文][西夏文][西夏文][西夏文]”（先习现分体性故）。故此处“[西夏文]”字当为“[西夏文]”之讹。

7. [西夏文][西夏文][西夏文]*[西夏文][西夏文][西夏文][西夏文][西夏文][西夏文][西夏文][西夏文][西夏文]

此之摄受身*色等如前所知（инв. № 913：17.5）

913 号中的“[西夏文]”字，义为“色彩”，在 4528 号中作“[西夏文]”，义为“相”。据前后文“[西夏文][西夏文][西夏文][西夏文]”（成［佛］身形相инв. № 913：16.21）、“[西夏文][西夏文][西夏文][西夏文][西夏文][西夏文][西夏文][西夏文][西夏文][西夏文]”（摄受身相等如前所知инв. № 913：17.18）可知，此处“[西夏文]”字当为“[西夏文]”之讹。

二　异讹字的类型

（一）异体字

根据变异是否与构形有关，可将异体字分为异写字和异构字。李国英认为异构字是“用不同的构形方式或选取不同构件构成的异体字”，异写字是“由于书写变异形成的异体字”。[②]我们拟采用李国英的分类原则，对西夏文异体字进行分类。

1.异写字

根据变异程度以及异写基础的不同，可首先将异写分为笔画异写和构件异写。有些字异写程度高，存在两种及以上异写方式，我们将其称为“复合变异”。

（1）笔画异写

分为笔画增减、笔画长度改变及笔形异写三类（见表 1-1）。

---

① 参见第二章“西夏文译本科判”部分。

② 李国英：《异体字的定义与类型》，《北京师范大学学报》（社会科学版）2007 年第 3 期。

表 1-1　　**笔画异写**

类型	正字	异讹字	异讹字出处①
a. 笔画增减	[illegible]（dźjow^1 遍、匝）	[illegible]②（low^2 圆球）	913（21.10）
	[illegible]（ku^1 故、则）	[illegible]（mjor^1 实）	4528（20.2/21.24）
	[illegible]（dźjị^1 割）	[illegible]（phiaa^2 分）	913
	[illegible]（dzjɨr^1 疾）	[illegible]	913（3.14）
	[illegible]（dja^2 已行体标记）	[illegible]	913
	[illegible]（war^2 支）	[illegible]	913
	[illegible]（lụ^2 碍）	[illegible]（kjụ^1 割）	913
	[illegible]（djị^1 地狱）	[illegible]	913
	[illegible]（phiaa^2 分、成）	[illegible]	913
	[illegible]（dzjɨɨ^2 习）	[illegible]（dzjiij^2 教、弟子）	913（18.21）
	[illegible]（źjɨr^2 脉）	[illegible]	4528（16.21）
b. 笔画长度改变	[illegible]（thju^2 此）	[illegible]（kew^1［高］）	913/4528
	[illegible]（njɨɨ^2 恼）	[illegible]	913
c. 笔形变异	[illegible]（·u^2 内）	[illegible]	913（8.11）

① 如果某字的写法在文本中均为异讹字，或只出现了一次，则不标明在文本中的具体位置；如果有正有误，则标出异讹字的具体出处。

② 若写成另一西夏字，则标出音义，以示区别；若讹写得不成字，则直接从原文献中截取讹写字形。

（2）构件异写

分为形近构件换用、增减构件和构件改写三类（见表 1-2）。

表 1-2　**构件异写**

类型	正字	异讹字	异讹字出处
a. 形近构件换用	[illegible]（ljɨ̣[1] 并）	[illegible]（ŋwu[2] 以）	913（2.4）
	[illegible]（lhạ[2] 迷）	[illegible]	913
	[illegible]（mji[1] 不）	[illegible]（nioow[1] 后、又）	913（14.23）
	[illegible]（lwu[1] 混）	[illegible]（gu[2] 共）	913（14.23）
	[illegible]（kjɨ̣[2] 和）	[illegible]	913
	[illegible]（we[2] 为）	[illegible]（dzju[2] 主）	913（15.7）
	[illegible]（khjow[1] 授）	[illegible]（mo[2]［摩］；惭愧）	913（12.23）
	[illegible]（rjar[2] 迹）	[illegible]	913
	[illegible]（rjɨr[2] 以）	[illegible]	913（7.2）
	[illegible]（zow[2] 执）	[illegible]（ɣiwej[1] 受）	913/4528（5.16）
	[illegible]（thja[1] 其）	[illegible]（tha 逼迫）	913（14.16）
	[illegible]（sju[2] 如）	[illegible]（we[2] 城）	4528（16.12）
b. 增减构件	[illegible]（lə念）	[illegible]（mjɨ̣[2] 忘）	913/4528（18.22）
	[illegible]（tew[1] 胶）	[illegible]（sjij[2] 龟）	913
	[illegible]（·u[2] 内）	[illegible]（lwu[1] 混）	913（21.7）
	[illegible]（kə[1]［格］）	[illegible]	913（21.17）
c. 构件改写	[illegible]（bju[1] 依）	[illegible] [illegible]	913/4528

（3）构件位移①

构件位移主要是左右、上下、半包围等几种字形结构之间的互相转换。

表 1-3　　　　构件位移

类型	正字	异讹字	异讹字出处
构件位移	[illegible]（dji̠^{2} 造）	[illegible]	913
	[illegible]（dzjɨr^{1} 疾）	[illegible]	913（18.10）
	[illegible]（mjar^{1} 毛发）	[illegible]	913
	[illegible]（djij^{2}）表转折义	[illegible]（zjij^{2} 正直）	913
	[illegible]（bjɨ^{1} 面）	[illegible]	4528

（4）复合变异

复合变异指由多种变异方式造成的异体字（见表 1-4）。

表 1-4　　　　复合变异

类型	正字	异讹字	异讹字出处
增减笔画+笔形变异	[illegible]（ljoor^{1} 焰）	[illegible]	913
两处笔画延长	[illegible]（tśier^{1} 方）	[illegible]	913
形近构件+增加笔画	[illegible]（twa^{1}［怛］）	[illegible]	913

2.异构字

同是形声或会意构形方式而选用不同构件形成异构字。如 913

① 构件位移与笔画长度改变有相似之处，但由于构件位移会导致文字外部结构的变化，因此我们将其单独列为一类。另需说明的是，对于此类由文字结构不同形成的异体字，只有明确其构形来源，才能确定何为正体。例如“[illegible]”字，根据《文海》解说可知，该字中的右下构件“[illegible]”是由“[illegible]”（少、小）整字参与构字而来，因此《同音》甲 33B53 中的[illegible]这一写法即是文字结构错误。相反，如果无法明确其构形来源，实际上并不能完全确定哪一种写法为正体。为了说明西夏文中存在这种异写方式，我们姑且将《夏汉字典》中所录字形视为正体，以示区别。

号中的“𗉣”（变），在4528号中作“𗉣”，左侧义符不同。在其他文献中，构件“⺦”和“⺦”也常混用。[①]

（二）通假字

从西夏文的字音上看，译本中出现的通假字包括同音通假和近音通假两种（见表1-5）。

表1-5　　同音通假和近音通假

类型	正字	通假字	通假字出处
同音通假	𗙏（ɣiẹ² 音）	𗙐（ɣiẹ² 气息）	4528
	𗧓（djɨɨ¹ 量）	𗧔（djɨɨ¹ 检查）	913（3.24）
	𗏁（·u² 内）	𗏂（·u²［乌］）	913（11.19/12.12）
	𗫂（zji² 最）	𗫃（zji² 皆）	913（9.10/9.11）
	𗫃（zji² 皆）	𗫂（zji² 最）	913（4.17/13.32）
	𗗙（mo² 乎、或）	𗗚[②]（mo²［摩］）	913（11.21） 4528（19.19/21.13/21.20）
	𗬫（gju¹ 亥）	𗬬（gju¹ 招供）	913
	𗢳（bee² 眉）	𗢴（bee² 鬼）	913（21.6）
	𗒘（dzjiij² 教、弟子）	𗒙（dzjiij² 师）	913（13.10）
	𗍫（nioow¹ 后、又）	𗍬（nioow¹ 因）	4528（20.15）
	𗅋（njɨ² 至）	𗅌（njɨ² 等）	913（7.6）
	𗤋（·ụ² 乘）	𗤌（·ụ² 藏）	913（5.18）

① 构件“⺦”和“⺦”参与构形的西夏字多有“割、折、变”等义，因此可能为同义或近义构件。但二者在字形上也有一定的相似性，如果改变“⺦”中竖笔的位置及长度，似乎很容易写成“⺦”。反之亦然。因此二者的关系可能还需进一步讨论。

② 两字都常作表音字，在这一功能上两字常混用。后来仁宗时期规定“𗗙”字用来表示译文语气词“乎”，在文献中也常与“或”对译。在本书所讨论的译本中，“𗗙”字均作“或”及“乎”义，因此“𗗚”当视为通假，因为两字在这种情况下字义不同。

续表

类型	正字	通假字	通假字出处
近音通假	[illegible]（dźjij^1 纯）	[illegible]（dźjij^2 有）	4528（20.13）
	[illegible]（nju^1 耳）	[illegible]（new^1 乳房）	913（16.13）
	[illegible]（khwej^2 大）	[illegible]（khjwɨ^1 犬）①	913/4528(20.20/20.21)
	[illegible]（mə^2 种）	[illegible]（mər^2 根本）	913（16.8）

（三）其他

除上述几种情况外，西夏文译本中还出现了少量形音义都差别较大的字（见表 1-6）。

表 1-6　其他类型的异讹字

类型	正字	异讹字	出处
字形差异大	[illegible]（·jij^1 相）	[illegible]（tsə̣^{1} 色）	913（17.5）
	[illegible]（phji^1 意）	[illegible]（njiij^1 心）	913（14.24）
	[illegible]（tsew^2 第）	[illegible]（dzjɨj^1 时）	913（14.4）
	[illegible]（seew^2 思）	[illegible]（dzju^2 主）	913（8.21）
	[illegible]（ljij^2 见）	[illegible]（dzjar^2 戒）	913（2.22）
	[illegible]（neej^2 示）	[illegible]（tsə̣^{1} 药）	913（3.22）
	[illegible]（thja^1 其）	[illegible]（wa^2 何）	913（18.1）
字形有一定相似性	[illegible]（tha^2 铐梏）	[illegible]（mjịj^2 体）	913（21.13/21.14）
	[illegible]（dzju^2 主）	[illegible]（·wọ^2 义）	913（14.11）
	[illegible]（bju^1 依）	[illegible]（dźju^1 显）	913（12.20）
	[illegible]（tsjiir^2 性）	[illegible]（mjii^1 宫）	913（16.20）

① 913 号和 4528 号都写作“[illegible]”（犬），结合上下文文意不明。《逐难记》对应处有“所现大等”，因此暂且将其理解为“[illegible]”（大）的近音通假字。

三　异讹字的特点

从 913 和 4528 号中的异讹字来看，可以归纳出以下特点。[①]

一是异讹类型丰富。从上述分类来看，两个文本中的异讹字类型十分丰富，尤其是 913 号，不仅异讹字数量多，有些字还出现了多种异讹写法，如“[illegible]”（dzjɨr¹疾）字既有异写字形“[illegible]”，又有“[illegible]”；“[illegible]”（·u²内）字既有异写字形“[illegible]”，又有“[illegible]”，还出现了通假字“[illegible]”（·u²［乌］）。

二是字形对通假字的影响较大。通过正字与通假字的对照，除了字音上的关系外，多数还明显受到了字形上的干扰。从字形上看，两个文本中的正字和通假字的关系可分为三种。第一种，二者字形相差较大，无相同构件，如“[illegible]”（nju¹耳）和“[illegible]”（new¹乳房），这种情况最少；第二种，字形上有一定差别，但具有相同构件，如“[illegible]”（bee²眉）和“[illegible]”（bee²鬼）；第三种，二者在字形上为“包含”及“被包含”的关系，如“[illegible]”（zji²最）和“[illegible]”（zji²皆），与异体字中的“增减构件”类似。

三是部分异讹字形成通例。有些西夏字通过某些异讹方式写成了另一个西夏字，并经常出现，形成通例，不仅出现在 913 和 4528 号两个文本中，还见于其他西夏文文献。比如“[illegible]”（此）字，除 913 和 4528 号中写作“[illegible]”外，西夏文《十二国》《喜金刚现证如意宝》（以下简称为《喜金刚》）等也作相同字形；“[illegible]”（念）字，除 913 和 4528 号中写作“[illegible]”外，西夏文《中有身要门》也作相同字形；913 号中的“[illegible]”（不），因形近异写成了“[illegible]”（后），这种异写情况还见于西夏文《大手印十三种法喻》；913

① 关于西夏文异体字的其他特点和成因可参见邓章应、李雷《西夏文异体字的类型、特点及成因》，《汉字研究》（韩国）2019 年第 3 期。

号中的“𗤻”（bee² 眉）字，受字形和读音双重干扰，写作“𗤼”（bee² 鬼），西夏文《大宝积经》初译本与此相同。

四　异讹字形成的原因

异讹字的形成，既有西夏文字系统本身存在的客观基础，又受追求书写便捷、字形美观及类化等主观因素的影响。

从西夏文字系统本身来说，首先西夏文字形繁复，笔画较多，为不同变异方式及变异位置提供了条件，发生变异的概率较高。其次西夏文中的构件区别度小，形近构件多，许多构件只存在细微的差异，书写过程中易发生混淆。最后，西夏文中有不少字形相近的字，因此笔画异写或构件异写常常导致写成了另一个西夏字。而字形上的相似性，也为某些通假字的出现提供了条件。此外，西夏文是由少数人在短时间内集中创制的，且使用的时间不长，结构层面的变化小，几乎不存在采用不同造字方法对字符重新改造的情况，因此异构字远远少于异写字，异体多体现在异写层面。

从主观因素来说，有以下几方面原因。

一是为了书写便捷，一些笔形会发生变化。比如“𗗙”字中的构件“⺪”，在 913 和 4528 号中都改写为近似“十”的字形。

二是为了追求字形美观，使字形看起来更加平衡匀称，发生异写。如在空白较多处增加笔画，“𗧓”与“**𗧓**”，“𗦇”与“𗦇”。构件写在不同位置，发生左右、上下、半包围等结构之间的互相转换，可能也有追求字形美观的原因。

三是类化，即受前字影响发生趋同性改变。如：

𗷖𗎫𗖻𗈪𗋕*𗦇*𗋕𗗂𗰔𗯿𗹬𗆄

能显现四地之自共**又共**真实圆满（инв. № 913）

𗷖𗎫𗖻𗈪𗋕**𗦇𗋕**𗗂𗰔𗯿𗹬𗆄

能显现四地之自共**不混**真实圆满（инв. № 4528）

4528 号中的“𗦇𗋕”（不混）在 913 号中作“𗦇𗋕”（又共），

两字中的构件“𗂧”和“𗂧”都写作构件“𗂧”，应是受前字“𗂧”中的构件“𗂧”影响，引起连续类化。

至于正字与异讹字差别较大的情况，或许存在词义引申的可能性，如“𗂧”（phji[1]意）写作“𗂧”（njiij[1]心）还可见于《大宝积经》第二十六卷；但大部分当是由书写者自身水平或习惯所致，将字形记错或字义理解有误。

第二节 词义补识

通过释读俄藏西夏文本，并参照其他相关汉文译本，如《偈注》《延晖集》《逐难记》等，可以对一些词的词义进行补充。此外，本节内容还从“词义沾染”角度分析了个别词获取“新词义”的途径。

一 词义补充

（一）𗂧

“𗂧”，常见义为“和、睦”。俄藏西夏文本中，多处出现该字，且用法相同，如：

1. 𗂧、𗂧**𗂧𗂧𗂧**𗂧𗂧𗂧𗂧𗂧（直译：一、外**睦**增断为石王上师）

2. 𗂧、𗂧𗂧𗂧**𗂧𗂧𗂧**𗂧𗂧𗂧𗂧𗂧𗂧𗂧（直译：一、闻思以**睦**增断△不同依言△故）

3. 𗂧𗂧𗂧𗂧𗂧𗂧**𗂧𗂧𗂧**𗂧（直译：求修者闻思以**睦**增断时）

在此译本中，“𗂧”字都与“𗂧𗂧”组合，成为一个固定短语。其中“𗂧”字为“增”义，“𗂧”为“断”义。句1在《延晖集》中作“断外增绮金刚师”，《偈注》和《逐难记》中均作

“外断增绮”。句 2 和句 3 中的“[illegible]”同样译作“断增绮”。由此可以看出，“[illegible]”字对译的是“绮”。虽然我们无法得知西夏文译本所据的藏文底本原文是什么，但根据学界已有研究，西夏藏传佛教文献的翻译模式主要是夏、汉同步译出，并互相参照，[1]因此从西夏时期所译的《逐难记》[2]可知，西夏文译者也应当是将其作为“断增绮”来翻译。

（二）[illegible]、[illegible]

“[illegible]”，义为“真实、谛”。《文海》8B21“[illegible]：[illegible]。[illegible]，[illegible]，[illegible]，[illegible]，[illegible]”（谛：语左颂右。谛者，真实也，诚也，是信也，不妄之义）。

俄藏西夏文本中有两处“[illegible]”，对应《延晖集》中的“决信”“决定信”。

4. [illegible]、[illegible]**[illegible]**[illegible]，[illegible]，[illegible]，[illegible]（直译：三、道及果于**真实识**立生依，疑惑与离，道疾速修能故，四种正量依示言道）

该句是对“四量道”之解释，《延晖集》中作“四量道者，俾使行人于道及果令发决信，远离踌躇，速进修故”；《偈注》作“现为生起不共决信，迅速行持于道故，教示四量”。虽然三个译本所据的底本并不相同，但可以看出，对于“四量道”的解释大体一致。通过比对，西夏文译本中的“[illegible]”当对译“决信”。“决信”，结合“远离踌躇”来看，应理解为“决定信心”。因此“[illegible]”或可译为“决定心”，指决断安定而不动摇之心。[3]这一点可以从其他用例中得到佐证。俄藏西夏文本中另有“**[illegible]**

① 参见段玉泉《语言背后的文化流传：一组西夏藏传佛教文献解读》，博士学位论文，兰州大学，2009 年，第 171—172 页。

② 《逐难记》与俄藏西夏文本的关系详见第二章第一节。

③ 丁福保：《佛学大辞典》，文物出版社 1984 年版。

[illegible]”（直译：真实死相现时），义为“定死相现时”，此处“[illegible]”对译“定”。

此外，在其他藏传佛教文献中，西夏文“[illegible]”也用来对应汉文本或藏文本中的“决定”。如инв. № 2841《大手印静虑八法》中也出现了“[illegible]”：

5. [illegible]，[illegible]，[illegible]，[illegible]。**[illegible]**[illegible]（直译：默有者亦定入时上，沉掉与离，清净心者，法性是谓。**真实识**生应）

汉文本此句作“行人亦尔，入定之时，离于沉掉，清净之心，即是法性。应生如是决定之心”。可见这里的“[illegible]”对译“决定之心”。

西夏文译本《吉祥遍至口合本续》（以下简称为《吉祥》）中也出现了“[illegible]”一词，对应藏文本《真实相应大本续》中的藏文 gtan phab pa（决定、选择）。由此看来，“[illegible]”一词除“真实、真谛”义外，还可以表示“决定”。

与此同时，还应注意到“[illegible]”通常表示“情、知、识”等义，以“[illegible]”对“决定心”是西夏规范过的译法还是“[illegible]”字另有“心”这一义项呢？俄藏西夏文本中有多处出现了“[illegible]”一词，按字面意思可以译为“本识”，但在《延晖集》中都译为“本心”，或许说明“[illegible]”字另具有“心”义，只是这一点还需更多文献用例加以确定。

（三）[illegible]

“[illegible]”，义为“德、正”等；“[illegible]”，义为“应、可、宜”等。“[illegible]”，从字面意思上来看，可直译为“正应”。在俄藏西夏文本中，用来对译“正量”（句 4）。这一译法也见于инв. № 2481《大手印渐入顿入要门》：

6. [illegible]**[illegible]**，[illegible]，[illegible]□，[illegible]。

中道**正量**，法音等，虽解多种，亦非其境。

因此，“[illegible][illegible]”表示“正量”是可以肯定的。只是从笔者目前所见“[illegible]”字的文献用例来看，并不能确定“[illegible][illegible]”二字是对“正量”的直译，即“[illegible]”字另有“量”义，还是只有这二字组合成词时才能表示“正量”。

（四）[illegible][illegible]

“[illegible]”，义为“力、工”等；“[illegible]”，义为“休息”。二字连用表示“休息、息力”。俄藏西夏文本中，两次出现该词，对应《延晖集》中的“安慰”。这种现象还可见于西夏文译本《大随求陀罗尼经》（以下简称为《大随求》），如：

7. [illegible]（直译：又常其之休息令）

8. [illegible]（直译：众人天之休息令）

两句汉文本分别作“常安慰其人”“安慰人天众”，“[illegible][illegible]”均对应“安慰”。但我们也注意到，上述例句，包括本书讨论的俄藏西夏文本，以“[illegible][illegible]”对应“安慰”时，其后都有“[illegible]”（使、令）字，可译为“使休息”。[①]因此，“安慰”在西夏文中或是由“[illegible][illegible][illegible]”（使休息）三字表示，为其引申义。

（五）[illegible][illegible]

“[illegible]”，义为“体”；“[illegible]”，义为“性”。二字连用可直译为“体性”。在俄藏西夏文本中，一处与《延晖集》中的“物”相对，一处与“相”相对。

这种现象又见于西夏文译本《吉祥》和《喜金刚》。前者以“[illegible][illegible][illegible][illegible]”（有体无体）对应藏文 dngos dang dngos med（有物无物），其中“[illegible]”（体）对应藏文 dngos（实体、事物）；后者以“[illegible][illegible][illegible]”（外体性）对应藏文 phyi rol gyi dngos po rnams（外诸器物），其汉文译本《吉祥喜金刚集轮甘露泉》中则作“外诸相”。因此，“[illegible]”或“[illegible][illegible]”当还有“物、相”之义。

① 《逐难记》作“令止息”。

（六）[illegible]

“[illegible]”，为藏文 rdo rje（石王）之直译，义为“金刚”。俄藏西夏文本中有两处对应“杵”，如“右手杵”西夏文作“[illegible]”（右手石王）；4528 号中另有“[illegible]”，字面意思为“顶种/众色石王”；[①]《偈注》作“观自身顶门种种金刚杵”，《逐难记》有“顶即众色”“众色杵”，《身中围事相观》则译为“顶杂交杵”。可以看出，汉译本中的“杵”，西夏文译本并未直译出来。特别是《逐难记》，其所译“众色杵”对应的当是西夏文译本中的“[illegible]”（众色金刚），[②]即西夏文“[illegible]”（金刚）对应“杵”。

这种现象还可见于其他西夏文文献。比如西夏文译本《喜金刚》中也出现了“□[illegible]”（□色石王），对应藏文 sna tshogs rdo rje，译为“交杵”；西夏文译本《除念定碍剂门》中的“[illegible]”（金刚趺坐以行手印之乐念）在汉文本中作“自己杵中行手印处而令平等”。

“金刚杵”，梵文作 Vajra，藏文作 rdo rje，与“金刚”之梵文及藏文相同，因而西夏以“[illegible]”（金刚）对译“杵”或源于此。即其所据底本就以 rdo rje 表示“金刚杵”，西夏文译本直译为“[illegible]”（金刚）。同时我们也注意到，西夏文译本《吉祥》中有“[illegible]”，可译为“金刚杵木”，其中“[illegible]”字对应藏文 gtun，为“杵臼”义。显然，西夏文译本是否直译出“杵”字完全遵循其藏文原本。

（七）[illegible]

“[illegible]”，音 djɨɨ[1]，《夏汉字典》释为“估量、测”；“[illegible]”，

① 其中“[illegible]”（mə² 种、众）字在 913 号中为“[illegible]”（mər² 本），两字当为近音通假。

② 据段玉泉先生研究，西夏时期的夏、汉译本是同时译出，且互有参照。段玉泉：《语言背后的文化流传：一组西夏藏传佛教文献解读》，博士学位论文，兰州大学，2009 年，第 171—172 页。

音 lạ^{2}，《夏汉字典》释为“量、测”。两字的文献用例十分少见。尤其是“[illegible]”字，在《同音》旧版本 $_{18B24}$ 中被注以“[illegible]”（不行），即不再通行。可见其使用频率之低。而在《同音》新版本 $_{18A41}$ 中，该字下注“[illegible]”，构词“[illegible]”（量）。其他文献暂未见使用。

俄藏西夏文本在解释“七种集轮缘世间道”时，出现了“[illegible]”一词：

9. [illegible]，[illegible]，[illegible]，[illegible]**[illegible]**[illegible]，[illegible]，[illegible]，[illegible]（直译：一等持生能因略言，二略言以其如广言，三好恶与离之道显，四四种**测量**道言，五四种念住道言，六其之道言，七结归△言）

《偈注》作“一、通释生禅定之因，二、总摄之广说，三、离疑虑道，四、四**觉醒**道，五、念住因，六、正断果，七、归结”。可知西夏文译本中的“[illegible]”对译的是“觉醒”。инв. № 913 译本中使用的是“[illegible]”字，音 djɨɨ^{1}，显然和“[illegible]”是同音通假的关系，词应由“[illegible]”记录。但由于我们不知西夏文译本所据藏文原本的意思是否为“四觉醒”，正如西夏文译本中的“离好恶道”在《偈注》中作“离疑虑道”，因而无法确定“[illegible]”一词是否还具有“觉醒”义，只能待今后勘同出藏文原本，明确其含义。

二　词义沾染

前文我们对一些西夏词义进行了补充，有些与词义引申有关，有些可能与所据底本的原词词义有关。除此之外，还有一小部分西夏词的“新词义”由其他途径获得，我们把这一部分词单独放在一起讨论。

20 世纪末，汉语学界曾提出一种汉语词义发展演变的新途径，即一个词受到另一相关词的影响而增加新的义项或词义发生改变。这种现象被称作“词义感染”“词义渗透”“同步引申”“相因生义”“组合同化”“词义沾染”等。[①]

为行文方便，我们采用朱庆之所说“词义沾染”及其定义——词义沾染是指不同的词处在同一组合关系或聚合关系而发生的词义上的互相渗透。这种渗透可能导致一方或双方增加新的义项或词义的完全改变。[②]比如“如”字，由于经常与“何”一起组词“如何/何如”，并成为固定组合，从而沾染上“何”的意义。[③]

通过对俄藏西夏文本的释读，我们发现“词义沾染”这一现象也出现在西夏词语中。

（一）[illegible]

“[illegible]”，音 seew^2，义为“测、察、思”等。虽然缺失《文海》对该字的构形解释，但从其他文献中的使用情况来看，[④]其意义十分明确，如：

1. [illegible]（[illegible]）[illegible]。

有情（**思**及烦恼）自意以**思**解。（инв. № 2892 第 45—53 叶《能照无明》）

2. [illegible]，[illegible]。

想**念**依次入法者，中有先前光明上。（инв. № 7116《中有身要门》）

---

① 参见伍铁平《词义的感染》，《语文研究》1984 年第 3 期；孙雍长《古汉语的词义渗透》，《中国语文》1985 年第 3 期；许嘉璐《论同步引申》，《中国语文》1987 年第 1 期；蒋绍愚《论词的“相因生义”》，载《语言文字学术论文集——庆祝王力先生学术活动五十周年》，知识出版社 1989 年版；朱庆之《佛典与中古汉语词汇研究》，文津出版社 1992 年版；张博《组合同化：词义衍生的一种途径》，《中国语文》1999 年第 2 期。

② 朱庆之：《佛典与中古汉语词汇研究》，第 197 页。

③ 朱庆之：《佛典与中古汉语词汇研究》，第 205 页。

④ 本节所引例句及译文取自孙伯君、聂鸿音《西夏文藏传佛教史料——“大手印”法经典研究》，中国藏学出版社 2018 年版。

3. [illegible]，[illegible]。

身识不随触缘，种种意识不随**察**缘。（инв. № 823《亥母耳传记》）

而在俄藏西夏文本中，出现了以“[illegible]”字对译“妄”的情况，如：

4. [illegible]、[illegible]，[illegible]、**[illegible]**[illegible]

七、智进退道，八、**妄**进退道

那么“[illegible]”字之“妄”义由何而来？首先，“妄”与“测、察、思”义之间显然不为引申关系；其次，西夏文中表“妄”义的有“[illegible]”“[illegible]”二字，读音分别为 lạ^{1} 和 lwow^{1}，因而也无法与“[illegible]”seew^{2} 字成为通假关系；最后，我们注意到西夏文文献中经常出现“妄念”一词，西夏文作“[illegible]”，如：

5. [illegible]，[illegible]**[illegible]**[illegible]。

耳内得闻清和音，睡眠**妄念**皆止灭。（инв. № 2892 第45—53 叶《能照无明》）

6. 《[illegible]》[illegible]：[illegible]**[illegible]**[illegible]，[illegible]**[illegible]**[illegible]。

《禅定六义》云：虽复发生种种**妄念**相，当于**妄念**若了法性者。（инв. № 2530《大手印定引导要门》）

7. **[illegible]**[illegible]，[illegible]。

妄念上品，则依自心解脱力得也。（инв. № 913、4528《解释道果语录金刚句记》）

“[illegible]”字，音 lạ^{1}，《文海・杂类》$_{11.121}$ 对其解释为：[illegible]，[illegible]。[illegible]，[illegible]，[illegible]，[illegible]，[illegible]，[illegible]（虚，假左起右。虚者，欺也，骗也，假也，伪也，不实之谓）。可知“[illegible]”字的本义为“虚、妄”等，用例如下：

8. [illegible]，[illegible]**[illegible]**[illegible]。

六聚中道，分别二谛真**妄**。（инв. № 824+2526《大印究竟

要集》）

9. [illegible]，[illegible]？

十方虚**妄**，彼此来往无规？（инв. № 824+2526《大印究竟要集》）

由此可见，两字在使用的时候，所承担的意义都十分明确，因而“[illegible]”（察、思）字有“妄”义，当是因为“[illegible]”（妄念）两字经常连用，已经固定成词，“[illegible]”字从这一组合关系中沾染了“[illegible]”（虚、妄）字的意义，从而增加义项“妄”。

（二）[illegible]

“[illegible]”，音 buu[2]，《夏汉字典》共列四个义项：胜；增；殊；［卜］。虽然缺失《文海》对该字的构形解释，但通过文献用例可知，该字最常用的义项当为“胜”，如：

10. [illegible]。

第四本续亦方便本续及**胜**惠本续。（инв. № 823《亥母耳传记》）

11. [illegible]，[illegible]。

上悟慧足有慈爱子等，有**胜**摄持吉有上师者。（инв. № 7116《中有身要门》）

12. [illegible]，[illegible]，[illegible]。

欲了**胜**慧理，于无所现性，无勤是禅定。（инв. № 2530《大手印定引导要门》）

但在俄藏西夏文本中，该字还用来对译“殊”，如：

13. “[illegible]，[illegible]”[illegible]。

言曰：“因本续心之住，与汝今日所觉受者**无殊异**”也。

其中“[illegible]”字为“差别、异”义，可构词“[illegible]”（无别、无异）等。可见此处的“[illegible]”当表“殊”义。对于“[illegible]”（胜）

字来说，“殊”与“胜”并不具有明显的引申关系，但“殊胜”一词常常见于佛典文献，表示“事之超绝而稀有者”[①]，西夏字为“[illegible]”。如：

14. [illegible]，[illegible]。

我不说是真实义，惠法**殊胜**亦何生。（инв. № 2892 第 45—53 叶《能照无明》）

15. [illegible]，[illegible]。

虽有功德无罪过，非**殊胜**者其不思。（инв. № 2892 第 45—53 叶《能照无明》）

16. [illegible]、[illegible]，[illegible]。

六、依**殊胜**身缘起和合出生正觉受故，依五缘起示道。（инв. № 913、4528《解释道果语录金刚句记》）

“[illegible]”，音 gjij[1]，本义为“殊”，除常见构词“[illegible]”（殊胜）外，还可构词“[illegible]”（特殊）等。因此，“[illegible]”字之“殊”义当是从“[illegible]”（殊胜）这一组合关系中沾染而来，从而构词“[illegible]”（殊异）。

此外，“[illegible]”字之“殊”义的确认，还有助于我们对其他文献的释读。例如“[illegible]”一词还出现在西夏文《能照体性》（инв. № 2892 第 54 叶《能照体性》）中：

17. [illegible]，[illegible]。

该句原译为“此国前后所传本续要门多与此相同者，所睹最胜无有缺失”，后半句的直译为“深胜异有无见所”。但从前半句的句义来看，该句是在强调“相同”，因此如果把“[illegible]”作为一个词，并译为“殊异”的话，即该句译作“所见无有殊异”，

① 丁福保：《佛学大辞典》，文物出版社 1984 年版。

似乎与前半句的句义更合。

（三）[illegible]

“[illegible]”，音 mər²，本义是“根本、根源”。可构词“[illegible]”（根本）、“[illegible]”（本续）等。俄藏西夏文本中有一处为“[illegible]”（五、暖摄道者，世间道中，行人**心续**所生禅定现三暖而不坚固，又虚妄，谓暖摄道），解释何谓“暖摄道”。该句在《延晖集》中作“世间道中，唯一行人**心续**之内，凡所生定皆现三暖而不坚久，又虚妄故，所以谓之暖相摄道”。显然，两句基本相同，所据底本至少在该句上不会有很大差别。因此，西夏文译本中的“[illegible]”（心本），在此处当对译的是“心续”。

然而由于我们尚未勘同出两个译本所据的藏文原本，“[illegible]”（心本）在这里表示的确切含义无法得知，只好暂且参照汉文本《延晖集》译作“心续”。

倘若如此，“[illegible]”字就有另一个意义，即可以表示“续”。“[illegible]”字之“续”义当从“[illegible]”（本续）一词沾染而来。

“[illegible]”（本续），常见于佛典文献，如：

18. [illegible]。

第四本续亦方便**本续**及胜惠本续。（инв. № 823《亥母耳传记》）

19. [illegible]……

诸**本续**中说：最妙师亦如此供也……（инв. № 7116《中有身要门》）

20. [illegible]……

忿怒座者，依方便续胜慧**本续**……（инв. № 913、4528《解释道果语录金刚句记》）

由于“[illegible]”（根本）字与“[illegible]”（续）字用来对译佛典文献

中非常常见的“本续”一词，久而久之沾染上“缑”字的“续”义，成为一个新的义项。

词义沾染，体现的是词义之间的横向影响。西夏文使用的时间不长，从纵向演变来看，词义的发展变化并不是很复杂。也正是因为如此，西夏语词的本义、引申义，以及“沾染义”更容易被我们梳理出来。通过对俄藏西夏文本的释读，我们发现这种词义间的横向影响或许也存在于西夏语中。但以上例句显然有限，无法看出其沾染义是否已经具有普遍性，目前只能当作一种可能性来理解。

对西夏语词义沾染现象的认识，不仅能帮助我们正确释读西夏文文献，还能为我们理解西夏文一字多义提供一种新思路——不少西夏字具有多个不相关的义项，这可能是多种原因造成的，而“词义沾染”或许就是其中之一，只是有时候我们还未发现沾染的来源。只有通过对更多西夏文文献的整理与研究，我们才能对这一现象有更深入的认识，比如沾染的条件、沾染的过程及沾染的特点等。

第三节　藏式词的翻译

随着西夏文佛教类文献的不断解读，西夏译经的方式和特点逐渐清晰，不少学者也对文献中的藏式词进行了总结。从已获解读的文献来看，西夏对于佛教术语大多采用了相同的翻译方式，选取的西夏字也高度一致，仅有少量词的翻译存在差别。

俄藏西夏文本中也出现了不少“藏式词”，尽管其所据的藏文原本尚未找到，但通过对照相关汉文译本，及其他藏传佛教西夏文文献如《吉祥》《喜金刚》等，可以找出其中大部分佛教术语对应的藏文，明确其准确的含义（见表 1-7）。

表 1-7 **俄藏西夏文本中的藏式词对照**

西夏文	《逐难记》	汉文	藏文	梵文
[illegible]（主戒）/[illegible]（主受）	主戒/灌顶	灌顶	dbang bskur ba	Abhiṣeka
[illegible]（净瓶主）	净瓶主	瓶灌	bum pa'i dbang	Kalaśābhiṣeka
[illegible]（密主）	密主	密灌	gsang ba'i dbang	Guhyābhiṣeka
[illegible]（智慧主）	智慧主	慧灌	shes rab ye shes kyi dbang	Prajñājñābhiṣeka
[illegible]（第四主）	第四主	第四灌	dbang bzhi pa	Śabdābhiṣeka
[illegible]（石王）	金刚/杵	金刚/杵	rdo rje	Vajra
[illegible]（喜石王）	喜金刚	喜金刚	kye rdo rje	Hevajra
[illegible]（福足）	福足	福资粮	bsod names kyi tshogs	Puṇyasaṃbhāra
[illegible]（智足）		智资粮	ye shes kyi tshogs	Jñānasaṃbhāra
[illegible]（等持）	等持	禅定/定	ting nge 'dzin	Samādhi
[illegible]（默有）		瑜伽/修习	rnal 'byor	Yogā
[illegible]（了毕）	了毕	圆满	yongs su rdzogs pa	
[illegible]（真心）	真心	藏	snying po	
[illegible]（记句）	记句	三昧耶/誓言	dam tshig	Samaya
[illegible]（到彼岸乘）	彼岸乘	般若（波罗蜜多）乘①	pha rol phyin theg pa	Prajñāpāramitāyāna
[illegible]（明女）	明母	明妃	rig ma	Bhāryā
[illegible]（中围）	中围	中围	dkyil 'khor	Maṇḍala
[illegible]（自体）	自体	本性	ngo bo	

① 《道果延晖集》作“般若乘”“般若波罗蜜多之乘”，指显教的大乘，也作“波罗蜜多乘”。般若，音译梵文 Prajñā，藏文作 shes rab，意为智慧；波罗蜜多，音译梵文 Pāramitā，藏文作 pha rol tu phyin pa，意为到达彼岸。西夏文“[illegible]”（到彼岸）显然译自“波罗蜜多”，当是因藏文本就将“般若波罗蜜多”省译为“波罗蜜多”（到彼岸）。

续表

西夏文	《逐难记》	汉文	藏文	梵文
[illegible]（圆寂）	圆寂	涅槃	mya ngan 'das (pa)	Nirvāna
[illegible]（流传）	轮回	轮回	'khor ba	Saṃsāra
[illegible]（割刀）		弯刀/钺刀	gri gug	Chūrika
[illegible]（行往）		众生/有情	'gro ba	Jaga
[illegible]（[须弥]山）		须弥山	ri rab	Sumeru
[illegible]（自生智）	自生真智	自生智	rang byung gi ye shes	Svayaṃbhu jñāna
[illegible]（手印）	手印	标帜	phyag mtshan	Abhilakṣita
[illegible]（施食）	施食	施食	gtor ma	
[illegible]（头器）		头器	thod pa	Kapāla
[illegible]（汤药）	甘露	甘露	bdud rtsi	Amṛta
[illegible]（黄门）	黄门	黄门	ma ning	Paṇḍaka
[illegible]（器袋）	根器	根器		
[illegible]（鸣钟）		铃	dril bu	Kiṅkiṇi
[illegible]（坏有出）		佛	bcom ldan 'das	Bhagavān
[illegible]（菩提勇识）		菩提萨埵	byang chub sems dpa'	Bodhisattva
[illegible]（[形噜噶]）	形噜噶	兮噜葛	he ru ka	Heruka
[illegible]（石王亥母）		金刚亥母	rdo rje phag mo	Vajravārahi
[illegible]（[瞿乌哩]）		戈哩	gau rī	Gaurī
[illegible]（[啰希怛]）	啰希怛	戏怛	ro hi ta	Rohita
[illegible]（静虑）	静虑	静虑	bsam gtan	Dhyāna
[illegible]（[麻麻鸡]）	麻麻鸡	麻麻机	mā ma kī	Māmakī
[illegible]（德生佛）	宝生	宝生佛	rin chen 'byung ldan	Ratna Saṃbhava
[illegible]（佛眼母）		佛眼母	sangs rgyas spyan ma	Buddha Locanā
[illegible]（有义成就）	有义成就	不空成就佛	don yod grub pa	Amogha Siddhi
[illegible]（不动佛）	不动佛	不动如来	mi bskyod pa	Akṣobhya

续表

西夏文	《逐难记》	汉文	藏文	梵文
𗿒𘄴𘏞𗖖（无量光佛）	无量光	无量光佛	'od dpag med	Amitābha
𗥃𗦗𗏁（白衣母）		白衣母	gos dkar mo	Pāṇḍaravāsini
𗤋𘄿𘜶𗖖（众明主佛）	众明主	毗卢遮那/大日如来	rnam par snang mdzad	Vairocana
𗧓𗍮（璎珞）		鬘	phreng ba	Keyūra
𗊻𗏴（芥果）		芥子	yungs dkar	Sarṣapaphala
𘂆𗹦（非天）		阿修罗[1]	lha ma yin	Asura
𗑠𗃜（梏轮）	机轮	幻轮	'phrul 'khor	
𗍫𗿿（净花）	莲花	莲花	pad ma	Padma
𗧘𗘂（情器）		情器	snod bcud	
𗏹𗗚𗫂𗅋（如意宝）		如意宝	yid bzhin nor bu	Cintāmaṇi
𘈩𗢯（一味）		一味	ro gcig	Ekarasa
𗼃𗧓（上师）		上师	bla ma	Guratva
𗒘𗊨（明点）	明点	明点	thig le	Bindu
𗹙𗾟（习气）		习气	bag chags	Vāsanā

我们在表 1-7 中还加了一列《逐难记》中所对应的翻译[2]，其同样译自西夏时期（或西夏遗民）。可以看出，西夏时期的夏、汉译本对于藏式词的翻译大体相同，只有个别术语的翻译存在差异。比如《逐难记》中出现了“灌顶、甘露、轮回、金刚、莲花”等，与西夏文字面意思并不是逐字对译的关系。不过在西夏文文献中，个别词本身就存在多种译法。如“灌顶”，西夏文多译作“𘜶𗗙”（主戒）或“𘜶𗣼”（主受），也可译为“𗼻𗡞”（灌顶）；“轮回”，西夏文多译作“𗧘𗥤”（流传），也可译为“𗼃

① 《转相临终要门》作“非人王”。

② 关于《逐难记》的内容详见本书第二章第三节。

覝”（轮回）。后一种译法，以及《逐难记》中的“甘露、金刚、莲花”等显然更贴近藏文原义。这种差别或许反映出译者的藏文水平不同。

此外，俄藏西夏文本中也出现了一些不同于其他文献的译法。比如“宝生佛”，《喜金刚》作“豥菲缉”（宝生佛），俄藏西夏文本则译为“絠菲缉”（德生佛），或为“功德宝生”之省；“静虑”，《大随求》作“㵘㣩”（禅定），俄藏西夏文本则逐字直译为“祊𢕟”（静虑）；“钺刀”，《喜金刚》作“𤟗𢱧”（镰剑），俄藏西夏文本译为“𢙓𦫻”（割刀）；“圆满”，《吉祥》作“𦀚𦕊”（最终），俄藏西夏文本译为“𦃁𦕊”（了毕）；“习气”，《中有身要门》作“㷡𦠘”（习气），俄藏西夏文本作“𧡬𦅱”（习气）。

俄藏西夏文本中还出现了一些新的藏式词或短语，如：

1.宗/宗趣，西夏文作“𦧐絠/𦧐絠𧫘”（所成/所成宗），《逐难记》作“所成”或“所成宗”。

2.不净相，西夏文作“𢞾𧃱𡣪𦵖”（不净显现），译自藏文 ma dag pa’i snang ba。

3.觉受相，西夏文作“𦓐𦂑𡣪𦵖”（觉受显现），《逐难记》作“觉受显现”，译自藏文 nyams kyi snang ba。

4.清净相，西夏文作“𧨠𧃱𡣪𦵖”（清净显现），译自藏文 dag pa’i snang ba。

5.含藏因续，西夏文作“𦲷𢈨𦄸𧫘𢕢”（总位因本续），《逐难记》作“总位因本续”，译自藏文 kun gzhi rgyu rgyud。

6.身方便续，西夏文作“𧰯𧗽𦒞𧫘𢕢”（身方便本续），译自藏文 lus thabs rgyud。

7.大手印果续，西夏文作“𢿙𨹝𦖠𦣇𧫘𢕢”（大手印果本续），译自藏文 phyag rgya chen po ’bras bu’i rgyud。

第二章　西夏文《解释道果语录金刚句记》（卷一）与《大乘要道密集》的关系

此前，不少学者已经注意到俄藏黑水城所出藏传密教文献与《大乘要道密集》的密切关联，二者不仅成书年代前后相继，在内容上也多有重合或相似之处。[①]本章在释读俄藏西夏文本的基础上，重新考察《密集》中部分文本的内容及编排等问题。首先，对西夏文译本作出科判。其次，据此明确《密集》中《含藏因续记文》等多篇文本的编排逻辑及其与《道果语录金刚句》之关联。再次，通过将西夏文译本与《逐难记》对照，发现《逐难记》其实是对《道果语录金刚句》的解释之解释，即对《解释道果语录金刚句记》的进一步疏释。无论在内容还是翻译方式上，其与西夏文译本皆有密切关系。最后，从音译用字角度对《逐难记》的译写年代进行了分析，同时从音译方式上对俄藏西夏文译本的译写年代作简要判定，指出其译写上限不会早于 1149 年。

① 沈卫荣：《藏传佛教在西域和中原的传播——〈大乘要道密集〉研究初编》，北京师范大学出版社 2017 年版，第 8 页。

第一节　西夏文《解释道果语录金刚句记》（卷一）的内容

通过对西夏文《解释道果语录金刚句记》（卷一）的全文解读，可以看出其是对《道果语录金刚句》的疏释。全文当分为三大部分（初义、体义、终义），然“卷一”的内容只解释到“体义”中的“身方便本续”，且不完整。根据文本内容，我们可作如下科判：

- 甲一 初义（[illegible]）
  - 乙一 妙真上师（[illegible]）
    - 丙一 断外增绮金刚上师（[illegible]）
    - 丙二 明内自生智金刚上师（[illegible]）
    - 丙三 明密同生智金刚上师（[illegible]）
    - 丙四 究竟真如一切义法说最胜清净金刚上师
（[illegible]）
  - 乙二 道果（[illegible]）
    - 丙一 道（[illegible]）
      - 丁一 广中略（[illegible]）
        - 戊一 广道（[illegible]）
          - 己一 轮回圆寂共同道（[illegible]）
            - 庚一 三相（[illegible]）
            - 庚二 三续（[illegible]）
            - 庚三 四量（[illegible]）
            - 庚四 六要门（[illegible]）
            - 庚五 四耳传（[illegible]）
            - 庚六 五缘生（[illegible]）
            - 庚七 堕方慧护法（[illegible]）
          - 己二 集轮缘世间道（[illegible]）
            - 庚一 略示生等持因（[illegible]）
            - 庚二 略示生等持因广说（[illegible]）
            - 庚三 离好恶道（[illegible]）
            - 庚四 四觉醒道（[illegible]）
            - 庚五 四念住道（[illegible]）
            - 庚六 其果（[illegible]）

庚七 结归（[illegible]）
己三 转轮出世道（[illegible]）
庚一 因（[illegible]）
庚二 相（[illegible]）
庚三 果（[illegible]）
庚四 结归（[illegible]）
戊二 中道（[illegible]）
己一 生等持因（[illegible]）
己二 等持自体（[illegible]）
己三 等持之功（[illegible]）
己四 遣除间断（[illegible]）
己五 何云背道（[illegible]）
戊三 略道（[illegible]）
己一 种种性相等持（[illegible]）
己二 自性空相等持（[illegible]）
己三 体性双运相等持（[illegible]）
丁二 深中浅（[illegible]）
戊一 深道（[illegible]）：甚深上师道（[illegible]）
戊二 中道（[illegible]）：中品三昧耶道（[illegible]）
戊三 浅道（[illegible]）：下品依身择灭（[illegible]）
道又有十种（[illegible]）
一 世间道（[illegible]）
二 出世道（[illegible]）
三 集轮缘道（[illegible]）
四 转轮道（[illegible]）
五 暖摄道（[illegible]）
六 相摄道（[illegible]）
七 智进退道（[illegible]）
八 妄进退道（[illegible]）
九 见时道（[illegible]）
十 宗趣时道（[illegible]）
丙二 果（[illegible]）
丁一 自利大者（[illegible]）
丁二 利他大者（[illegible]）
丁三 自他二利大者（[illegible]）
甲二 体义（[illegible]）
乙一 道（[illegible]）
丙一 广中略道（[illegible]）
丁一 广道（[illegible]）
戊一 轮回圆寂共同道（[illegible]）
己一 三相（[illegible]）
庚一 不净相（[illegible]）

- 辛一　依（[illegible]）
- 辛二　因（[illegible]）
- 辛三　相（[illegible]）
  - 壬一　迷相（[illegible]）
  - 壬二　业相（[illegible]）

庚二　觉受相（[illegible]）

- 辛一　依（[illegible]）
  - 壬一　殊胜身（[illegible]）
  - 壬二　清净心（[illegible]）
    - 癸一　以闻思清净心（[illegible]）
    - 癸二　以戒学清净心（[illegible]）
    - 癸三　以灌顶清净心（[illegible]）
  - 壬三　生觉受（[illegible]）
- 辛二　因（[illegible]）
- 辛三　相（[illegible]）
  - 壬一　三道（[illegible]）
    - 癸一　除遣入道（[illegible]）
    - 癸二　断变着道（[illegible]）
    - 癸三　大菩提道（[illegible]）
  - 壬二　三觉受（[illegible]）
    - 癸一　身觉受（[illegible]）
    - 癸二　心觉受（[illegible]）
    - 癸三　梦觉受（[illegible]）
  - 壬三　三缘起（[illegible]）
    - 癸一　回风缘起（[illegible]）
    - 癸二　见相缘起（[illegible]）
    - 癸三　梦相缘起（[illegible]）
  - 壬四　三暖相（[illegible]）
    - 癸一　诸念前行暖相（[illegible]）
    - 癸二　九界集聚暖相（[illegible]）
    - 癸三　明点燃烧暖相（[illegible]）
  - 壬五　三等持（[illegible]）
    - 癸一　种种性等持（[illegible]）
    - 癸二　自性空等持（[illegible]）

癸三 体性双融等持（[西夏文]）

庚三 清净相（[西夏文]）

辛一 依（[西夏文]）

壬一 外形善逝（[西夏文]）

壬二 内咒善逝（[西夏文]）

壬三 密菩提心善逝（[西夏文]）

壬四 究竟实善逝（[西夏文]）

辛二 因（[西夏文]）

辛三 相（[西夏文]）

己二 三续（[西夏文]）

庚一 含藏因本续（[西夏文]）/含藏根本续（[西夏文]）

辛一 何为所依（[西夏文]）

壬一 身（[西夏文]）

壬二 语（[西夏文]）

壬三 意（[西夏文]）

壬四 藏智风（[西夏文]）

辛二 何为能依（[西夏文]）

辛三 依所依仪（[西夏文]）

辛四 判为含藏因续（[西夏文]）

辛五 判俱轮圆法（[西夏文]）

辛六 判为根本续（[西夏文]）

庚二 身方便本续（[西夏文]）/身释本续（[西夏文]）

辛一 方便续之初前因灌（[西夏文]）

壬一 灌顶由何中围（[西夏文]）

壬二 所得何灌顶（[西夏文]）

癸一 色末中围三座具足得瓶灌顶（[西夏文]）

癸二 菩提心中围三座具足得密灌（[西夏文]）

癸三 身末遏中围三座具足得慧灌（[西夏文]）

癸四 胜义真空中围三座具足，弟子自心性三解脱门得第四灌（[西夏文]，[西夏文]）

子一 辞句第四灌（[illegible]）
子二 义理第四灌（[illegible]）
子三 修道第四灌（[illegible]）
子四 所依第四灌（[illegible]）
子五 果位第四灌（[illegible]）
壬三 以彼灌顶净何垢（[illegible]）
癸一 以净瓶灌清净身垢（[illegible]）
癸二 以密灌清净语垢（[illegible]）
癸三 以智慧灌清净意垢（[illegible]）
癸四 以第四灌悉净身语意三垢（[illegible]）
辛二 彼相系属道等二十法[①]（[illegible]）
壬一 净瓶灌（[illegible]）
癸一 增次第形相道（[illegible]）
癸二 三体性见（[illegible]）
子一 入定习仪（[illegible]）
丑一 现分体性（[illegible]）
丑二 空分体性（[illegible]）
丑三 双融体性（[illegible]）
子二 依出定守护三昧耶（[illegible]）
丑一 现分体性（[illegible]）
丑二 空分体性（[illegible]）

① 即“瓶灌、密灌、慧灌、第四灌”四种灌顶之分别“道、实见、宗趣、终旨、果”五项，谓“道等二十法”。

丑三 双融体性（[illegible]）

癸三 轮圆无别宗（[illegible]）

癸四 临终时迁识（[illegible]）

子一 临终转相（[illegible]）

子二 临终光蕴迁识（[illegible]）

子三 临终音声迁识（[illegible]）

癸五 化身自成果（[illegible]）【完】

……[1]

辛三 中品三昧耶道（[illegible]）

辛四 五空行处补阙（[illegible]）

辛五 方便续之前上道灌（[illegible]）

庚三 大手印果本续（[illegible]）

……[2]

乙二 果（[illegible]）

甲三 终义（[illegible]）

与藏文本《道果语录金刚句》对照可以看出，西夏文译本的“初义”部分实际是对开篇两句“礼敬文”之疏释，即“bla ma dam pa'i zhabs pad la btud te/ lam 'bras gsung mdo bri dar bya”（顶礼具德上师足下莲，所记道果语教之经典）[3]；“体义”部分当是对“礼敬文”之后的内容作系统阐释。但因俄藏西夏文本内容并不完整，我们无法得知何为“终义”。[4]

① 此部分还应有密灌、智慧灌、第四灌之道、实见、宗趣、终旨、果。

② 此部分首先还应有三续之“大手印果续”。参照“初义”部分的科判可知，“三续道”后还应有大量阐释“广中略”三道的内容，其次为“深中浅”三道。

③ 汉译文取自毕瓦巴原著，萨嘉班智达讲释《道果本颂金刚句偈注》，法护译，大藏文化出版社 1992 年版，第 55 页。

④ 道果论之金刚句偈内分三部：甲一、敬礼及释具德，甲二、本颂正文，甲三、本颂释竟。见毕瓦巴原著，萨嘉班智达讲释《道果本颂金刚句偈注》，法护译，第 71 页。西夏文本“终义”当对应“本颂释竟”。

“体义”部分也仅仅解释至“三续道”之“身方便续”，且只到“道等二十法”中的“瓶灌”，即仅仅解释至《道果语录金刚句》中的“lam du bskyed rim la sogs lnga pa bzhis bstan”（于道以四五生起次第等教示）。[①]从“初义”部分的科判来看，“三续道”为“广道”之“共同道”中的第二点，因此对于整个《道果语录金刚句》来说，俄藏西夏文本实际只诠释了很小一部分内容。据现存西夏文文献可知，西夏文译本《解释道果语录金刚句记》至少有六卷之多，或是对整个《道果语录金刚句》的完整释论。

第二节　西夏文《解释道果语录金刚句记》（卷一）与《道果延晖集》和《密哩斡巴上师道果卷》[②]的关系

早前，陈健民上师曾认为《密集》所收各篇排序极不合理，并按照密法的理趣部和实修部对其重新排列。[③]然而，沈卫荣通过对各篇文本进行语文学的研究，指出《密集》的编排有其自身规律。比如《延晖集》和《解释道果语录金刚句记》在内容上前后相接。此外，沈卫荣还以《密集》第二卷的排列次序为例进行说明。[④]

《密集》中的第二卷为《密哩斡巴上师道果卷》，按沈卫荣

① 汉译文取自毕瓦巴原著，萨嘉班智达讲释《道果本颂金刚句偈注》，法护译，第 55 页。

② 当为《密集》编集者所添加的题目。

③ 陈健民：《道果探讨》，《萨迦道果新编》，慧海书斋 1992 年版，第 437—497 页。

④ 详见沈卫荣《藏传佛教在西域和中原的传播——〈大乘要道密集〉研究初编》，北京师范大学出版社 2017 年版，第 56—86 页。

之划分，其篇目又可二分为上下两卷。上卷为《引上中下三机仪》《授修习敕轨》《摄受承不绝授灌记文》《五缘生道》《大金刚乘修师观门》《观师要门》；下卷为《含藏因续记文》《座等略文》《身中围事相观》《辨死相》《赎命法》《转相临终要门》《五明点观》《智慧手印母性相》[①]《四灌迁神旨》《四中有要门》《道时受灌仪》《四量记文》《六要记文》《显五缘生道》《略烧施法》《除影瓶法》及《截截除影法》。据沈卫荣言，《道果法弟子释》中的《道果根本法黄卷》所录藏文原本各篇的次序与下卷完全相同，且这一排序还见于《萨思迦世系史》。[②]

尽管如此，我们仍不能明确这种编排的依据，究竟是“按其所诠释之内容的先后”，还是“其修习之次第”。

从内容上看，《含藏因续记文》分“初陈所依，二标指含藏，三依所依仪，四能所相属，五判成因续，六判成本续，七配动静法”对“含藏因续”进行解释。含藏因续，西夏时期译作“总位因本续”（𗏁𘓁𗡞𗥤𗓱）。在俄藏西夏文本中，以“一、何为所依，二、何为能依，三、依所依仪，四、判为含藏因续，五、判俱轮圆法，六、判为根本续”对其诠释。两个文本虽然在内容上不能完全勘同，但所疏释的对象显然是相同的。

与此类似，《座等略文》《身中围事相观》《转相临终要门》所诠释的内容，都可以在俄藏西夏文本中找到对应的部分。例如《座等略文》“解释于灌顶以及中围中所见各种座及其象征意义”[③]，

① 本篇无题，沈卫荣先生据其藏文本标题《智慧手印［母］性相》（*Shes rab ye shes kyi phyag rgya'i mtshan nyid*）译。见沈卫荣《藏传佛教在西域和中原的传播——〈大乘要道密集〉研究初编》，北京师范大学出版社 2017 年版，第 81 页。

② 详见沈卫荣《藏传佛教在西域和中原的传播——〈大乘要道密集〉研究初编》第 57—58 页注释。

③ 沈卫荣：《藏传佛教在西域和中原的传播——〈大乘要道密集〉研究初编》，第 78 页。

对应西夏文译本中对身方便本续之因灌中的“由何中围”，二者都是在解释《道果语录金刚句》中的“座等”一词；《身中围事相观》对应西夏文译本中对身方便本续之道等二十法中的瓶灌之“增次第形相道”；《转相临终要门》对应的则是瓶灌中的临终迁识，二者都分为“转变相旨”“光蕴迁旨”和“音声迁旨”。而根据《偈注》可知，瓶灌之“临终”当分“辨死兆”“赎命”和“迁识”三部分，只是西夏文本缺“辨死兆”和“赎命”。这两部分内容又刚好与《辨死相》《赎命法》相对应。两种译本间的对应，使我们明确了《含藏因续记文》《座等略文》《身中围事相观》《辨死相》《赎命法》《转相临终要门》等篇实际上都属于对“三续道”之“含藏因续”和“身方便续”的诠释，虽然内容上并不相接，但也是依先后次序排列。

《密集》中的第一篇为《道果延晖集》。《延晖集》也是对《道果语录金刚句》的长篇释论，从疏释“礼敬文”为始，至“四量道”结束。沈卫荣早已注意到《密集》中存在不少编辑、加工的痕迹，比如《延晖集》在解释“含藏因续”时云，“其广行相如第四卷初章具释，详乎彼文”，另有“三座广相，亦应详乎，第四卷中第二章也”等。沈卫荣也正确指出，《延晖集》中所谓的“第四卷”即《密集》第二卷之《密哩斡巴上师道果卷》(下)，上述“第四卷初章”指的便是下卷第一篇《含藏因续记文》，“第四卷中第二章”是第二篇《座等略文》。显而易见，《延晖集》与《密哩斡巴上师道果卷》(下)之各篇应结合起来看，如此对《道果语录金刚句》的疏释才能连贯起来。

俄藏西夏文本同样始于疏释“礼敬文”，但仅解释到“三续”之“身方便续”便结束，内容上不如《延晖集》丰富。然而《延晖集》不像西夏文译本有明显的科判。因此，我们可以将夏、汉两种译本进行对照，包括《延晖集》所提及的“第四卷”——《密哩斡巴上师道果卷》（下）部分文本，再加上其所疏释的对象《道果语录金刚句》，以明确各篇的内容和顺序（由于西夏文译本止于“身方便本续”的解释，我们只对照到“身方便续”的内容。“科判”省略自本章第一节西夏文译本科判，【 】内所标为《密集》中对应的文本）。①

甲一 初义

　乙一 妙真上师【延晖集】

　乙二 道果

　　丙一 道

　　　丁一 广中略

　　　　戊一 广道

　　　　　己一 轮回圆寂共同道（三相道、三续道等七种）【延晖集②】

　　　道又有十种（世间道、出世间道等）【延晖集③】

　　丙二 果（自利果、利他果、自他二利果）【延晖集】

甲二 体义

　……④　戊一 轮回圆寂共同道

　　　　　己一 三相道（不净相、觉受相、清净相）【延晖集】

　　　　　己二 三续道

　　　　　　庚一 含藏因续【含藏因续记文】

　　　　　　庚二 身方便续

　　　　　　　辛一 因灌

　　　　　　　　壬一 由何中国【座等略文】

　　　　　　　　壬二 得何灌顶【延晖集】

　　　　　　　　壬三 以彼灌顶净何垢【延晖集】

　　　　　　　辛二 彼相系属道等二十法

　　　　　　　　壬一 瓶灌

　　　　　　　　　癸一 增次第形相道【身中围事相观】

① 为节约篇幅并突出重点，我们不对文本的具体内容作对照。

② 《延晖集》作“初轮等者”。

③ 《延晖集》作“中道”，按字面易理解为“广中略”之“中道”。

④ 为节约篇幅，此处与“初义”部分重复之处直接省略。

癸二 三体性见【延晖集】
癸三 宗趣【延晖集】
癸四 临终
子一 辨死兆【辨死相】
子二 赎命[①]【赎命法】
子三 迁识【转相临终要门】

……

通过与俄藏西夏文本的对照，《延晖集》和《密哩斡巴上师道果卷》（下）之部分文本的内容和顺序清晰可见。因此，《密哩斡巴上师道果卷》（下），包括《道果根本法黄卷》中的藏文原本，以及《萨思迦世系史》，或均以诠释三续道为序进行编排。只是由于俄藏西夏文本的内容只解释到“身方便续”之“道等二十法”中的“瓶灌”，我们无法再对之后的内容与《密哩斡巴上师道果卷》（下）进行对照。但究竟为何要把内容上并不连贯的几篇依先后顺序排列，我们仍不能知晓其中原因。

第三节　《解释道果逐难记》的内容和译写年代
——兼谈西夏文《解释道果语录金刚句记》（卷一）的译写年代

本节将俄藏西夏文译本与《逐难记》中的“难点”进行逐一对照，发现《逐难记》其实是对《道果语录金刚句》的解释之解释，即对《解释道果语录金刚句记》的进一步疏释。无论在内容还是翻译方式上，其与西夏文译本皆有密切关系。之后又从音译

① 西夏文译本无“辨死兆”和“赎命”部分的内容，据毕瓦巴原著，萨嘉班智达讲释《道果本颂金刚句偈注》补。

用字角度对《逐难记》的译写年代进行了分析，同时从音译方式上对俄藏西夏文译本的译写年代作简要判定，指出其译写上限不会早于1149年。

一　《逐难记》的内容

《密集》中关于“道果”法的长篇释论有《延晖集》《解释道果语录金刚句记》和《逐难记》。从内容上看，《延晖集》和《解释道果语录金刚句记》均不完整，但前后相接；《逐难记》则是“对道果法中的重要义理和修法，亦即所谓‘难点’加以解释，此即与藏文注疏的一种文体‘释难’（dka' 'grel）对应”[①]。

《逐难记》几乎全篇以“言……者，……也”的句式对“难点”进行解释。然而我们并不知道这些“难点”从何而来，并以何为序。但如果将这些“难点”与俄藏西夏文本进行对照，上述问题的答案便十分清晰。

《逐难记》开篇是对译本来源的叙述，之后即为对“难点”的解释。我们读至“玄”“教理”“明智”“顶珠”等时，就已感觉到其与西夏文译本当有某种关系，因为这些“难点”都出现在西夏文译本开篇的四句偈颂中。通读全文后，这种关系更加显而易见——《逐难记》中依次疏释之“难点”，除极少数不能完全对应外，都可在俄藏西夏文本中找到对应的词或语句。

为了更直观地体现两个文本之间的关系，我们依次列出《逐难记》所解释的所有难点，并与西夏文译本进行对照（见表2-1）。

① 沈卫荣：《藏传佛教在西域和中原的传播——〈大乘要道密集〉研究初编》，北京师范大学出版社2017年版，第88—89页。

表 2-1　　　　　《逐难记》之“难点”与西夏文本对照

《逐难记》之“难点”	俄藏西夏文本	出处[①]	备注
道果	[illegible]（道果）	1.1	
金刚	[illegible]（金刚）	1.1	西夏文字面意思是“石王”
妙音	[illegible]（妙音）	1.3	
玄	[illegible]（玄）	1.3	
教理			西夏本残
明智	[illegible]（明智）	1.3	
诤论			
顶珠	[illegible]（顶珠）	1.4	
德义彰称	[illegible]（见义名者皆显信）	1.5	
悲饶	[illegible]（悲他饶足）	1.5	
外断增绮	[illegible]（断外增绮）	1.10	
内	[illegible]（内）	1.10	
密	[illegible]（密）	1.11	
亲念	[illegible]（亲诵）	1.13	
三座备足	[illegible]（三座全）	1.13	
身脉中围	[illegible]（身脉中围）	1.14	
百五十七佛	[illegible]（百五十七佛）	1.18	
施食	[illegible]（施食）	1.19	
见解三种自体	[illegible]（见解三种自体）	1.20	
所成宗	[illegible]（所成宗）	1.20	
外断增绮	[illegible]（断外增绮）	1.21	
世俗菩提心	[illegible]（世俗菩提心）	2.1	

① “出处”指西夏文在俄藏西夏文本中的具体位置。如 1.1 表示俄藏西夏文本中的第一面第一列。详见第三章。

续表

《逐难记》之“难点”	俄藏西夏文本	出处	备注
胜义菩提心			
脉字形	[illegible]（脉文字）	2.2	
究竟菩提	[illegible]（究竟菩提）	2.3	西夏文字面意思是“终菩提”
能显报身	[illegible]（能显报身）	2.4	
摄受道	[illegible]（摄受道）	2.4	
四种自生智	[illegible]（四种自生智）	2.4	
互不涉滥	[illegible]（互不涉滥）	2.5	西夏文字面意思是“共同不混”
末遏中围	[illegible]（末遏中围）	2.7	夏、汉译本都是音译梵文 bha ga。《密集》中其他文本作“婆伽中围”
界澄	[illegible]（所净界）	2.8	
元成本住	[illegible]（元成本住）	2.8	
惠智主戒	[illegible]（慧智主受）	2.9	即智慧灌顶。西夏多以“主受”或“主戒”译“灌顶”。下同
中围轮方便	[illegible]（中围轮方便）	2.10	
从上俱生	[illegible]（从上同生）	2.11	
微略空乐	[illegible]（微略空乐）	2.12	
本有法身	[illegible]（元成法身）	2.12	
依粗分	[illegible]（依粗）	2.13	
纯真智风	[illegible]（真心智风）	2.14	
金刚波涛道	[illegible]（金刚波道）	2.17	
清净真性	[illegible]（清净真性）	2.17	
从下坚固	[illegible]（从下坚固）	2.17	

续表

《逐难记》之“难点”	俄藏西夏文本	出处	备注
然今此第一义	[illegible]（然今此第一者）	2.22	
自身发生	[illegible]……[illegible]（自身……生）	3.2	
四身自性上师	[illegible]（四身自性上师）	3.4	
谓道及果	[illegible]（道及果）	3.6	
初历闻思	[illegible]（一闻思）	3.7	
后依行人	[illegible]（二修习者）	3.8	
世间道	[illegible]（世间道）	3.11	
正转轮出世道	[illegible]（转轮出世道）	3.11	
出世道	[illegible]（出世道）	3.11	
五缘起	[illegible]（五缘生）	3.20	
一甚深上师道	[illegible]（一甚深上师道）	4.8	
中品记句	[illegible]（中品记句）	4.8-9	
下句择灭	[illegible]（下品依身择灭）	4.9	
道有十种	[illegible]（道又有十种）	4.11	
暖摄	[illegible]（暖摄）	4.13	《延晖集》作“暖相摄”
一世间道	[illegible]（一世间道）	4.14	
受生死	[illegible]……[illegible]（受生死）	4.15	《延晖集》作“三有重苦”
譬之波澜	[illegible]（如大海波）	4.17	
三集轮缘道	[illegible]（三集轮缘道）	4.18	
三种界集集时	[illegible]（三种界集集时）	4.18-19	
宫字末遏中围	[illegible]（字末遏中围）	4.19	
和合、不和合	[illegible]、[illegible]（和合、不和合）	4.20	

续表

《逐难记》之“难点”	俄藏西夏文本	出处	备注
三中围	[illegible]（三种中围）	4.21	
轮回转	[illegible]（轮转）	4.22	
未坚固、匪亲得	[illegible]，[illegible]（不坚固，又虚妄）	5.1	
正亲得	[illegible]（不虚妄）	5.2	
虽生无念者	[illegible]……[illegible]（生无念）	5.3	
智起灭	[illegible]（智进退）	5.4	
起灭	[illegible]（起灭）	5.4	
念起灭	[illegible]（妄进退）	5.4	
五身	[illegible]（五身）	5.9	
缘起和合	[illegible]（缘起和合）	5.11	
自成佛时	[illegible]（自成正觉时）	5.12	
与自系属等	[illegible]（眷属）	5.14	西夏文字面意思是“围绕”
悟一解多	[illegible]（悟一知多）	5.16	
即过成功	[illegible]（罪过功德）	5.16	
亦名留碍	[illegible]（间断）	5.16	
于化身得敕	[illegible]（于化身处得敕）	5.17-18	
金刚句本母	[illegible]（金刚句本母）	5.18	
三藏	[illegible]（三藏）	5.18	
对差别机	[illegible]（异类）	6.3	
同时建立	[illegible]（同时建立）	6.3	
盥浣垢污	[illegible]（盥浣垢污）	6.4	
腕钏	[illegible]（钗）	6.5	
作佛像	[illegible]（成佛像）	6.5	
自得任持心	[illegible]（执持心）	6.7	

续表

《逐难记》之"难点"	俄藏西夏文本	出处	备注
四超入	[illegible]（四融入）	6.8	
因第一刹那	[illegible]（因第一刹那）	6.8	
果第二刹那	[illegible]（果第二刹那）	6.9	
至十二地半	[illegible]（至十二地半）	6.11	
差别同时	[illegible]（差别同时）	6.12	
若依增胜论			
谓在六趣	[illegible]（行往六趣）	6.15	
共所变现	[illegible]（悉共所现）	6.19	
宫殿等	[illegible]（宫殿等）	6.19	
于外境界义	[illegible]（依外义）	6.21	
于行人具寂			
依最胜身等	[illegible]（依殊胜身）	7.2	
持种禁戒	[illegible]（持种禁戒）	7.3	
如别解脱戒	[illegible]（如别解脱戒）	7.3	
不具根	[illegible]（不具根）	7.5/7.8	
下智时	[illegible]（降智时）	7.8	
上主觉受	[illegible]（上主觉受）	7.9	《延晖集》作"胜灌觉受"
始从外道	[illegible]（从外道起）	7.13	
于理不能	[illegible]……[illegible]（于理不能发生）	7.14	
成熟自心	[illegible]（成熟本心）	7.18	
谓于自心	[illegible]（于自心）	7.19	
于密缘起	[illegible]（密缘生）	7.20	
十种报受	[illegible]（十种摄受）	7.22	
荡除妄念道	[illegible]（除遣入道）	7.23	

续表

《逐难记》之"难点"	俄藏西夏文本	出处	备注
断染着	[illegible]（断变着）	8.1	
风回缘起	[illegible]（风回缘起）	8.2-3	
诸念前道	[illegible]（诸念前行）	8.4	
众相差别等持	[illegible]（种种性等持）	8.5	《延晖集》作"定"
依次非次	[illegible]、[illegible]（依次、非次）	8.7	
乐超	[illegible]（善逝）	8.9	乐超即善逝
依阴母空宫	[illegible]（依阴母空宫）	8.15-16	
假三和合	[illegible]（依三种和合）	8.17	
四相合	[illegible]（四种相合）	8.17	
三解脱门	[illegible]（三解脱门）	8.18	
佛顶髻不能见	[illegible]（佛之顶髻无光）	8.21	
身边一切处	[illegible]（身一切处）	8.22	
语密不思议	[illegible]（语密不可思议）	8.22	
内外缘起	[illegible]（内外缘起）	9.4	
由本识相续	[illegible]（本识相续）	9.8	
初总位因本续	[illegible]（一总位因本续）	9.9	即含藏因续
一切如来	[illegible]（一切如来）	9.14	
住于德母	[illegible]……[illegible]（住于德母）	9.15	
智风	[illegible]（智风）	9.16	
光割利	[illegible]（光嘎哩嘎）	9.18-19	《含藏因续记文》作"锅葛力"
禽颈	[illegible]（鸟颈）	9.19	
纯真金刚	[illegible]（真心金刚）	9.19	
主宰断等	[illegible]（主宰）	9.20	
依对法中	[illegible]（对法中）	9.21	

续表

《逐难记》之“难点”	俄藏西夏文本	出处	备注
前四所依	[illegible]（前四种所依）	9.23	
成无前后	[illegible]……[illegible]（成无前后）	9.23	
若遇胜缘	[illegible]（遇缘）	10.4	
因持金刚	[illegible]（因持金刚）	10.7	
圆寂之道	[illegible]（圆寂之道）	10.10	
始自下劣	[illegible]（下劣）	10.11	
于五空行	[illegible]（五空行）	10.17	
所依五种	[illegible]（所依能依五）	10.19	
或如种住	[illegible]（种子或因）	10.19	
总位因本续	[illegible]（总位因本续）	10.21-22	
摄明母	[illegible]……[illegible]（摄……明母）	11.3-4	
中尊五佛	[illegible]（中尊五种）	11.5	
与中尊同一位	[illegible]（与中尊同一处）	11.6	
三上主	[illegible]（三上主受）	11.7	
置一处	[illegible]（一处）	11.8	
此则通论	[illegible]（此则通论）	11.8-9	
若依别配	[illegible]（若依别配）	11.9	
上乐轮	[illegible]（上乐轮）	11.9	
依方便本续	[illegible]（依方便本续）	11.12	
四门四隅	[illegible]（四门四隅）	11.13	
喜乐九佛海生师所说求修	[illegible]（喜金刚九佛）	11.13	西夏文字面意思是“喜石王九佛”
四形噜噶	[illegible]（四形噜噶）	11.14	音译梵文 heruka
亥母	[illegible]（亥母）	11.16	俄藏西夏文本顺序与此相反，为“无我母、
钩巢母	[illegible]（钩锁母）	11.15	

续表

《逐难记》之“难点”	俄藏西夏文本	出处	备注
无我母	[illegible]（无我母）	11.15	钩锁母、亥母”
忿怒摄入等	[illegible]……[illegible]（摄入忿怒……等）	11.18	
摄入	[illegible]（摄入）	11.18	
内净六处	[illegible]（内净六处）	11.19	
彼师悟解真性	[illegible]（上师悟解真性）	11.22	
一味	[illegible]（一味）	12.2	
五蕴之自性	[illegible]（五蕴之法性）	12.4	
当此悟六根	[illegible]……[illegible]（悟内六处）	12.5	
当以悟五大	[illegible]……[illegible]（悟五大）	12.6	
五智	[illegible]（五智）	12.8-9	
使吉祥	[illegible]（使吉祥）	12.9	
起四无量	[illegible]……[illegible]（起四无量）	12.10	
即成奉供	[illegible]（作供）	12.11	
手执嚕希怛	[illegible]（手执嚕希怛鱼）	12.13	音译梵文 rohita
是中围佛	[illegible]（是中围内佛）	12.13	
余三主三座	[illegible]（三主三座）	12.15-16	
猛母作三座	[illegible]（阴阳三座）	12.16	
净瓶主正体	[illegible]（净瓶主自性）	12.20	
末主	[illegible]（末主）	12.20	
水等五主	[illegible]（水主等五种）	12.21	
依自密名	[illegible]（依自密名）	12.23	
后方受三上主戒	[illegible]（后授三上主）	13.3	
受金刚师主	[illegible]……[illegible]（授金刚师主）	13.4	
菩提心中围	[illegible]（菩提心中围）	13.4-5	

续表

《逐难记》之"难点"	俄藏西夏文本	出处	备注
密主分五	[illegible]……[illegible](密灌，有五种)	13.8	
资有微薄等	[illegible](微少下品)	13.8	
中品	[illegible](中品)	13.9	
上品妄念	[illegible](妄念上品)	13.9	
自心解脱	[illegible](自心解脱)	13.10	
此亦有三	[illegible](此亦三种)	13.10	
妄念	[illegible](妄念重)	13.10	
妄念重	[illegible](其更重)	13.11	
鱼鳃	[illegible](鱼鳃)	13.11	西夏文字面意思是"鱼面颊"
又妄念倍	[illegible](其极重)	13.12	
拽啰辣斡	[illegible](拽啰辣斡)	13.13-14	音译 ya ra la va
充满诸脉	[illegible](充满诸脉)	13.14-15	
八十种妄念	[illegible](八十种妄念)	13.15	
施喜施宫	[illegible](施喜施宫)	13.17	
觉受俱生	[illegible](觉受同生智)	13.19	
胜义真空中围	[illegible](胜义真空中围)	13.19	
诵此真智	[illegible]……[illegible](诵此真智)	13.23	
第三主	[illegible](第三主)	13.24	西夏文字面意思是"三者"，在文中指第三灌，即"第三主"
真实住于	[illegible](真实住于)	14.1	
二与无二	[illegible](二与无二)	14.1	
有体无体自性尊	[illegible](有体无体自性尊)	14.2	

续表

《逐难记》之“难点”	俄藏西夏文本	出处	备注
幻化	[illegible]（幻化）	14.2	
中围轮	[illegible]（中围轮）	14.6	
见解曾进	[illegible]（见解增进）	14.7	
身语齐等	[illegible]（身语齐等）	14.7	
后界集时	[illegible]（后界集时）	14.9	
具莲花女言	[illegible]（莲花童女）	14.9	《延晖集》作“莲种手印”
依现手印	[illegible]（依现手印）	14.11	
大悲金刚上师	[illegible]（大悲金刚上师）	14.13	
只依一施食	[illegible]（只依一施食）	14.13	
以言句	[illegible]（以言句）	14.14	西夏文字面意思是“以略句”
能净身垢	[illegible]（清净身垢）	14.17	
能净意垢	[illegible]（清净意垢）	14.24	
能总净身垢等	[illegible]（悉净身语意三垢）	15.3-4	
与彼系属道	[illegible]（与彼系属道）	15.10	
三处界集	[illegible]（三种界集）	15.11	
即资粮位	[illegible]（资粮位）	15.14-15	
究竟道	[illegible]（究竟道）	15.17	
中根道	[illegible]（中根道）	15.17	
亦资粮位	[illegible]（亦资粮位）	15.18	
发生戒觉受	[illegible]（发生主觉受）	15.21-22	
静虑九支	[illegible]（静虑九支）	15.22	
意金刚	[illegible]（意金刚）	15.23	
而作供	[illegible]（作供）	16.1	

续表

《逐难记》之“难点”	俄藏西夏文本	出处	备注
五肉	[illegible]（五肉）	16.3	
真性供养	[illegible]（真如供养）	16.5	
麻麻鸡母	[illegible]（麻麻鸡）	16.5	音译梵文 Māmakī
所依、能依	[illegible]、[illegible]（所依、能依）	16.7	
顶即众色、即火焰	[illegible]……[illegible]（顶众色……火焰）	16.8-9	
二足风中围	[illegible]（二足风中围）	16.10	
三脉会处	[illegible]（三聚火中围）	16.10	
水中围	[illegible]（水中围）	16.10	
心胸地中围	[illegible]（心间地中围）	16.10	
身肢横竖	[illegible]（身横竖）	16.11	
二目即五色光	[illegible]（二目如五色光）	16.12	
鼻则宝阶	[illegible]（鼻者宝基）	16.13	
咄啰捺	[illegible]（咄啰捺）	16.13	《身中围事相观》作“怛啰捺”
栏	[illegible]（栏）	16.13	
“吽”字变成	[illegible]……[illegible]（“吽”字变成）	16.15	
功德	[illegible]（德）	16.15	
身如金色	[illegible]（身如金色）	16.15	
地界清净	[illegible]（地界清净）	16.16	
六十四天母	[illegible]……[illegible]（六十四天母）	16.17	
然此所观佛等	[illegible]（所观显明）	16.19	
成佛身	[illegible]（成［佛］身形相）	16.21	
当相安稳	[illegible]（当安乐相）	16.21	
摄受字	[illegible]（摄受字）	16.22	
照而常空	[illegible]（自性照空）	16.22	

续表

《逐难记》之“难点”	俄藏西夏文本	出处	备注
自体不二	[illegible]（自体双融）	16.22	
此即大宝宫	[illegible]（此即大宝空行宫）	16.22-23	
于密宫	[illegible]（密宫处）	16.23	
作行有义	[illegible]（作行有义）	16.24	
其身绿色	[illegible]（［身］青色）	16.24	
意金刚	[illegible]（意金刚）	17.6	
无量光	[illegible]（无量光）	17.12	
摄受身	[illegible]（摄受［身相］）	17.11	
因之与果	[illegible]（因之与果）	17.17	
众明主白色	[illegible]，[illegible]（众明主佛，［身］色白）	17.19-20	
界即其因	[illegible]（界者即其因也）	18.1	
眉间轮	[illegible]（眉间轮）	18.2	
五空行宫殿	[illegible]（五空行宫殿）	18.3-4	
下文所说	[illegible]（以下所说）	18.5	
所说道主	[illegible]（所说道主）	18.5	
见解三种	[illegible]（见解三种）	18.7	
无显现故	[illegible]（无明显现）	18.14	
自了慧	[illegible]（自觉智）	18.14	
约明了住持	[illegible]（执持明了）	18.17	
禅定自在	[illegible]（默有自在）	18.20	
现分觉受	[illegible]（现分体性觉受）	18.21	
尔时觉受心中	[illegible]（默有者之心觉受）	19.3	

续表

《逐难记》之“难点”	俄藏西夏文本	出处	备注
睹烟相等	綫……報祇嚴（见烟……等生）	19.3-4	
现空双融	蕞簸糀豥（现空双融）	19.6	《延晖集》作“融通本性”
离过成德	纖綩赦綋賻（所离及功德）	19.9	
不动静虑	慨莪祚緻（不动静虑）	19.11	
作疑闇定	敹扉惙（愚痴定）	19.12	
后依出定	惙絾……蘵（依出定）	19.12-13	
花色水声等	緻報繡瓛纀飛報（花色或水声等）	19.13	
正修时	嬎膈孅（正修时）	19.20	
不舍于空	簸慨糴纖（不舍空）	19.21	
亦实不舍	叒蓊慨纖（亦实不舍）	19.22	
十二种幻化喻	豿豴旇楀緆（十二幻化喻）	19.22	
二边计执	楀赦蘵（二执）	20.1	
解脱位中	緬薮毻（解脱位）	20.1	
既非真实	叒憍（非真实）	20.2	
亦非假	媉峀憍（亦非假）	20.2	
纯现圆寂	㷀蕞毻祚（显现圆寂）	20.8	
精进上根道	驋薾緂毻皲豴龎（精进上根道）	20.13-14	
所现大等	綩繗報……蕞（所现大等）	20.20	
持种等境	垦纀報㷀蕞（持种等相）	20.22-23	
风识自谷道出	皲赦皲膌緻（风识于粪门流）	21.4	
二目出	楀蕍膈緻（双眼内流）	21.5	
具力“吽”字	纐豴緋飒蚝（具力“吽”字）	21.10	

可以明显看出，除个别地方译法不同外，不论是“难点”的名

称，还是“难点”的顺序，《逐难记》与西夏文译本几乎一一对应。此外，我们已经知道俄藏西夏文本止于“身方便本续”中的“化身自成果”，而《逐难记》止于“具力‘吽’字”的解释。从西夏文译本不难看出，“具力‘吽’字”属于解释“光蕴迁识”部分，即《逐难记》的内容实际上也并不完整，与“化身自成果”之间仅有“音声迁识”[①]，因此《逐难记》所解释之文本，与俄藏西夏文本在内容涵盖的范围上当是一致的，只是《逐难记》的作者不认为“音声迁识”和“化身自成果”部分还有“难点”需要作进一步解释。

综上，我们可以确定《逐难记》实际上是对《道果语录金刚句》之释论的进一步解释，即《解释道果语录金刚句记》之难点再解释。其解释的内容又与俄藏西夏文本刚好对应，所以可推测，传至西夏的完整的《解释道果语录金刚句记》和《逐难记》藏文原本本来就被分为几卷，俄藏西夏文本和《密集》中的《逐难记》都是对第一卷的翻译。当然也有另一种可能，藏文原本未分卷，西夏文译要和汉文译本对所译的内容篇幅作了统一规定。

二　《逐难记》的译写年代

《逐难记》首题“甘泉大觉圆寂寺沙门宝昌 传译”，开篇在叙述译本来源时提到“依两部番本，宝昌译成汉本，勘会一处。此记有二部，刘掌厮啰所说者略，中难吟迦法师不传。此记者，大禅巴师所集也。文广易解是此记也”，“此敬礼词者是大禅巴于自师嗦法师处而敬礼也，嗦萨悉结瓦者，乃极喜真心师之易名也”[②]。陈庆英首先考证出此处的“嗦法师”即为萨迦五祖之初祖萨钦·贡噶宁波（Kun dga’ snying po, 1092—1158），从而推断出其弟子禅巴法师

① 参见本章第一节中的西夏文本“科判”。

② 中国人民大学国学院汉藏佛学研究中心主编：《大乘要道密集》第3册，第19页上。

及禅巴法师之弟子沙门宝昌当生活在西夏时期，因此《密集》中的《逐难记》也是在西夏时期被译成汉文。

除题记和上述两段文字外，《逐难记》中还出现了具有年代特征的少量译音词。因此我们可以从译音用字方面进一步论证《逐难记》的译写年代。

此前，孙伯君已通过大量西夏新译佛经陀罗尼对音材料，总结出西夏时期的梵汉对音规律。根据这些对音用字规律，我们就可以将没有题记的汉文佛经确定为西夏译经。[①]

《逐难记》中虽然没有陀罗尼，但也出现了一些音译梵文的词和特殊标音汉字，其用字及标音方式完全符合孙伯君所总结的规律。

1.末遏

“末遏”，梵文 bha ga 之音译，为“破、坏”义。“末遏”即《延晖集》《座等略文》等篇中的“婆伽”。

“末”为明母字。在 12 世纪汉语河西方音中，明、泥、疑母字分别演化为 mb-、nd-、ŋg，因此明母字不仅与梵文 m-对音，也与 b-/bh-对音。[②]

“遏”为影母字。在西夏译经梵汉对音中，梵文 g 以疑母字对音，但有一例十分特别，即以影母字“遏”对音梵文 ga。如宝源译《胜相顶尊总持功能依经录》中的 bhagavate 的对音是“末遏斡帝”，西夏译《密咒圆因往生集》中 garme 的对音是“遏吟嚕(二合)”。元代时，则以“葛/迦”对音 ga。

2.光割利

“光割利”，一种鸟。《含藏因续记文》作“锅葛力”。

“光”属宕摄字。以“光”字对梵文 ko 音，是由于河西方音

① 孙伯君：《西夏新译佛经陀罗尼的对音研究》，中国社会科学出版社 2010 年版，第 56 页。

② 孙伯君：《西夏新译佛经陀罗尼的对音研究》，第 59 页。

中的宕摄字已失落韵尾-ŋ，同时元音高化，与果摄合流。

3.啷希怛

“啷希怛”，梵文 rohita 之音译，是产于南亚的一种大鱼。

“浪”也属宕摄字。以“浪”对音 rohita 之元音 o，反映的也是河西方音中的宕摄字已失落韵尾-ŋ，同时元音高化，与果摄合流。

汉字上加“口”，是夏译密咒梵汉对音中的一种特殊标音方式。“浪”是来母字，西夏梵汉对音以在来母字上加“口”旁比况梵语中的颤舌辅音 r-或颤舌元音ṛ。

4.形噜噶

“形噜噶”，梵文 heruka 之音译，《身中围事相观》作“兮噜葛”。

“形”属梗摄字。汉语河西方音的梗摄字和宕摄字一样，已失落韵尾-ŋ，因此“梵文元音 i/e 对音的除了汉语方音的止、蟹摄字外，还有梗摄字”[①]。

上述四例译音用字均符合西夏梵汉对音规律，反映的是西夏地区流行的汉语西北方音，以此我们可以确定《逐难记》的译者一定生活或曾生活在西夏时期。

三　俄藏西夏文本的译写年代

通过前文对《逐难记》中“难点”的对照，不仅可以看出俄藏西夏文本与《逐难记》两个文本在内容上的关系，还可以看出二者的译法高度一致，特别是《逐难记》中的“见解三种自体”和“惠智主戒”，与西夏文“[illegible]”“[illegible]”的语序也完全相同。可以说，两个文本的译者几乎采用了相同的翻译方式，甚至在语序上更贴近西夏语，而非汉语。但我们也注意到，两个文本中有个别词的译法又有区别。如《逐难记》中的“鱼鳃”，俄藏本作“[illegible]”，字面意思

① 孙伯君：《西夏新译佛经陀罗尼的对音研究》，第 60 页。

是“鱼面颊”，并不完全对应（《延晖集》作“螺”）；《逐难记》中有一处“禅定”，俄藏本作“[illegible]”，字面意思是“默有”，当是直译藏文 rnal ’byor，梵文作 yoga，一般译作“瑜伽、修习”（《延晖集》译作“瑜伽”）；《逐难记》中的“尊阳”“阴母”，俄藏本分别作“[illegible]”“[illegible]”，字面意思是“德王母”“德王父”（《延晖集》作“尊宿父”“尊宿母”）。[①]

两个文本中出现了许多完全相同的藏式词，足以说明俄藏西夏文本与《逐难记》在翻译藏文底本时，做过相当程度的参照，尽管没有作强行规范。而两文本间的不同之处，正反映出两者均直接译自藏文本，并非汉文本译自西夏文本，或西夏文本译自汉文本的关系。正如段玉泉所指出的那样，西夏藏传佛教文献翻译的基本模式是夏、汉同时译出，[②]西夏文《解释道果语录金刚句记》一定还有一个与之相应的汉文本，汉文本《解释道果逐难记》也有一个相应的西夏文本，而在将藏文本翻译为西夏文和汉文时，两者又互为参照。因此西夏文译本《解释道果语录金刚句记》及其相应汉文译本、西夏文译本《解释道果逐难记》及其相应汉文译本应当都是同时译出。

但由于俄藏西夏文本没有确切的年代提署，无法确定其准确的译写年代，只能从其他方面尝试对其判定。

早前学界就已注意到 12 世纪下半叶西夏佛教界确立了一套新的翻译规则，[③]其中一条为：以在音节后加注小字表示梵文中的收尾辅音，如小字“[illegible]”“[illegible]”“[illegible]”等分别表示梵文中的收尾辅

① 此处西夏文译本的“父”“母”顺序与《逐难记》和《延晖集》相反。

② 段玉泉：《语言背后的文化流传：一组西夏藏传佛教文献解读》，博士学位论文，兰州大学，2009 年，第 171—172 页。

③ 参见［日］西田龙雄《西夏语研究与法华经（I、II）》，《东洋学术研究》第 44 卷第 1、2 号，2004 年；聂鸿音《〈仁王经〉的西夏译本》，《民族研究》2010 年第 3 期；孙伯君《西夏仁宗皇帝的校经实践》，《宁夏社会科学》2013 年第 4 期。

音-n、-ŋ（= -ṃ）、-r。инв. № 913 中就出现了以小字表示梵文收尾辅音的情况，①如：觅栗瓦巴，西夏文作“[illegible][illegible][illegible][illegible]”（bjii^{2} rjɨr^{2} wa^{1} pja^{1}），音译梵文 Virūpa，其中“[illegible]”为小字②，表示 vir 音节中的收尾辅音-r；梵文 hik，西夏文作“[illegible][illegible]”（xji^{1} kə^{1}），“[illegible]”字表示收尾音节-k。故从这一点来看，俄藏西夏文本的译写时间不会早于仁宗时期，且在仁宗校经活动之后，即不早于 1149 年。③汉文本《解释道果语录金刚句记》及《逐难记》的译写时间也当大体相同。西田龙雄猜测西夏文译本是 12 世纪至 13 世纪的写本无疑是正确的。④

① инв. № 4528 虽没有大小字之分，但上述梵文的西夏文翻译完全相同，或由其抄写者不明这一翻译规则所致。

② 图版显示“[illegible][illegible]”两字都明显写得较小，“[illegible]”字小写或受前字影响。

③ 孙伯君师认为，仁宗的校经活动大概始于天盛元年（1149 年）。详见孙伯君《西夏仁宗皇帝的校经实践》，《宁夏社会科学》2013 年第 4 期。

④［日］西田龙雄：《西夏语仏典目录编纂の诸问题》，收录于 E. И. Кычанов, *Каталог тангутских буддийски памятников,* Киото: Университет Киото, 1999. XLIV。汉译本见［日］西田龙雄《西夏语佛典目录编纂的诸问题》，载沈卫荣主编《汉藏佛学研究：文本、人物、图像和历史》，王曦译，中国藏学出版社 2013 年版，第 140 页。

第三章　西夏文《解释道果语录金刚句记》（卷一）释读

第一节　凡例

一　正文包括西夏文录文、拟音、逐字对译、意译、译文和注释。由于西夏文译本的背面小字书写潦草，较难辨认，录文以大字正文为主，个别处小字见“注释”部分。

一　西夏书籍仿中原格式，自右而左竖写。本书为排版方便，将原文一律改为自左而右横行。

一　由于инв. № 913 保存完整，而инв. № 4528 部分残损，录文以инв. № 913 为底本，并参考инв. № 4528，内容不一致的地方随文注释。

一　录文前的数字表示该文字在原文献中的页码和列数。由于此篇西夏文文献为卷子装，录文大体依照图版照片予以标注。如 1.14 指第一张图版右起第十四列。

一　西夏录文凡遇原件句中文字衍脱残佚，均尽目前所知予以订补，并以脚注形式说明。残字难以辨认，但可据字形、上下文、汉文本拟补的，于字外打上方框，如[illegible]；无力拟补者，以“□”号标之，其数量与原文字数一致。

一　西夏文字结构复杂，因书字人疏忽而导致的鲁鱼亥豕之讹在所难免。凡遇此类讹误，录文径改为正确字形，亦不出校语说明。

一　每行录文下是逐字拟音，采用龚煌城的拟音方案。读音不明确的西夏字音用“？”表示。

一　逐字对译尽量采用与相关汉文本对应的词义，其目的在于确定西夏译文词语与汉文本词语的对当关系，并不强行套用通行《夏汉字典》释义，以求为今后研究西夏词义积累素材。

一　逐字对译若遇西夏虚词，在汉文本或通行字书中有对应词语的以对应词语标示，没有对应词语的以“△”号标示；若遇表音字，则以“［ ］”标示。

一　解读的各部分对西夏原文一律予以标点及分段，参照西夏文文意改用新式标点，以便读者参考。译文依照科判分章节，为阅读方便，文字过多的段落亦酌情在中间分段。

一　西夏文本的译文部分主要以同类汉文本为参照，包括《大乘要道密集》中的《道果延晖集》《含藏因续记文》《座等略文》《身中围事相观》《转相临终要门》《解释道果逐难记》，以及《道果根本颂金刚句偈注》。其中西夏文本与汉文本有出入的地方，根据传统汉文译法对西夏语实词或文句语义加以翻译。

一　注释采用文中注的方式。其目的有三：一是提示西夏译文与汉文本的对应关系，或与存世相关汉文译本的歧义之处；二是展示某些西夏字的汉译依据；三是说明西夏文对佛教术语的翻译方式。

一　西夏文所对应的藏文取自《道果根本金刚句》（*Lam 'bras bu dang bcas pa'i rtsa ba rdo rje'i tshig rkang*），或其他西夏文文献所据藏文底本。

第二节　“初义”部分释读

1.1

[illegible]	[illegible]	[illegible]	[illegible]	[illegible]	[illegible]	[illegible]	[illegible]	[illegible]	[illegible]①	[illegible]	[illegible]	[illegible]
tśja^{1}	mjaa^{1}	dzjų^{1}	śioo^{1}	ɣjɨ̣^{1}	njij^{2}	gjwi^{2}	·jij^{1}	phie^{2}	sji^{2}	la^{1}	lew^{1}	tsew^{2}
道	果	语	集	石	王	句	之	解	△	记	一	第

《解释道果语录金刚句记》第一

1.2

[illegible]	[illegible]	[illegible]	[illegible]	[illegible]	[illegible]！				
rjur^{1}	phju^{2}	dzjiij^{2}	·jij^{1}	tśja^{1}	tshwew^{1}				
诸	上	师	之	礼	敬！				

敬礼诸上师！

1.3

[illegible]	[illegible]	[illegible]	[illegible]	[illegible]	[illegible]	[illegible]	[illegible]	[illegible]②，	
·wəə^{1}	ɣię^{2}	dźjɨ	·wji^{1}	ɣjiw^{1}	ɣiwej^{1}	na^{1}	źjɨr^{1}	lhjwi^{1}	
妙	音	行	为	摄	受	玄	慧	传，	
□	□	[illegible]	[illegible]	[illegible]	[illegible]	[illegible]	[illegible]	[illegible]。	
		lwər^{2}	lhejr^{2}	·wọ^{2}	ɣa^{2}	sjij^{2}	swew^{1}	ŋewr^{2}	
□	□	经	契	理	于	智	明	等。	

妙音摄受传玄慧，□□教理明智等。

① 名物化助词。

② 据《逐难记》及西夏译本残存笔画补。

1.4

[illegible]	[illegible]	[illegible]	[illegible]	[illegible]	[illegible]	[illegible]	[illegible]	[illegible]，	
tśhiaa^{2}	dzjɨj^{1}	bjaa^{1}	wee^{1}	tśjiw^{2}	gu^{2}	nji	sju^{2}	we^{2}	
难	时	死	生	顶	中	珠	如	是，	
[illegible]	[illegible]	[illegible]	[illegible]	[illegible]	[illegible]	[illegible]	[illegible]	[illegible]。	
ɣjɨ̣^{1}	njij^{2}	·ụ^{2}	ŋwu^{2}	sjij^{2}	dju^{1}	gju^{1}	dzjij^{1}	phji^{1}	
石	王	乘	以	情	有	渡	过	令。	
难时生死如顶珠，以金刚乘渡有情。									

1.5

[illegible]	[illegible]	[illegible]	[illegible]	[illegible]	[illegible]	[illegible]	[illegible]	[illegible]，	
·wọ^{2}	lheew^{2}	mjiij^{1}	dju^{1}	ljij^{2}	mjijr^{2}	zji^{2}	bjii^{2}	dźiej^{2}	
义	在	名	有	见	者	皆	显	信，	
[illegible]	[illegible]	[illegible]	[illegible]	[illegible]	[illegible]	[illegible]	[illegible]	[illegible]。	
wjuu^{1}	ŋwu^{2}	tsjij^{1}	mjii^{2}	rewr^{2}	ɣa^{2}	źjɨr^{1}	dzjwɨ̣^{1}	tshwew^{1}	
悲	以	他	饶	足	于	实	敬	恭。	
见义名者皆显信，悲他饶足实恭敬。									

1.6

[illegible]	[illegible]	[illegible]	[illegible]	[illegible]	[illegible]	[illegible]	[illegible]	[illegible]，	
phji^{1}	bju^{1}	ljɨ̣^{1}	sju^{2}	ɣjɨ̣^{1}	njij^{2}	gjwi^{2}	phie^{2}	sji^{2}	
意	依	宝	如	石	王	句	解	能，	
[illegible]	[illegible]	[illegible]	[illegible]	[illegible]	[illegible]	[illegible]	[illegible]	[illegible]。	
thjoo^{1}	dzjiij^{2}	ŋwuu^{1}	bju^{1}	tsjij^{1}	gjij^{1}	ɣie^{2}	nioow^{1}	śioo^{1}	
妙	师	语	依	彼	利	益	因	集。	
解如意宝金刚句，集妙师语利益彼。									

译文：

《解释道果语录金刚[1]句记》第一

敬礼诸上师！

妙音[2]摄受传玄慧，□□教理明智等。
难时生死如顶珠，以金刚乘[3]渡有情。
见义名者皆显信，悲他饶足实恭敬[4]。
解如意宝金刚句，集妙师语利益彼。

注释：

［1］“金刚”，西夏文作“[illegible]”，字面意思为“石王”，直译藏文 rdo rje（石王/金刚）①。

［2］《逐难记》释“妙音，谓文殊也”。

［3］金刚乘，即果乘。

［4］该句在《逐难记》中作“德义彰称，悲饶足下”。

1.7

[illegible]	[illegible]	[illegible]	[illegible]	[illegible]	[illegible]	[illegible]	[illegible]	[illegible]	[illegible]
mjɨ^{2}	lheew^{2}	·jij^{1}	dzju^{2}	bjii^{2}	rjɨr^{2}	wa^{1}	pja^{1}	ljịj^{2}	dzjiij^{2}
默	有	自	在	［觅］	［栗］	［瓦］	［巴］	大	师
[illegible]	[illegible]	[illegible]	[illegible]	[illegible]	三[illegible]：	[illegible]	[illegible]	[illegible]，	[illegible]
ɣjɨr^{1}	ɣjɨ̣^{1}	njij^{2}	gjwi^{2}	·jij^{1}	djii^{1}	lew^{1}	ɣu^{1}	·wọ^{2}	njɨɨ^{2}
作	石	王	句	之	三分：	一	初	义，	二

瑜伽自在觅栗瓦巴大师之金刚句三分：一初义，二

① 括号内为藏语词的字面直译和意译，以“/”隔开。

1.8

[illegible]	[illegible]，	[illegible]	[illegible]	[illegible]。	[illegible]	[illegible]	[illegible]	[illegible]，	
kwər1	·wǫ2	sǫ1	dźjwa1	·wǫ2	lew1	ɣu1	·wǫ2	tja1	
体	义，	三	终	义。	一	初	义	者，	
[illegible]	[illegible]	[illegible]	[illegible]	[illegible]	[illegible]，	[illegible]	[illegible]	[illegible]	
thjoo1	ɣiej1	njɨ2	njɨɨ2	gjwi2	ŋwu2	phju2	dzjiij2	do2	
妙	真	等	二	句	是，	上	师	处	

体义，三终义。一初义者，是“妙真”等二句，

1.9

[illegible]	[illegible]	[illegible]	[illegible]	[illegible]	[illegible]	[illegible]	[illegible]	[illegible]。	[illegible]
tśja1	tshwew1	ljį1	phie2	tshjiij1	ŋwuu1	lhjwi1	śjij1	dźju1	thjoo1
礼	敬	并	解	说	语	传	△	明。	妙
[illegible]	[illegible]	[illegible]	[illegible]	[illegible]，	[illegible]	[illegible]	[illegible]	[illegible]	[illegible]
ɣiej1	phju2	dzjiij2	·jɨ2	tja1	·jij1	kwər1	tjij1	ɣa2	tśhja2
真	上	师	谓	者，	自	体	独	于	德

敬礼上师并明解说传语。谓妙真上师者，于自性独

1.10

[illegible]	[illegible]	[illegible]	[illegible]	[illegible]：	[illegible]、	[illegible]	[illegible]	[illegible]	[illegible]
·ioow1	bju1	ljɨɨr1	mə2	phie2	lew1	djɨr2	ŋwej2	lhu1	phja1
功	依	四	种	解：	一、	外	绮	增	断
[illegible]	[illegible]	[illegible]	[illegible]	[illegible]，	[illegible]、	[illegible]	[illegible]	[illegible]	
·wji1	ɣjį1	njij2	phju2	dzjiij2	njɨɨ2	·u2	·jij1	to2	
为	石	王	上	师，	二、	内	自	生	

解四种功德：一、断外增绮金刚上师，二、明内自生

1.11

[illegible]	[illegible]	[illegible]	[illegible]	[illegible]	[illegible]，	[illegible]、	[illegible]	[illegible]	[illegible]
sjij^{2}	nur^{1}	ɣjɨ̣^{1}	njij^{2}	phju^{2}	dzjiij^{2}	sọ^{1}	dwuu^{2}	ka^{2}	wee^{1}
智	明	石	王	上	师，	三、	密	同	生
[illegible]	[illegible]	[illegible]	[illegible]	[illegible]	[illegible]，	[illegible]、	[illegible]	[illegible]	
sjij^{2}	neej^{2}	ɣjɨ̣^{1}	njij^{2}	phju^{2}	dzjiij^{2}	ljɨɨr^{1}	njɨ^{2}	dźjwa^{1}	
智	明	石	王	上	师，	四、	至	竟	
智金刚上师，三、明密同生智金刚上师，四、究竟									

1.12

[illegible]	[illegible]	[illegible]	[illegible]	[illegible]	[illegible]	[illegible]	[illegible]	[illegible]	[illegible]
mjor^{1}	ɣiej^{1}	·wọ^{2}	tsjiir^{1}	ŋowr^{2}	ŋowr^{2}	zji^{2}	buu^{2}	gji^{1}	sej^{1}
如	真	义	法	一	切	最	胜	清	净
[illegible]	[illegible]	[illegible]	[illegible]	[illegible]	[illegible]	[illegible]。	[illegible]	[illegible]	[illegible]，
tshjiij^{1}	ɣjɨ̣^{1}	njij^{2}	phju^{2}	dzjiij^{2}	njɨ^{2}	ŋwu^{2}	lew^{1}	tsew^{2}	tja^{1}
说	石	王	上	师	等	是。	一	第	者，
真如一切义法说最胜清净金刚上师。第一者，									

译文：

瑜伽[1]自在觅栗瓦巴[2]大师之金刚句三分：一初义，二体义，三终义。一初义者，是“妙真”等二句，敬礼上师并明解说传语。谓妙真上师者，于自性独解四种功德：一、断外增绮金刚上师[3]，二、明内自生智[4]金刚上师，三、明密同生智金刚上师，四、究竟真如一切义法说最胜清净金刚上师[5]。

注释：

［1］“瑜伽”，西夏文作“[illegible]”，字面意思是“默有、在寂”，直译藏文 rnal ’byor（在寂/瑜伽、修习），梵文作 Yogā。

［2］“觅栗瓦巴”，西夏文作“[illegible]”（bjii^{2} rjɨr^{2} wa^{1} pja^{1}），

音译梵文 Virūpa。又译作必哩（二合）吪巴、密哩斡巴、密哩吪巴、觅吪巴等，一般被认为是“道果”法初祖，被尊称为 rnal ’byor gyi dbang phyug，义为“修习自在”或“瑜伽自在”。

［3］《延晖集》《偈注》作“断外增绮金刚师”，《逐难记》作“外断增绮”。

［4］“自生智”，西夏文作“[illegible]”，对应藏文 rang byung gi ye shes。梵文作 Svayaṃbhu jñāna，指诸佛不籍功用，自然而生之一切种智。“[illegible]”两字虽残缺不全，但结合后面的“[illegible]”字可补。

［5］《延晖集》作“明究竟如诸法最净师”，《偈注》作“究竟显诸法极净实相上师”。

1.13

[illegible]	[illegible]	[illegible]	[illegible]	[illegible]	[illegible]	[illegible]	[illegible]	[illegible]	[illegible]，
ŋwej²	ɣjɨ̣¹	njij²	njɨ²	ljɨ̣¹	kjɨ¹	·a	·jow²	?	tshjɨɨ¹
喜	石	王	等	何	已	一	样	亲	诵，
[illegible]	[illegible]	[illegible]	[illegible]	[illegible]	[illegible]	[illegible]	[illegible]	[illegible]	[illegible]，
śji¹	śjɨ¹	tsə¹	mẹ²	gu²	tśjɨ̣¹	sọ¹	mə²	lu²	dzju²
前	行	色	末	中	围	三	种	座	全，

《喜金刚》等亲诵将已，前行依三座全色末中围，

1.14

[illegible]	[illegible]	[illegible]	[illegible]①	[illegible]	[illegible]	[illegible]	[illegible]	[illegible]	[illegible]
dzjɨ̣²	ɣa²	gjɨ²	·jɨj²	sej¹	lew²	źjɨr²	ljụ²	gu²	tśjɨ̣¹
聚	于	依	袋	净	所	脉	身	中	围
[illegible]	[illegible]	[illegible]	[illegible]	[illegible]	[illegible]，	[illegible]	[illegible]	[illegible]	[illegible]
·jij¹	tsjiir²	bju¹	mjii¹	dźjiij¹	tja¹	thja¹	mjor¹	ka²	·jiij¹
自	性	依	宫	住	者，	彼	如	等	持

聚于所净自性住身脉中围，使彼为等持

① 西夏文字面意思为“依袋”，文意不明。

1.15

[illegible]	[illegible]	[illegible]，	[illegible]	[illegible]	[illegible]	[illegible]	[illegible]	[illegible]	[illegible]
·jij^{1}	·jiw^{1}	we^{2}	ljɨ^{1}	dźjwa^{1}	po^{1}	tjɨj^{1}	·jij^{1}	tśja^{1}	we^{2}
之	因	成，	及	竟	［菩］	［提］	之	道	成
[illegible]	[illegible]。	[illegible]	[illegible]	[illegible]	[illegible]	[illegible]	[illegible]	[illegible]	[illegible]
phji^{1}	nioow^{1}	sej^{1}	sji^{2}	sej^{1}	ljɨj^{2}	·jij^{1}	kwər^{1}	dzju^{2}	śjạ^{1}
使	故。	净	能	净	瓶	自	体	主	七
之因，及成无上菩提道故。能净净瓶灌自性七									

1.16

[illegible]，	[illegible]	[illegible]	[illegible]	[illegible]	[illegible]	[illegible]	[illegible]	[illegible]	[illegible]
mə^{2}	mo^{2}	mjiij^{1}	dzju^{2}	rjir^{2}	·a	śjij^{1}	ɣạ^{2}	lew^{1}	mə^{2}
种，	或	末	主	与	一	△	十	一	种
[illegible]	[illegible]，	[illegible]	[illegible]、	[illegible]	[illegible]	[illegible]	[illegible]	[illegible]，	[illegible]
lhjịj^{2}	phji^{1}	bju^{1}	tjị^{2}	bju^{1}	mjijr^{2}	ljụ^{2}	mjii^{1}	lej^{2}	bju^{1}
受	使，	依	所、	依	者	身	处	转，	依
种，或末灌十一种，转所依、能依之身，									

1.17

[illegible]	[illegible]	[illegible]	[illegible]	[illegible]	[illegible]	[illegible]	[illegible]	[illegible]	[illegible]。
djii^{2}	ljụ^{2}	dźju^{1}	sji^{2}	ljịj^{1}	dzja^{1}	tśjɨɨ^{1}	·jwɨr^{1}	·jij^{1}	tśja^{1}
化	身	显	能	增	长	次	形	相	道。
[illegible]	[illegible]	[illegible]	[illegible]	[illegible]	[illegible]	[illegible]	[illegible]	[illegible]	[illegible]
djọ^{2}	ɣa^{2}	·jij^{1}	dzju^{2}	we^{2}	zjịj^{1}	ljịj^{1}	dzja^{1}	tśjɨɨ^{1}	·jwɨr^{1}
修	于	自	在	成	时	增	长	次	形
能显现化身增次相道。于自在修增次									

1.18

[illegible]	[illegible]	[illegible]	[illegible]	[illegible]	[illegible]	[illegible]	[illegible]	[illegible]	[illegible]
·jij^{1}	tśja^{1}	źjɨr^{2}	mjor^{1}	·jir^{2}	ŋwə^{1}	ɣạ^{2}	śjạ^{1}	tha^{1}	bju^{1}
相	道	脉	实	百	五	十	七	佛	依
[illegible]	[illegible]。	[illegible]	[illegible]	[illegible]	[illegible]	[illegible]	[illegible]、	[illegible]	[illegible]、
ɣjiw^{1}	ɣiwej^{1}	thja^{1}	tha^{1}	ŋewr^{2}	·jij^{1}	tsə^{1}	·jij^{1}	lạ^{1}	tjɨj^{2}
摄	受。	彼	佛	数	之	色	身、	手	印、

相道摄受于脉，成一百五十七佛。彼诸佛身色、标帜、

1.19

[illegible]	[illegible]	[illegible]	[illegible]，	[illegible]	[illegible]	[illegible]	[illegible]	[illegible]	[illegible]
dzuu^{2}	śjij^{1}	lu^{2}	njɨ^{2}	bioo^{1}	thjuu^{1}	śjij^{1}	ljị^{1}	thja^{1}	rjir^{2}
坐	仪	座	等，	观	照	△	与	彼	相
[illegible]	[illegible]，	[illegible]	[illegible]、	[illegible]	[illegible]	[illegible]，	[illegible]	[illegible]	[illegible]
bej^{1}	wəə^{1}	ŋwəə^{1}	tshjɨɨ^{1}	tjị^{1}	mjii^{1}	wją^{2}	ljị^{1}	thja^{1}	rjir^{2}
系	属，	咒	诵、	食	施	放，	与	彼	相

坐仪座等，观照与彼相系属，念诵、施食，与彼相［属］

1.20

[illegible]	[illegible]	[illegible]	[illegible]，	[illegible]	[illegible]	[illegible]	[illegible]	[illegible]	[illegible]，	[illegible]
bju^{1}	śjij^{1}	la^{1}	gjwi^{2}	ljij^{2}	śjij^{1}	sọ^{1}	mə^{2}	·jij^{1}	kwər^{1}	dzjar^{2}
依	△	记	句，	见	解	三	种	自	体，	戒
[illegible]	[illegible]	[illegible]，	[illegible]	[illegible]	[illegible]	[illegible]	[illegible]	[illegible]	[illegible]	
bjij^{2}	tshji^{1}	ŋwuu^{1}	nioow^{1}	śjɨj^{1}	lew^{2}	mər^{2}	rar^{2}	deej^{1}	iọ^{1}	
时	要	言，	又	成	所	宗	流	传	圆	

三昧耶戒，三体性见，又轮回圆

1.21

[illegible]	[illegible]	[illegible]	[illegible]，	[illegible]	[illegible]	[illegible]	[illegible]	[illegible]	[illegible]
mjij^{1}	phjo^{2}	kar^{2}	mjij^{1}	ljɨ̣^{1}	mjaa^{1}	djii^{2}	ljụ^{2}	rjir^{1}	sji^{2}
寂	分	别	无，	与	果	化	身	得	能
[illegible]	[illegible]，	[illegible]	[illegible]	[illegible]	[illegible]	[illegible]	[illegible]	[illegible]	[illegible]
tshji^{1}	ŋwuu^{1}	wạ^{2}	tshjiij^{1}	bju^{1}	djɨr^{2}	ŋwej^{2}	lhu^{1}	phja^{1}	ɣjɨ̣^{1}
要	言，	广	云	依	外	绮	增	断	石

寂无别宗，能得化身佛果要门，谓断外增绮

2.1

[illegible]	[illegible]	[illegible]	[illegible]	[illegible]。	[illegible]	[illegible]	[illegible]，	[illegible]	[illegible]
njij^{2}	phju^{2}	dzjiij^{2}	·jɨ^{2}	ljɨ^{1}	njɨɨ^{2}	tsew^{2}	tja^{1}	thja^{1}	phju^{2}
王	上	师	谓	也。	二	第	者，	彼	上
[illegible]	[illegible]	[illegible]	[illegible]	[illegible]	[illegible]	[illegible]	[illegible]	[illegible]，	[illegible]
dzjiij^{2}	mjor^{1}	rjur^{1}	mur^{1}	po^{1}	tjɨj^{1}	njiij^{1}	gu^{2}	tśjɨ̣^{1}	·u^{2}
师	如	世	俗	［菩］	［提］	心	中	围，	内

金刚上师也。第二者，彼上师依世俗菩提心中围，

2.2

[illegible]	[illegible]	[illegible]	[illegible]	[illegible]	[illegible]	[illegible]	[illegible]	[illegible]	[illegible]
sej^{1}	lew^{2}	źjɨr^{2}	·jwɨr^{2}	dji^{2}	·jij^{1}	bju^{1}	·ŋwuu^{1}	·jij^{1}	tsjiir^{2}
净	所	脉	文	字	相	依	言	自	性
[illegible]	[illegible]	[illegible]，	[illegible]	[illegible]	[illegible]	[illegible]	[illegible]	[illegible]	[illegible]，
bju^{1}	dju^{1}	tja^{1}	thja^{1}	mjor^{1}	ka^{2}	·jiij^{1}	·jiw^{1}	we^{2}	phji^{1}
依	有	者，	彼	现	等	持	因	为	使，

［身］内所净依自性有脉字轮，使彼为等持之因，

2.3

[illegible]	[illegible]	[illegible]	[illegible]	[illegible]	[illegible]	[illegible]	[illegible]	[illegible]。	[illegible]
ljɨ̣1	dźjwa1	po1	tjɨj1	·jij1	tśja1	we2	phji1	nioow1	sej1
及	竟	［菩］	［提］	之	道	成	使	故。	净
[illegible]	[illegible]	[illegible]	[illegible]	[illegible]，	[illegible]	[illegible]	[illegible]	[illegible]	[illegible]
sji2	dwuu2	dzju2	lhjịj2	phji1	·jwɨr2	dji2	ŋwuu1	·jij1	tsjiir2
能	密	主	受	使，	文	字	语	自	性

及成无上菩提道故。能净密灌顶，转自性语字轮，

2.4

[illegible]	[illegible]	[illegible]，	[illegible]	[illegible]	[illegible]	[illegible]	[illegible]	[illegible]	[illegible]
mjii1	lej2	bju1	tshja2	ljụ2	dźju1	sji2	·jij1	ɣjiw1	ɣiwej1
处	转	依，	报	身	显	能	自	摄	受
[illegible]	[illegible]，	[illegible]	[illegible]	[illegible]	[illegible]	[illegible]	[illegible]	[illegible]	[illegible]，
śjij1	tśja1	ljɨ̣1	ljij2	śjij1	ljɨɨr1	mə2	·jij1	to2	sjij2
△	道，	并	见	解	四	种	自	生	智，

能显报身自摄受道，并训四种自生智见，

2.5

[illegible]	[illegible]	[illegible]	[illegible]	[illegible]	[illegible]	[illegible]	[illegible]	[illegible]	[illegible]
ljɨ̣1	thja1	rjir2	bej1	wəə1	la1	gjwi2	dzjar2	bjij2	tshji1
与	彼	相	系	属	记	句	戒	时	要
[illegible]，	[illegible]	[illegible]	[illegible]	[illegible]	[illegible]	[illegible]	[illegible]	[illegible]	[illegible]
ŋwuu1	nioow1	śjɨj1	lew2	mər2	thwuu1	gu2	mji1	lwu1	zji2
言，	又	成	所	宗	同	共	不	混	皆

与彼相属三昧耶戒，又互不涉滥皆

2.6

[illegible]	[illegible]，	[illegible]	[illegible]	[illegible]	[illegible]	[illegible]	[illegible]	[illegible]	[illegible]
ɣu²	dźjwa¹	ljɨ̣¹	mjaa¹	tshja²	ljụ²	rjir¹	sji²	tshji¹	ŋwuu¹
了	毕，	与	果	报	身	得	能	要	言
[illegible]	[illegible]，	[illegible]	[illegible]	[illegible]	[illegible]	[illegible]	[illegible]	[illegible]	[illegible]
njɨ²	neej²	bju¹	·u²	·jij¹	to²	sjij²	neej²	mjijr²	ɣjɨ̣¹
等	证，	依	内	自	生	智	明	者	石

圆满宗，赐与能得等证报身佛果要门，谓明内自生智金

2.7

[illegible]	[illegible]	[illegible]	[illegible]	[illegible]。	[illegible]	[illegible]	[illegible]，	[illegible]	[illegible]
njij²	phju²	dzjiij²	·jɨ²	ljɨ¹	sọ¹	tsew²	tja¹	thja¹	phju²
王	上	师	谓	也。	三	第	者，	彼	上
[illegible]	[illegible]	[illegible]	[illegible]	[illegible]	[illegible]	[illegible]，	[illegible]	[illegible]	[illegible]
dzjiij²	mjor¹	bja²	gja²	·jij¹	gu²	tśjɨ̣¹	·u²	sej¹	lew²
师	如	［末］	［遏］	之	中	围，	内	净	所

刚上师也。第三者，彼上师依末遏中围，［身］内所净

2.8

[illegible]	[illegible]	[illegible]	[illegible]	[illegible]	[illegible]	[illegible]	[illegible]	[illegible]	[illegible]
kiẹj²	rjir¹	sju²	tsə¹	·jij¹	tsjiir²	dzjụ¹	śjɨj¹	bju¹	mjii¹
界	得	汤	药	自	性	元	成	依	处
[illegible]	[illegible]，	[illegible]	[illegible]	[illegible]	[illegible]	[illegible]	[illegible]	[illegible]，	[illegible]
dźjiij¹	tja¹	thja¹	mjor¹	ka²	·jiij¹	·jiw¹	we²	phji¹	ljɨ̣¹
住	者，	彼	现	等	持	因	为	使，	及

自性元成本住界甘露，使为等持之因，及

2.9

[illegible]	[illegible]	[illegible]	[illegible]	[illegible]	[illegible]	[illegible]	[illegible]。	[illegible]	[illegible]	[illegible]
dźjwa^{1}	po^{1}	tjɨj^{1}	·jij^{1}	tśja^{1}	we^{2}	phji^{1}	nioow^{1}	sej^{1}	sji^{2}	źjɨr^{1}
竟	［菩］	［提］	之	道	成	使	故。	净	能	慧
[illegible]	[illegible]	[illegible]	[illegible]	[illegible]，	[illegible]	[illegible]	[illegible]	[illegible]	[illegible]，	[illegible]
sjij^{2}	dzju^{2}	lhjịj^{2}	phji^{1}	zjij^{1}	kięj^{2}	sju^{2}	tsə^{1}	mjii^{1}	lej^{2}	bju^{1}
智	主	受	使	时，	界	汤	药	处	转，	依

成无上菩提道故。能净智慧灌顶，转界甘露，

2.10

[illegible]	[illegible]	[illegible]	[illegible]	[illegible]	[illegible]	[illegible]	[illegible]	[illegible]	[illegible]
phji^{1}	·jij^{1}	·jij^{1}	tsjiir^{2}	tsjiir^{1}	ljụ^{2}	dźju^{1}	sji^{2}	gu^{2}	tśjɨ̣^{1}
意	之	自	性	法	身	显	能	中	围
[illegible]	[illegible]	[illegible]	[illegible]	[illegible]，	[illegible]	[illegible]	[illegible]	[illegible]	[illegible]
·jij^{1}	dźiej^{2}	tśier^{1}	·ju^{2}	tśja^{1}	ljɨ̣^{1}	ljij^{2}	śjij^{1}	phju^{2}	ŋwu^{2}
之	轮	方	便	道，	并	见	解	上	以

能显自性法身中围方便道轮，并训上

2.11

[illegible]	[illegible]	[illegible]	[illegible]	[illegible]	[illegible]	[illegible]，	[illegible]	[illegible]	[illegible]	[illegible]
gjwɨ^{1}	lwo^{2}	ka^{2}	wee^{1}	sjij^{2}	ljɨɨr^{1}	de^{2}	ljɨ̣^{1}	thja^{1}	rjir^{2}	bej^{1}
坚	固	同	生	智	四	喜，	与	彼	相	系
[illegible]	[illegible]	[illegible]	[illegible]	[illegible]	[illegible]	[illegible]，	[illegible]	[illegible]	[illegible]	
wəə^{1}	la^{1}	gjwi^{2}	dzjar^{2}	bjij^{2}	tshji^{1}	ŋwuu^{1}	nioow^{1}	śjɨj^{1}	lew^{2}	
属	记	句	戒	时	要	言，	又	成	所	

坚固四喜同生智见，与彼相系属三昧耶戒，又

2.12

[illegible]	[illegible]	[illegible]	[illegible]	[illegible]，	[illegible]	[illegible]	[illegible]	[illegible]	[illegible]	[illegible]
mər^{2}	rejr^{2}	ŋa^{1}	zjɨɨr^{1}	tsəj^{1}	mjaa^{1}	tsjiir^{1}	ljụ^{2}	njwo^{2}	śjɨj^{1}	·jij^{1}
宗	乐	空	略	少，	果	法	身	元	成	之
[illegible]	[illegible]	[illegible]	[illegible]	[illegible]	[illegible]，	[illegible]	[illegible]	[illegible]	[illegible]	[illegible]
rjir^{1}	sji^{2}	tshji^{1}	ŋwuu^{1}	neej^{2}	bju^{1}	dwuu^{2}	ka^{2}	wee^{1}	sjij^{2}	neej^{2}
得	能	要	言	证	依，	密	同	生	智	明

少空乐宗，能得证法身佛果要门，谓明密同生智

2.13

[illegible]	[illegible]	[illegible]	[illegible]	[illegible]	[illegible]。	[illegible]	[illegible]	[illegible]，	[illegible]	[illegible]
ɣjɨ^{1}	njij^{2}	phju^{2}	dzjiij^{2}	·jɨ^{2}	ljɨ^{1}	ljɨɨr^{1}	tsew^{2}	tja^{1}	thja^{1}	phju^{2}
石	王	上	师	谓	也。	四	第	者，	彼	上
[illegible]	[illegible]	[illegible]	[illegible]	[illegible]	[illegible]	[illegible]	[illegible]	[illegible]，	[illegible]	
dzjiij^{2}	mjor^{1}	tshu^{1}	bju^{1}	buu^{2}	·wọ^{2}	ŋa^{1}	gu^{2}	tśjɨ^{1}	·u^{2}	
师	如	粗	依	胜	义	空	中	围，	内	

金刚上师也。第四者，彼上师依胜义谛，粗分中围，［身］内

2.14

[illegible]	[illegible]	[illegible]、	[illegible]、	[illegible]	[illegible]	[illegible]	[illegible]	[illegible]	[illegible]	[illegible]
sej^{1}	lew^{2}	ljụ^{2}	ŋwuu^{1}	phji^{1}	zji^{2}	ɣa^{2}	njɨ^{2}	thja^{1}	ŋewr^{2}	dzju^{2}
净	所	身、	语、	意	皆	于	至	彼	数	主
[illegible]	[illegible]	[illegible]	[illegible]	[illegible]	[illegible]	[illegible]	[illegible]	[illegible]	[illegible]	[illegible]，
dwewr^{2}	njiij^{1}	ɣiej^{1}	sjij^{2}	ljɨ^{1}	·jij^{1}	tsjiir^{2}	bju^{1}	mjii^{1}	dźjiij^{1}	tja^{1}
觉	心	真	智	风	自	性	依	宫	住	者，

所净身、语、意皆至彼诸灌，觉受藏智风自性住者，

2.15

[illegible]	[illegible]	[illegible]	[illegible]	[illegible]	[illegible]	[illegible]，	[illegible]	[illegible]	[illegible]
thja1	mjor1	ka2	·jiij1	·jiw1	we2	phji1	ljɨ̣1	dźjwa1	po1
彼	现	等	持	因	为	使，	及	竟	［菩］
[illegible]	[illegible]	[illegible]	[illegible]	[illegible]	[illegible]。	[illegible]	[illegible]	[illegible]	[illegible]
tjɨj1	·jij1	tśja1	we2	phji1	·jiw1	sej1	sji2	ljɨɨr1	tsew2
［提］	之	道	成	使	故。	净	能	四	第

使彼为等持之因，及成无上菩提道故。能净第四

2.16

[illegible]	[illegible]	[illegible]	[illegible]，	[illegible]	[illegible]	[illegible]	[illegible]	[illegible]	[illegible]
dzju2	lhjịj2	phji1	zjịj1	ljụ2	ŋwuu1	phji1	zji2	ɣa2	njɨ2
主	受	使	时，	身	语	意	皆	于	至
[illegible]	[illegible]	[illegible]	[illegible]	[illegible]	[illegible]	[illegible]	[illegible]	[illegible]	[illegible]
ljɨ1	mjii1	lej2	bju1	·jij1	tsjiir2	ljụ2	·jij1	dźju1	sji2
风	处	转	依	自	性	身	之	显	能

灌顶，转遍身语意风能显成自性身

2.17

[illegible]	[illegible]	[illegible]	[illegible]	[illegible]，	[illegible]	[illegible]	[illegible]	[illegible]	[illegible]
ɣjɨ̣1	njij2	bju1	pa1	tśja1	ljɨ̣1	ljij2	śjij1	zji2	buu2
石	王	依	波	道，	并	见	解	最	胜
[illegible]	[illegible]	[illegible]	[illegible]	[illegible]	[illegible]	[illegible]	[illegible]	[illegible]	[illegible]
gji1	sej1	ɣiej1	tsjiir2	bji2	ŋwu2	gjwɨ1	lwo2	ljɨɨr1	mə2
清	净	真	性	下	以	坚	固	四	种

金刚波道，并以最胜清净真如下坚四喜见，

2.18

[illegible]，	[illegible]	[illegible]	[illegible]	[illegible]	[illegible]	[illegible]	[illegible]	[illegible]	[illegible]
de^{2}	ljɨ^{1}	thja^{1}	rjir^{2}	bej^{1}	wəə^{1}	la^{1}	gjwi^{2}	dzjar^{2}	bjij^{2}
喜，	与	彼	相	系	属	记	句	戒	时
[illegible]	[illegible]，	[illegible]	[illegible]	[illegible]	[illegible]	[illegible]	[illegible]	[illegible]	[illegible]，
tshji^{1}	ŋwuu^{1}	nioow^{1}	śjɨj^{1}	lew^{2}	mər^{2}	rejr^{2}	ŋa^{1}	wạ^{2}	ljij^{2}
要	言，	又	成	所	宗	乐	空	广	大，

与彼相系属三昧耶戒，又大空乐宗，

2.19

[illegible]	[illegible]	[illegible]	[illegible]	[illegible]	[illegible]	[illegible]	[illegible]	[illegible]	[illegible]	[illegible]
mjaa^{1}	·jij^{1}	tsjiir^{2}	ljụ^{2}	njwo^{2}	śjɨj^{1}	rjir^{1}	sji^{2}	tshji^{1}	ŋwuu^{1}	tshjiij^{1}
果	自	性	身	元	成	得	能	要	言	说
[illegible]，	[illegible]	[illegible]	[illegible]	[illegible]①	[illegible]	[illegible]	[illegible]	[illegible]	[illegible]	
bju^{1}	njɨ^{2}	dźjwa^{1}	ɣiej^{1}	ŋa^{1}	tsjiir^{1}	ŋowr^{2}	ŋowr^{2}	zji^{2}	buu^{2}	
依，	至	竟	真	空	法	一	切	最	胜	

能得元成自性如身佛果要门，谓究竟真如一切义法说最胜

2.20

[illegible]	[illegible]	[illegible]	[illegible]	[illegible]	[illegible]	[illegible]	[illegible]	[illegible]。	
gji^{1}	sej^{1}	tshjiij^{1}	ɣjɨ^{1}	njij^{2}	phju^{2}	dzjiij^{2}	·jɨ^{2}	ljɨ^{1}	
清	净	说	石	王	上	师	谓	也。	

清净金刚上师也。

① “[illegible][illegible][illegible][illegible]”几字在前文 1.11—1.12 作“[illegible][illegible][illegible][illegible][illegible]”，此处或误。

译文：

第一者，《喜金刚[1]》[2]等亲诵将已，前行依三座全色末中围[3]，聚于所净自性住身脉中围，使彼为等持[4]之因，及成无上菩提道故。能净净瓶灌[5]自性七种，或末灌十一种，转所依、能依之身，能显现化身增次相道。于自在修增次相道摄受于脉，成一百五十七佛。彼诸佛身色、标帜[6]、坐仪座等，观照与彼相系属，念诵、施食[7]，与彼相［属］三昧耶戒[8]，三体性见[9]，又轮回圆寂[10]无别宗[11]，能得化身佛果要门，谓断外增绮金刚上师也。

第二者，彼上师依世俗菩提心中围，［身］内所净依自性有脉字轮，使彼为等持之因，及成无上菩提道故。能净密灌顶，转自性语字轮，能显报身自摄受道，并训四种自生智见，与彼相属三昧耶戒，又互不涉滥[12]皆圆满宗[13]，能得等证报身佛果要门，谓明内自生智金刚上师也。

第三者，彼上师依末遏[14]中围，［身］内所净自性元成本住界甘露[15]，使为等持之因，及成无上菩提道故。能净智慧灌顶，转界甘露，能显自性法身中围方便道轮，并训上坚固四喜[16]同生智见，与彼相系属三昧耶戒，又少空乐宗，能得证法身佛果要门，谓明密同生智金刚上师也。

第四者，彼上师依胜义谛，粗分中围，［身］内所净身、语、意皆至彼诸灌，觉受藏智风[17]自性住者，使彼为等持之因，及成无上菩提道故。能净第四灌顶，转遍身语意风能显成自性身金刚波道，并以最胜清净真如下坚四喜见，与彼相系属三昧耶戒，又大空乐宗，能得元成自性如身佛果要门，谓究竟真如一切义法说最胜清净金刚上师也。

注释：

［1］“喜金刚”，西夏文作“[illegible][illegible][illegible]”，字面意思是“喜石

王”，对应藏文 kye rdo rje，梵文作 Hevajra。[①]

［2］据《延晖集》，这里指《喜金刚二分续》。

［3］“中围”，即“坛城”，西夏文作“[illegible]”，字面意思是“中围”，直译藏文 dkyil ’khor（中围/坛城），梵文作 Maṇḍala。

［4］“等持”，西夏文直译为“[illegible]”，对应藏文 ting nge ’dzin。梵文作 Samādhi，汉文诸经音译作三昧、三摩第、三摩提等。《延晖集》译作“定”，二者名异体同。

［5］“净瓶灌”，西夏文作“[illegible]”，西夏文字面意思是“净瓶”，与后文“[illegible]”（主）合起来指净瓶灌顶，简称瓶灌。“灌顶”，西夏文文献中常译作“[illegible]”（主受）或“[illegible]”（主戒），对应藏文 dbang bskur ba，或简省为“[illegible]”（主），直译藏文 dbang（主、权势）。

［6］“标帜”，西夏文作“[illegible]”，字面意思是“手印”，《延晖集》作“标帜”，当是对应藏文 phyag mtshan（标帜）。这一译法也见于西夏文译本《喜金刚》。

［7］“施食”，西夏文作“[illegible]”，直译“施食”。藏文作 gtor ma，也音译为“朵玛”。

［8］“三昧耶戒”，西夏文作“[illegible]……[illegible]”，可直译为“记句戒要门”。“三昧耶”，为梵文 Samaya 之音译，有不违越、平等、誓愿等多义。西夏文“[illegible]”（记句）对应藏文 dam tshig（誓言）。

［9］《逐难记》释为“显现、空乐、双融”。据下文可知，西夏文译本分别作“[illegible]”（现分体性）、“[illegible]”（空

① 其中 he 表“大悲”，在密乘佛教的语境中，“大悲”即可理解为“大乐”。而汉译最终将 hevajra 译为“喜金刚”，不仅音相近，而且意义也相合，是一种十分善巧的译法。详见沈卫荣《宋、西夏、明三种汉译〈吉祥喜金刚本续〉的比较研究》，载沈卫荣主编《汉藏佛学研究：文本、人物、图像和历史》，中国藏学出版社 2013 年版，第 149 页。

分体性）、“[illegible]”（双融体性），《延晖集》作“有相本性、空寂本性、融通本性”。

［10］“轮回”，西夏文作“[illegible]”，字面意思是“流传”，对应藏文 'khor ba。此译法还见于西夏文译本《吉祥》。梵文作 Samasāra，原义为“流转”，佛经中译作“轮回”。“圆寂”，西夏文作“[illegible]”，旧译“涅槃”，梵文作 Nirvāna。“轮回圆寂无别”，《偈注》作“轮涅无别”。

［11］西夏文“[illegible]”，可译为“所成宗”，《逐难记》也译作“所成宗”。与《延晖集》和《偈注》对照，“所成宗”或“所成”（[illegible]）均与“宗”或“宗趣”对应，因而或为藏文 grub pa'i mtha'（所成就的边界/宗趣）之直译。“轮回圆寂无别宗”，《延晖集》中作“动静源宗”。

［12］西夏文“[illegible]”字面意思是“共同不混”，参照《逐难记》将其译作“互不涉滥”。“互不涉滥皆圆满宗”对应《延晖集》中的“纯究竟宗”。后文另有“[illegible]”（自共不混），与其义同。“[illegible]”译作“相互”，还可见于西夏文译本《吉祥》，对应藏文 phan tshun（相互）。

［13］“圆满”，西夏文作“[illegible]”，字面意思是“了毕”，《逐难记》也译作“了毕”。西夏文《喜金刚》以“[illegible]”译藏文 yongs su rdzogs pa（圆满），《吉祥》以“[illegible]”（最终）译藏文 rdzogs pa（圆满）。

［14］“末遏”，西夏文作“[illegible]”（bja^{2} gja^{2}），音译梵文 Bha ga，《延晖集》等文本中音译作“婆伽”。

［15］“甘露”，西夏文作“[illegible]”，字面意思是“汤药”，对应藏文 bdud rtsi（甘露）。

［16］“四喜”为初喜、上喜、离喜和同生喜。一般将菩提自顶降至喉、心、脐轮称为“上降四喜”；菩提自下逆行，经脐、

心、喉至顶所生四喜为“下固四喜”或“下坚四喜”。

［17］“藏智风”，西夏文作“[illegible][illegible][illegible][illegible]”，字面意思是“真心智风”。在西夏文译本《喜金刚》及《大随求》中，西夏文“[illegible][illegible]”（真心）都用来对译藏文 snying po，为“中心、精髓”等义。

2.20

[illegible]	[illegible]	[illegible]	[illegible]	[illegible]	[illegible]	[illegible]	[illegible]	[illegible]	[illegible]	[illegible]
thjɨ^{2}	sju^{2}	tśhja^{2}	·ioow^{1}	·jij^{1}	lhjwo^{1}	phiaa^{2}	bju^{1}	ljɨɨr^{1}	mə^{2}	phju^{2}
此	如	德	功	之	还	成	依	四	种	上
此约功德成疏解四种上										

2.21

[illegible]	[illegible]	[illegible]，	[illegible]	[illegible]	[illegible]	[illegible]	[illegible]	[illegible]	[illegible]
dzjiij^{2}	phie^{2}	tja^{1}	ljɨɨr^{1}	dzju^{2}	ljɨ̣^{1}	ljɨɨr^{1}	tśja^{1}	bju^{1}	mjiij^{1}
师	解	者，	四	主	及	四	道	依	号
[illegible]	[illegible]，	[illegible]	[illegible]	[illegible]	[illegible]	[illegible]	[illegible]、	[illegible]	
thjɨ^{1}	·wji^{1}	ljɨ̣^{1}	ljɨɨr^{1}	mə^{2}	śjɨj^{1}	lew^{2}	mər^{2}	ljɨɨr^{1}	
言	为，	及	四	种	成	所	宗、	四	
师者，依四灌及四道建号，依四宗趣、四									

2.22

[illegible]	[illegible]	[illegible]、	[illegible]	[illegible]	[illegible]	[illegible]	[illegible]	[illegible]	[illegible]。
mə^{2}	ljij^{2}	śjij^{1}	ljɨɨr^{1}	mə^{2}	mjaa^{1}	bju^{1}	mjiij^{1}	thjɨ^{1}	·wji^{1}
种	见	解、	四	种	果	依	名	言	为。
[illegible]	[illegible]	[illegible]①	[illegible]	[illegible]	[illegible]	[illegible]，	[illegible]	[illegible]	
tsjɨ^{1}	kjwɨj^{2}	djij^{2}	thju^{2}	lew^{1}	tsew^{2}	tja^{1}	tśja^{1}	bju^{1}	
亦	复	然	此	一	第	者，	道	依	
见、四果立名。然今此第一者，依道									

①“[illegible]”表转折义。其语法功能详见孙伯君《简论西夏文“[illegible]”*djij$^{2.33}$的语法功能》，《西夏学》2010年第5辑。

3.1

[illegible]	[illegible]，	[illegible]	[illegible]	[illegible]	[illegible]	[illegible]	[illegible]	[illegible]	[illegible]
mjiij^{1}	rjir^{2}	dzjij^{2}	sọ^{1}	mə^{2}	tja^{1}	ljij^{2}	śjij^{1}	bju^{1}	mjiij^{1}
名	得，	另	三	种	者	见	解	依	名
[illegible]	[illegible]。	[illegible]	[illegible]	[illegible]	[illegible]，	[illegible]	[illegible]	[illegible]	
rjir^{2}	ljɨ^{1}	wją^{1}	rewr^{2}	tshwew^{1}	tja^{1}	thja^{1}	sju^{2}	phju^{2}	
得	也。	莲	足	礼	者，	彼	如	上	

得名，另三种依见得名也。礼足莲者，如彼上

3.2

[illegible]	[illegible]	[illegible]	[illegible]	[illegible]	[illegible]，	[illegible]	[illegible]	[illegible]	[illegible]
dzjiij^{2}	wją^{1}	rewr^{2}	ɣa^{2}	tśja^{1}	tshwew^{1}	ku^{1}	·jij^{1}	do^{2}	tśhja^{2}
师	莲	足	于	礼	敬，	则	自	处	德
[illegible]	[illegible]	[illegible]	[illegible]	[illegible]，	[illegible]	[illegible]	[illegible]	[illegible]	[illegible]
·ioow^{1}	ŋowr^{2}	ŋowr^{2}	śjwo^{1}	bju^{1}	buu^{2}	gjij^{1}	gjii^{1}	dźiej^{2}	śjwo^{1}
功	一	切	生	依，	胜	殊	净	信	生

敬礼上师足下莲，则自身生一切功德，生殊胜净信，

3.3

[illegible]，	[illegible]、	[illegible]、	[illegible]	[illegible]	[illegible]	[illegible]	[illegible]	[illegible]	[illegible]
ŋwu^{2}	ljụ^{2}	ŋwuu^{1}	phji^{1}	bjuu^{1}	dzjwị^{1}	ŋwu^{2}	tśja^{1}	tshwew^{1}	·wji^{1}
以，	身、	语、	意	恭	敬	以	礼	敬	为
[illegible]。	[illegible]	[illegible]	[illegible]	[illegible]，	[illegible]	[illegible]	[illegible]	[illegible]	[illegible]
ljɨ^{1}	tshwew^{1}	tjị^{2}	mjɨɨ^{2}	tja^{1}	djii^{2}	ljụ^{2}	sjij^{2}	ŋa^{1}	dźjij^{1}
也。	礼	所	境	者，	化	身	智	空	行

以身、语、意恭敬顶礼也。所礼境者，即化身智空行

3.4

[illegible]	[illegible]	[illegible]	[illegible]	[illegible]	[illegible]	[illegible]	[illegible]	[illegible]。	[illegible]	[illegible]
mja^1	ljɨɨr^1	lju̜^{2}	·jij^1	tsjiir^2	phju^2	dzjiij^2	tja^1	ljɨ^1	tśja^1	tshwew^1
母	四	身	自	性	上	师	者	也。	礼	敬
[illegible]	[illegible]，	[illegible]	[illegible]	[illegible]	[illegible]	[illegible]	[illegible]	[illegible]。	[illegible]	[illegible]
mjijr^2	tja^1	bjii^2	rjɨr^2	wa^1	pja^1	ljij^2	dzjiij^2	ŋwu^2	thjɨ^2	sju^2
者	者，	［觅］	［栗］	［瓦］	［巴］	大	师	是。	此	如
母四身自性上师也。能礼敬者，是觅栗瓦巴大师也。如此										

3.5

[illegible]	[illegible]	[illegible]	[illegible]	[illegible]	[illegible]	[illegible]	[illegible]。	[illegible]	[illegible]	[illegible]
phju^2	dzjiij^2	do^2	tśja^1	tshwew^1	śjij^1	rjɨr^2	tshjiij^1	nioow^1	rjɨr^2	phie^2
上	师	处	礼	敬	△	所	言。	又	去	解
[illegible]	[illegible]	[illegible]	[illegible]	[illegible]	[illegible]，	[illegible]	[illegible]	[illegible]	[illegible]	
tshjiij^1	ŋwuu^1	lhjwi^1	śjij^1	tshjiij^1	tja^1	tśja^1	mjaa^1	ŋwuu^1	śioo^1	
说	语	传	△	言	者，	道	果	语	录	
所言“敬礼上师”。又言解说传语者，谓我记道果语录										

3.6

[illegible]	[illegible]	[illegible]	[illegible]。	[illegible]	[illegible]	[illegible]	[illegible]	[illegible]	[illegible]
rjar^1	sjij^2	ŋa^2	·jɨ^2	thja^1	kha^1	tshjiij^1	lew^2	tja^1	njɨɨ^2
书	写	我	谓。	其	中	言	所	者	二
[illegible]	[illegible]，	[illegible]	[illegible]	[illegible]	[illegible]。	[illegible]	[illegible]	[illegible]	[illegible]：
mə^2	dju^1	tśja^1	ljɨ̣^{1}	mjaa^1	ŋwu^2	tśja^1	tsjɨ^1	njɨɨ^2	mə^2
种	有，	道	及	果	是。	道	亦	二	种：
也。其中所言者有二，道及果也。道复有二：									

3.7

[illegible]、	[illegible]	[illegible]	[illegible]	[illegible]	[illegible]	[illegible]	[illegible]	[illegible]	[illegible]
lew^{1}	mji^{1}	sjwɨ^{1}	ŋwu^{2}	ŋwej^{2}	lhu^{1}	phja^{1}	śjij^{1}	mji^{1}	lew^{2}
一、	闻	思	以	绮	增	断	△	不	同
[illegible]	[illegible]	[illegible]	[illegible]，	[illegible]	[illegible]、	[illegible]、	[illegible]	[illegible]	[illegible]
bju^{1}	tshjiij^{1}	nji^{2}	ku^{1}	tśja^{1}	wạ^{2}	gu^{2}	ljow^{2}	sọ^{1}	mə^{2}
依	言	△	故，	道	广、	中、	略	三	种

一，以闻思断增绮不同故，言广、中、略三道。

3.8

[illegible]	[illegible]。	[illegible]、	[illegible]	[illegible]	[illegible]	[illegible]	[illegible]	[illegible]	[illegible]
bju^{1}	tshjiij^{1}	njɨɨ^{2}	djọ^{2}	mjijr^{2}	dzjɨɨ^{2}	zjij^{2}	śjij^{1}	do^{2}	bju^{1}
依	言。	二、	修	者	炼	为	△	异	依
[illegible]	[illegible]	[illegible]	[illegible]	[illegible]	[illegible]	[illegible]	[illegible]，	[illegible]	[illegible]、
tśja^{1}	śjwo^{1}	śjij^{1}	mji^{1}	lew^{2}	bju^{1}	tshjiij^{1}	ku^{1}	tśja^{1}	na^{1}
道	进	△	不	同	依	言	故，	道	深、

二、修习者调炼进道参差故，言深、

3.9

[illegible]、	[illegible]	[illegible]	[illegible]	[illegible]	[illegible]。	[illegible]	[illegible]	[illegible]	[illegible]
gu^{2}	mjiij^{2}	sọ^{1}	mə^{2}	bju^{1}	tshjiij^{1}	lew^{1}	tsew^{2}	·jij^{1}	sọ^{1}
中、	浅	三	种	依	言。	一	第	之	三
[illegible]	[illegible]：	[illegible]	[illegible]	[illegible]	[illegible]，	[illegible]	[illegible]	[illegible]	[illegible]，
mə^{2}	dju^{1}	lew^{1}	tśja^{1}	wạ^{2}	tshjiij^{1}	njɨɨ^{2}	tśja^{1}	gu^{2}	tshjiij^{1}
种	有：	一	道	广	言，	二	道	中	言，

中、浅三道。第一复有三：一言广道，二言中道，

3.10

[illegible]	[illegible]	[illegible]	[illegible]。	[illegible]	[illegible]	[illegible]	[illegible]	[illegible]	[illegible]
sọ^1	tśja^1	ljow^2	tshjiij^1	lew^1	tśja^1	wạ^2	tshjiij^1	·jij^1	sọ^1
三	道	略	言。	一	道	广	言	之	三
[illegible]：	[illegible]、	[illegible]	[illegible]	[illegible]	[illegible]	[illegible]	[illegible]	[illegible]，	[illegible]、
mə^2	lew^1	rar^2	deej^1	iọ^1	mjij^1	gu^2	thwuu^1	tśja^1	njɨɨ^2
种：	一、	流	传	圆	寂	共	同	道，	二、
三言略道。一言广道之三种：一、轮回圆寂共同道，二、									

3.11

[illegible]	[illegible]	[illegible]	[illegible]	[illegible]	[illegible]	[illegible]，	[illegible]、	[illegible]	[illegible]
dźiej^2	nioow^1	dzjị^2	phji^1	rjur^1	kha^1	tśja^1	sọ^1	dźiej^2	mjor^1
轮	缘	集	使	世	间	道，	三、	轮	如
[illegible]	[illegible]	[illegible]	[illegible]	[illegible]。	[illegible]	[illegible]	[illegible]	[illegible]	[illegible]
deej^1	dźjij^1	rjur^1	lho	tśja^1	lew^1	tsew^2	·jij^1	śjạ^1	mə^2
传	行	世	出	道。	一	第	之	七	种
[illegible]：	[illegible]、	[illegible]	[illegible]、	[illegible]	[illegible]	[illegible]	[illegible]	[illegible]	
dju^1	lew^1	rar^2	deej^1	iọ^1	mjij^1	tsjiir^1	ŋowr^2	ŋowr^2	
有：	一、	流	传、	圆	寂	法	一	切	
集轮缘世间道，三、转轮出世道。第一有七种：一、显轮回、圆寂诸法									

3.12

[illegible]	[illegible]	[illegible]	[illegible]	[illegible]	[illegible]	[illegible]	[illegible]	[illegible]①	[illegible]
mjɨ^2	lheew^2	mjijr^2	·a	dzjwo^2	·jij^1	njiij^1	bju^1	wjɨ^2	śja^2
默	有	者	一	人	之	心	从	△	显
[illegible]	[illegible]	[illegible]	[illegible]，	[illegible]	[illegible]	[illegible]	[illegible]	[illegible]	[illegible]
mjɨɨ^2	ŋwu^2	dźju^1	nioow^1	sọ^1	mə^2	dźju^1	śja^2	bju^1	dzju^1
境	是	现	故，	三	种	现	显	依	训
从修行人一心中之所现故，依三相训									

① 置于动词前，指示彼方、向外方、由近及远、远离说话者动作的趋向意义。

3.13

[illegible]	[illegible]。	[illegible]、	[illegible]	[illegible]	[illegible]	[illegible]	[illegible]	[illegible]	[illegible]
neej^{2}	tśja^{1}	njɨɨ^{2}	mər^{2}	sjij^{2}	twẹ^{2}	twẹ^{2}	tjij^{1}	ɣa^{2}	śiaa^{2}
示	道。	二、	本	识	续	续	一	于	随
[illegible]，	[illegible]	[illegible]	[illegible]	[illegible]	[illegible]	[illegible]	[illegible]	[illegible]。	[illegible]、
ŋwu^{2}	sọ^{1}	mə^{2}	mər^{2}	twẹ^{2}	bju^{1}	dzju^{1}	neej^{2}	tśja^{1}	sọ^{1}
以，	三	种	本	续	依	训	示	道。	三、

示道。二、随顺本识相续不断，依三续训示道。三、

3.14

[illegible]	[illegible]	[illegible]	[illegible]	[illegible]	[illegible]	[illegible]	[illegible]	[illegible]	[illegible]，
tśja^{1}	ljɨ̣^{1}	mjaa^{1}	ɣa^{2}	thju^{1}	thju^{1}	sjij^{2}	gu^{1}	śjwo^{1}	bju^{1}
道	及	果	于	真	实	识	立	生	依，
[illegible]	[illegible]	[illegible]	[illegible]，	[illegible]	[illegible]	[illegible]	[illegible]	[illegible]	[illegible]，
·jiw^{2}	ljɨj^{1}	rjir^{2}	ka^{2}	tśja^{1}	dzjɨr^{1}	ljị^{2}	bjiij^{2}	njwi^{2}	nioow^{1}
疑	惑	与	离，	道	疾	速	行	能	故，

于道及果生起决定心，远离踌躇，速进修故，

3.15

[illegible]	[illegible]	[illegible]	[illegible]	[illegible]	[illegible]	[illegible]	[illegible]。	[illegible]、	[illegible]	[illegible]
ljɨɨr^{1}	mə^{2}	tśhja^{2}	wo^{2}	bju^{1}	neej^{2}	tshjiij^{1}	tśja^{1}	ljɨɨr^{1}	·a	dzjwo^{2}
四	种	正	量	依	示	言	道。	四、	一	人
[illegible]	[illegible]	[illegible]	[illegible]	[illegible]	[illegible]	[illegible]	[illegible]	[illegible]	[illegible]，	
·jij^{1}	njiij^{1}	mər^{2}	ɣa^{2}	śji^{1}	ka^{2}	·jiij^{1}	deej^{1}	gu^{1}	śjwo^{1}	
之	心	本	于	前	等	持	传	立	生，	

依四正量示道。四、于一人心生等持，

3.16

[illegible]	[illegible]	[illegible]	[illegible]	[illegible]	[illegible]	[illegible]，	[illegible]	[illegible]	[illegible]	[illegible]
gu^{1}	śjwo^{1}	śjij^{1}	ljɨ̣^{1}	śjwo^{1}	nioow^{1}	nwə^{1}	tsjij^{2}	śjij^{1}	ljɨ̣^{1}	thja^{2}
立	生	已	及	生	后	识，	识	已	并	彼
[illegible]	[illegible]	[illegible]	[illegible]，	[illegible]	[illegible]	[illegible]	[illegible]	[illegible]	[illegible]	[illegible]，
·jij^{1}	wejr^{1}	ljij^{1}	śjij^{1}	ljɨ̣^{1}	thja^{1}	ɣa^{2}	źją^{1}	phjaa^{1}	to^{2}	zjij^{1}
之	益	增	已，	及	彼	于	间	断	生	时，

生已令识，识已增益，及于生间断，

3.17

[illegible]	[illegible]	[illegible]	[illegible]	[illegible]	[illegible]，	[illegible]	[illegible]	[illegible]	[illegible]
źją^{1}	phjaa^{1}	tjij^{1}	wją^{2}	śjwo^{1}	bju^{1}	tśhjiw^{1}	mə^{2}	tshji^{1}	ŋwuu^{1}
间	断	除	遣	需	依，	六	种	要	言
[illegible]	[illegible]	[illegible]	[illegible]。	[illegible]、	[illegible]	[illegible]	[illegible]	[illegible]	[illegible]
bju^{1}	neej^{2}	tshjiij^{1}	tśja^{1}	ŋwə^{1}	thja^{1}	tsjɨ^{1}	·wọ^{2}	·jij^{1}	twẹ^{2}
依	示	言	道。	五、	彼	亦	义	之	续

需遣除间断，依六要门示道。五、义理相续

3.18

[illegible]①	[illegible]	[illegible]，	[illegible]	[illegible]	[illegible]	[illegible]	[illegible]	[illegible]	[illegible]
mji^{1}	bja^{2}	do^{2}	śjɨj^{1}	·jiw^{2}	ljɨ̣^{1}	rjur^{1}	tśhja^{2}	·ioow^{1}	gu^{1}
不	断	处，	成	就	及	诸	德	功	发
[illegible]	[illegible]	[illegible]，	[illegible]	[illegible]	[illegible]	[illegible]	[illegible]	[illegible]	[illegible]
śjwo^{1}	tshjiij^{1}	nioow^{1}	ljɨɨr^{1}	mə^{2}	nju^{1}	deej^{1}	bju^{1}	neej^{2}	tshjiij^{1}
生	言	故，	四	种	耳	传	依	示	言

不断，发生成就及诸功德故，依四耳传示

① 4528 号此处为“[illegible]”（未）字。

3.19

[illegible]。	[illegible]、	[illegible]	[illegible]	[illegible]	[illegible]	[illegible]	[illegible]	[illegible]	[illegible]
tśja^{1}	tśhjiw^{1}	thja^{1}	tsjɨ^{1}	ljụ^{2}	buu^{2}	gjij^{1}	ɣa^{2}	nioow^{1}	śjwo^{1}
道。	六、	彼	亦	身	胜	殊	于	缘	起
[illegible]	[illegible]	[illegible]	[illegible]	[illegible]	[illegible]	[illegible]	[illegible]	[illegible]	[illegible]，
dzow^{1}	ŋwej^{2}	phji^{1}	bju^{1}	tśhja^{2}	dwewr^{2}	to^{2}	śja^{2}	tshjiij^{1}	nioow^{1}
和	合	使	依	正	觉	生	显	言	故，
道。六、依殊胜身缘起和合出生正觉受故，									

3.20

[illegible]	[illegible]	[illegible]	[illegible]	[illegible]	[illegible]	[illegible]	[illegible]。	[illegible]、	[illegible]
ŋwə^{1}	mə^{2}	nioow^{1}	śjwo^{1}	bju^{1}	neej^{2}	tshjiij^{1}	tśja^{1}	śjạ^{1}	śji^{1}
五	种	缘	生	依	示	言	道。	七、	初
[illegible]	[illegible]	[illegible]	[illegible]	[illegible]	[illegible]	[illegible]	[illegible]	[illegible]	[illegible]，
ɣiew^{1}	mjijr^{2}	ɣa^{2}	śjwo^{1}	ɣạ^{2}	njɨɨ^{2}	ljị^{2}	khwə^{1}	ɣa^{2}	njɨ^{2}
学	者	于	起	十	二	地	半	于	至，
依五缘生示道。七、初学者起至十二地半，									

3.21

[illegible]	[illegible]	[illegible]	[illegible]	[illegible]	[illegible]	[illegible]	[illegible]、	[illegible]	[illegible]
źjạ^{1}	phjaa^{1}	tsjiir^{1}	·wejr^{2}	djɨr^{2}	bju^{1}	tśier^{1}	·ju^{2}	buu^{2}	źjɨr^{1}
间	断	法	护	外	依	方	便、	胜	慧
[illegible]	[illegible]	[illegible]	[illegible]	[illegible]	[illegible]	[illegible]	[illegible]	[illegible]，	
·a	rjɨr^{2}	do^{2}	ljɨ^{1}	mjɨ^{2}	lheew^{2}	mjijr^{2}	·jij^{1}	tśja^{1}	
△	去	处	堕	默	有	者	之	道，	
外依间断护法堕于方便、胜慧行人之道，									

3.22

[illegible]	[illegible]	[illegible]	[illegible]	[illegible]	[illegible]	[illegible]	[illegible]	[illegible]。	[illegible]
ɣa^{2}	źjạ^{1}	phjaa^{1}	·wejr^{2}	śjij^{1}	neej^{2}	tshjiij^{1}	tśja^{1}	ŋwu^{2}	njɨɨ^{2}
于	间	断	护	△	示	言	道	是。	二
[illegible]	[illegible]	[illegible]	[illegible]	[illegible]	[illegible]	[illegible]	[illegible]	[illegible]	[illegible]
tsew^{2}	dźiej^{2}	nioow^{1}	dzjị^{2}	phji^{1}	rjur^{1}	kha^{1}	tśja^{1}	śjạ^{1}	mə^{2}
第	轮	缘	集	使	世	间	道	七	种

以护间断示道也。第二集轮缘世间道有七种：

3.23

[illegible]：	[illegible]	[illegible]	[illegible]	[illegible]	[illegible]	[illegible]	[illegible]	[illegible]，	[illegible]
dju^{1}	lew^{1}	ka^{2}	·jiij^{1}	śjwo^{1}	sji^{2}	nioow^{1}	ljow^{2}	tshjiij^{1}	njɨɨ^{2}
有：	一	等	持	生	能	因	略	言，	二
[illegible]	[illegible]	[illegible]	[illegible]	[illegible]	[illegible]	[illegible]，	[illegible]	[illegible]	
ljow^{2}	tshjiij^{1}	ŋwu^{2}	thja^{1}	mjor^{1}	wạ^{2}	tshjiij^{1}	sọ^{1}	dzu^{1}	
略	说	以	彼	如	广	言，	三	好	

一言略示生等持因，二言略示［生等持因］广说，三

3.24

[illegible]	[illegible]	[illegible]	[illegible]	[illegible]	[illegible]①，	[illegible]	[illegible]	[illegible]
khie^{1}	rjir^{2}	ka^{2}	·jij^{1}	tśja^{1}	tshjiij^{1}	ljɨɨr^{1}	ljɨɨr^{1}	mə^{2}
恶	与	离	之	道	言，	四	四	种
[illegible]	[illegible]	[illegible]	[illegible]，	[illegible]	[illegible]	[illegible]	[illegible]	[illegible]
djɨɨ^{1}	lạ^{2}	tśja^{1}	tshjiij^{1}	ŋwə^{1}	ljɨɨr^{1}	mə^{2}	lə	dźjiij^{1}
觉	醒	道	言，	五	四	种	念	住

言离好恶道，四言四觉醒道，五言四念住

① 其他六条均以“[illegible]”（言）字结尾，此处 913 和 4528 号都为“[illegible]”（显）字，其义不明，疑误。

4.1

[illegible]	[illegible]，	[illegible]	[illegible]	[illegible]	[illegible]	[illegible]，	[illegible]	[illegible]
tśja^{1}	tshjiij^{1}	tśhjiw^{1}	thja^{2}	·jij^{1}	mjaa^{1}	tshjiij^{1}	śją^{1}	śiaa^{2}
道	言，	六	其	之	果	言，	七	归
[illegible]	[illegible]	[illegible]。	[illegible]	[illegible]	[illegible]	[illegible]	[illegible]	[illegible]
zu^{2}	śjij^{1}	tshjiij^{1}	sọ^{1}	tsew^{2}	dźiej^{2}	mjor^{1}	deej^{1}	dźjįj^{1}
结	△	言。	三	第	轮	实	传	行
道，六言其果，七言结归。第三转轮								

4.2

[illegible]	[illegible]	[illegible]	[illegible]	[illegible]	[illegible]：	[illegible]	[illegible]	[illegible]，	[illegible]
rjur^{1}	lho	tśja^{1}	ljɨɨr^{1}	mə^{2}	dju^{1}	lew^{1}	·jiw^{1}	tshjiij^{1}	njɨɨ^{2}
世	出	道	四	种	有：	一	因	言，	二
[illegible]	[illegible]，	[illegible]	[illegible]	[illegible]，	[illegible]	[illegible]	[illegible]	[illegible]	
·jij^{1}	tshjiij^{1}	sọ^{1}	mjaa^{1}	tshjiij^{1}	ljɨɨr^{1}	śiaa^{2}	zu^{2}	njɨ^{2}	
相	言，	三	果	言，	四	归	结	等	
出世道有四种：一言因，二言相，三言果，四是结归等									

4.3

[illegible]。	[illegible]	[illegible]	[illegible]	[illegible]	[illegible]	[illegible]	[illegible]	[illegible]	[illegible]	[illegible]
ŋwu^{2}	thja^{1}	sju^{2}	tśja^{1}	wạ^{2}	tshjiij^{1}	·jij^{1}	·a	śjij^{1}	ɣạ^{2}	·jar^{1}
是。	彼	如	道	广	言	之	一	△	十	八
[illegible]	[illegible]	[illegible]	[illegible]	[illegible]	[illegible]。	[illegible]	[illegible]	[illegible]	[illegible]	
mə^{2}	tsjiir^{1}	ŋwu^{2}	ɣjiw^{1}	śioo^{1}	ljɨ^{1}	njɨɨ^{2}	tsew^{2}	tśja^{1}	gu^{2}	
种	法	以	摄	集	也。	二	第	道	中	
也。以彼言广道十八种法摄集也。第二中道										

译文：

此约功德成疏解四种上师者，依四灌及四道建号，依四宗趣、四见、四果立名。然今此第一者，依道得名，另三种依见得名也。

礼足莲[1]者，如彼上敬礼上师足下莲，则自身生一切功德，生殊胜净信，以身、语、意恭敬顶礼也。所礼境者，即化身智空行母四身自性上师也。能礼敬者，是觅栗瓦巴大师也。如此所言“敬礼上师”。

又言解说传语者，谓我记道果语录也。其中所言者有二，道及果也。道复有二：一、以闻思[2]断增绮不同故，言广、中、略三道。二、修习者调炼进道参差故，言深、中、浅三道。第一复有三：一言广道，二言中道，三言略道。

一言广道之三种：一、轮回圆寂共同道[3]，二、集轮缘世间道[4]，三、转轮出世道。第一有七种：一、显轮回、圆寂诸法从修行人一心中之所现故，依三相[5]训示道。二、随顺本识相续不断，依三续训示道。三、于道及果生起决定心，远离踌躇，速进修故，依四正量示道。四、于一人心生等持，生已令识，识已增益，及于生间断，需遣除间断，依六要门示道。五、义理相续不断，发生成就及诸功德故，依四耳传示道。六、依殊胜身缘起和合出生正觉受故，依五缘生示道。七、初学者起至十二地半，外依间断护法堕于方便、胜慧行人之道，以护间断示道也。第二集轮缘世间道有七种：一言略示生等持因，二言略示［生等持因］广说，三言离好恶道[6]，四言四觉醒道，五言四念住道，六言其果，七言结归。第三转轮出世道有四种：一言因，二言相，三言果，四是结归等也。以彼言广道十八种法摄集也。

注释：

［1］“礼足莲”，即“顶礼足下莲”。指上师足下之莲座，以自身中最胜支分之顶门，触碰莲座而行顶礼，其于自身能产生一切功德珍宝，心中对上师生起“真实佛陀”之觉念，一意净信，而以身语意三门顶礼之。①

① 毕瓦巴原著，萨嘉班智达讲释：《道果本颂金刚句偈注》，法护译，大藏文化出版 1992 年版，第 125 页。

［2］“闻思”，即闻慧和思慧。闻慧，依见闻经教而生之智慧；思慧，依思维道理而生之智慧。

［3］“轮回圆寂共同道”，《偈注》作“共轮涅道”，汉文本《解释道果语录金刚句记》作“总明通轮回圆寂道”。

［4］“集轮缘世间道”，《偈注》作“议轮世间道”。

［5］“三相”，西夏文作“[illegible]”，字面意思是“三种显现”，一般也译作“三现分”。

［6］“离好恶道”，《偈注》作“离疑虑道”。

4.4

[illegible]	[illegible]	[illegible]	[illegible]：	[illegible]、	[illegible]	[illegible]	[illegible]	[illegible]	[illegible]，
·jij^{1}	ŋwə^{1}	mə^{2}	dju^{1}	lew^{1}	ka^{2}	·jiij^{1}	śjwo^{1}	sji^{2}	nioow^{1}
之	五	种	有：	一、	等	持	生	能	因，
[illegible]、	[illegible]	[illegible]	[illegible]	[illegible]	[illegible]，	[illegible]、	[illegible]	[illegible]	[illegible]
njɨɨ^{2}	ka^{2}	·jiij^{1}	·jij^{1}	kwər^{1}	mjor^{1}	sọ^{1}	ka^{2}	·jiij^{1}	·jij^{1}
二、	等	持	自	体	实，	三、	等	持	之
有五种：一、生等持因，二、等持自体，三、等持之									

4.5

[illegible]	[illegible]，	[illegible]、	[illegible]	[illegible]	[illegible]	[illegible]	[illegible]，	[illegible]、	[illegible]
tha^{2}	·ioow^{1}	ljɨɨr^{1}	źją^{1}	phjaa^{1}	tjij^{1}	wją^{2}	śjij^{1}	ŋwə^{1}	thjij^{2}
依	功，	四、	间	断	除	遣	△，	五、	何
[illegible]	[illegible]	[illegible]	[illegible]。	[illegible]	[illegible]	[illegible]	[illegible]	[illegible]	
sjo^{2}	tśja^{1}	bjiij^{1}	śjij^{1}	sọ^{1}	tsew^{2}	tśja^{1}	ljow^{2}	·jij^{1}	
云	道	背	△。	三	第	道	略	之	
功，四、遣除间断，五、何云背道。第三略道									

4.6

[illegible]	[illegible]	[illegible]：	[illegible]、	[illegible]	[illegible]	[illegible]	[illegible]	[illegible]	[illegible]
sọ^{1}	mə^{2}	dju^{1}	lew^{1}	tsjiir^{2}	rjar^{1}	mə^{2}	njijr^{2}	dźju^{1}	śja^{2}
三	种	有：	一、	性	得	种	诸	显	现
[illegible]	[illegible]，	[illegible]、	[illegible]	[illegible]	[illegible]	[illegible]	[illegible]	[illegible]	
ka^{2}	·jiij^{1}	njɨɨ^{2}	·jij^{1}	tsjiir^{2}	ɣiej^{1}	ŋa^{1}	dźju^{1}	śja^{2}	
等	持，	二、	自	性	真	空	显	现	

有三种：一、种种性相等持，二、自性空相 ·

4.7

[illegible]	[illegible]，	[illegible]、	[illegible]	[illegible]	[illegible]	[illegible]	[illegible]	[illegible]	[illegible]
ka^{2}	·jiij^{1}	sọ^{1}	·jij^{1}	kwər^{1}	lọ^{2}	·o^{2}	dźju^{1}	śja^{2}	ka^{2}
等	持，	三、	自	体	双	融	显	现	等
[illegible]	[illegible]	[illegible]。	[illegible]	[illegible]	[illegible]、	[illegible]、	[illegible]	[illegible]	[illegible]
·jiij^{1}	njɨ^{2}	ŋwu^{2}	njɨɨ^{2}	tsew^{2}	na^{1}	gu^{2}	mjiij^{2}	sọ^{1}	tjij^{1}
持	等	是。	二	第	深、	中、	浅	三	品

等持，三、体性双运等持。第二深、中、浅三品

4.8

[illegible]	[illegible]	[illegible]	[illegible]	[illegible]	[illegible]	[illegible]：	[illegible]	[illegible]	[illegible]
bju^{1}	tśja^{1}	tshjiij^{1}	·jij^{1}	sọ^{1}	mə^{2}	dju^{1}	lew^{1}	tśja^{1}	zji^{2}
依	道	言	之	三	种	有：	一	道	甚
[illegible]	[illegible]	[illegible]	[illegible]	[illegible]，	[illegible]	[illegible]	[illegible]	[illegible]	
na^{1}	phju^{2}	dzjiij^{2}	tśja^{1}	we^{2}	njɨɨ^{2}	tśja^{1}	gu^{2}	tjij^{1}	
深	上	师	道	为，	二	道	中	品	

道有三种：一为甚深上师道，二为中品

4.9

[illegible]	[illegible]	[illegible]	[illegible]，	[illegible]	[illegible]	[illegible]	[illegible]	[illegible]
la^{1}	gjwi^{2}	tśja^{1}	we^{2}	sọ^{1}	tśja^{1}	mjiij^{2}	tjij^{1}	ljụ^{2}
记	句	道	为，	三	道	下	品	身
[illegible]	[illegible]	[illegible]，	[illegible]	[illegible]	[illegible]	[illegible]	[illegible]	[illegible]。
bju^{1}	gjịj^{1}	dzjar^{2}	ŋwə^{1}	mə^{2}	nioow^{1}	śjwo^{1}	ŋwu^{2}	ljɨ^{1}
依	择	灭，	五	种	缘	生	是	也。

三昧耶道，三为下品依身择灭，五缘生也。

4.10

[illegible]	[illegible]	[illegible]	[illegible]	[illegible]	[illegible]	[illegible]	[illegible]。	[illegible]
thjɨ^{2}	ɣa^{2}	kjɨ^{1}	njɨ^{2}	ŋwuu^{1}	zjij^{2}	rjɨr^{2}	tshjiij^{1}	tśjɨɨ^{1}
此	于	已	至	语	为	所	言。	次
[illegible]	[illegible]	[illegible]	[illegible]	[illegible]	[illegible]	[illegible]	[illegible]	
gjwi^{2}	kjịj^{1}	kha^{1}	phju^{2}	dzjiij^{2}	do^{2}	tśja^{1}	tshwew^{1}	
句	释	中	上	师	处	礼	敬	

至此为“语”所言。次释句礼敬上师

4.11

[illegible]，	[illegible]	[illegible]	[illegible]	[illegible]	[illegible]，	[illegible]	[illegible]	[illegible]	[illegible]
tja^{1}	·wji^{1}	lew^{2}	wa^{2}	dju^{1}	·jɨ^{2}	ku^{1}	tśja^{1}	mjaa^{1}	njɨ^{2}
者，	为	所	何	有	谓，	则	道	果	等
[illegible]。	[illegible]	[illegible]	[illegible]	[illegible]	[illegible]	[illegible]	[illegible]	[illegible]：	[illegible]、
·jɨ^{2}	thja^{1}	kha^{1}	tśja^{1}	tja^{1}	nioow^{1}	ɣạ^{2}	mə^{2}	dju^{1}	lew^{1}
谓。	彼	中	道	者	又	十	种	有：	一、

者，有何所为，则谓道果等也。其中道又有十种：一、

4.12

[illegible]	[illegible]	[illegible]，	[illegible]、	[illegible]	[illegible]	[illegible]，	[illegible]、	[illegible]
rjur[1]	kha[1]	tśja[1]	njɨɨ[2]	rjur[1]	lho	tśja[1]	sọ[1]	dźiej[2]
世	间	道，	二、	世	出	道，	三、	轮
[illegible]	[illegible]	[illegible]，	[illegible]、	[illegible]	[illegible]	[illegible]	[illegible]，	[illegible]、
nioow[1]	dzjị[2]	tśja[1]	ljɨɨr[1]	dźiej[2]	mjor[1]	deej[1]	tśja[1]	ŋwə[1]
缘	集	道，	四、	轮	如	传	道，	五、
世间道，二、出世道，三、集轮缘道，四、转轮道，五、								

4.13

[illegible]	[illegible]	[illegible]	[illegible]，	[illegible]、	[illegible]	[illegible]	[illegible]	[illegible]，
low[2]	ŋwu[2]	ɣjiw[1]	tśja[1]	tśhjiw[1]	·jij[1]	ŋwu[2]	ɣjiw[1]	tśja[1]
暖	以	摄	道，	六、	相	以	摄	道，
[illegible]、	[illegible]	[illegible]	[illegible]	[illegible]，	[illegible]、	[illegible]	[illegible]	[illegible]
śjạ[1]	sjij[2]	·o[2]	lhjwo[1]	tśja[1]	·jar[1]	seew[2]	·o[2]	lhjwo[1]
七、	智	进	退	道，	八、	念	进	退
暖摄道，六、相摄道，七、智进退道，八、妄进退								

4.14

[illegible]，	[illegible]、	[illegible]	[illegible]	[illegible]	[illegible]，	[illegible]、	[illegible]	[illegible]
tśja[1]	gjɨɨ[1]	ljij[2]	śjij[1]	dzjɨj[1]	tśja[1]	ɣạ[2]	śjɨj[1]	lew[2]
道，	九、	见	解	时	道，	十、	成	所
[illegible]	[illegible]。	[illegible]、	[illegible]	[illegible]	[illegible]	[illegible]，	[illegible]	[illegible]
dzjɨj[1]	tśja[1]	lew[1]	rjur[1]	kha[1]	tśja[1]	tja[1]	·jij[1]	do[2]
时	道。	一、	世	间	道	者，	自	处
道，九、见时道，十、宗趣时道。一、世间道者，自								

4.15

[illegible]	[illegible]	[illegible]	[illegible]	[illegible]，	[illegible]	[illegible]	[illegible]	[illegible]	[illegible]
ka^2	·jiij^1	ŋạ^2	djij^2	dju^1	tsjɨ^1	thjɨ^2	wjɨ^2	lhji^2	wee^1
等	持	好	虽	有，	亦	顷	刻	死	生
[illegible]	[illegible]	[illegible]	[illegible]	[illegible]	[illegible]	[illegible]	[illegible]	[illegible]	
tśjị^1	bjo^2	zji^2	ɣar^1	lhjij^2	njɨ^2	t-	mjɨ^1	njwi^2	
苦	罚	最	极	受	等	除	不	能	

虽有殊好等持，不能免除受生死重苦等，

4.16

[illegible]，	[illegible]	[illegible]	[illegible]	[illegible]。	[illegible]、	[illegible]	[illegible]	[illegible]
bju^1	rjur^1	kha^1	tśja^1	·jɨ^2	njɨɨ^2	rjur^1	lho	tśja^1
依，	世	中	道	谓。	二、	世	出	道
[illegible]，	[illegible]	[illegible]	[illegible]	[illegible]，	[illegible]	[illegible]	[illegible]	[illegible]
tja^1	ɣu^1	ljị^2	ɣa^2	śjwo^1	bjɨ^1	bjij^2	lạ^1	seew^2
者，	初	地	于	起，	上	高	妄	念

谓世中道。二、出世道者，初地以来，上地妄念虽

4.17

[illegible]，	[illegible]	[illegible]	[illegible]	[illegible]	[illegible]，	[illegible]	[illegible]	[illegible]	[illegible]
śjwo^1	tsjɨ^1	ljij^2	ŋjow^2	bju^1	pa^1	rjir^2	lew^2	ŋwo^2	ɣię^2
生，	亦	大	海	如	波，	与	同	碍	障
[illegible]	[illegible]，	[illegible]	[illegible]	[illegible]	[illegible]	[illegible]	[illegible]	[illegible]	
mjɨ^1	njwi^2	lhji^2	wee^1	tśjị^1	bjo^2	zji^2	ɣar^1	mji^1	
不	能，	死	生	苦	罚	最	极	不	

生，亦如大海波，不成障碍，不能发生死重苦，

4.18

[illegible]	[illegible]	[illegible]，	[illegible]	[illegible]	[illegible]	[illegible]。	[illegible]、	[illegible]	[illegible]
gu^{1}	śjwo^{1}	bju^{1}	rjur^{1}	lho	tśja^{1}	·jɨ^{2}	sọ^{1}	dźiej^{2}	nioow^{1}
立	发	依，	世	出	道	谓。	三、	轮	缘
[illegible]	[illegible]	[illegible]，	[illegible]	[illegible]	[illegible]	[illegible]	[illegible]	[illegible]	
dzjɨ̣^{2}	tśja^{1}	tja^{1}	rjur^{1}	kha^{1}	tśja^{1}	kięj^{2}	śioo^{1}	dzjɨ̣^{2}	
集	道	者，	世	间	道	界	集	集	

谓出世道。三、集轮缘道者，世间道三界集集

4.19

[illegible]	[illegible]	[illegible]，	[illegible]	[illegible]	[illegible]	[illegible]	[illegible]、	[illegible]	[illegible]
sọ^{1}	mə^{2}	dzjɨj^{1}	tśhjaa^{1}	źjɨr^{2}	ljụ^{2}	gu^{2}	tśjɨ̣^{1}	·jwɨr^{2}	dji^{2}
三	种	时，	于	脉	身	中	围、	文	字
[illegible]	[illegible]	[illegible]	[illegible]、	[illegible]	[illegible]	[illegible]	[illegible]	[illegible]	
bja^{2}	gja^{2}	gu^{2}	tśjɨ̣^{1}	kięj^{2}	gji^{1}	sej^{1}	po^{1}	tjɨj^{1}	
[末]	[遏]	中	围、	界	清	净	[菩]	[提]	

时，于身脉中围、字末遏中围、界清净菩提

4.20

[illegible]	[illegible]	[illegible]	[illegible]	[illegible]，	[illegible]	[illegible]	[illegible]	[illegible]，	[illegible]
njiij^{1}	gu^{2}	tśjɨ̣^{1}	sọ^{1}	mə^{2}	sjwa^{1}	dzow^{1}	ŋwej^{2}	njwi^{2}	sjwa^{1}
心	中	围	三	种，	时	和	合	能，	时
[illegible]	[illegible]	[illegible]	[illegible]	[illegible]，	[illegible]	[illegible]	[illegible]	[illegible]	[illegible]。
mji^{1}	dzow^{1}	ŋwej^{2}	we^{2}	bju^{1}	dźiej^{2}	nioow^{1}	dzjɨ̣^{2}	phji^{1}	·jɨ^{2}
不	和	合	为	依，	轮	缘	集	使	谓。

心中围三种，或时和合，或不和合，谓集轮缘道。

4.21

[illegible]、	[illegible]	[illegible]	[illegible]	[illegible]	[illegible]	[illegible]，	[illegible]	[illegible]	[illegible]	[illegible]
ljɨɨr^{1}	dźiej^{2}	mjor^{1}	deej^{1}	dźjij^{1}	tśja^{1}	tja^{1}	ɣu^{1}	ljɨ̣^{2}	bjɨ^{1}	bjij^{2}
四、	轮	如	传	行	道	者，	初	地	上	高
[illegible]	[illegible]①	[illegible]	[illegible]	[illegible]，	[illegible]	[illegible]	[illegible]	[illegible]	[illegible]	
ɣạ^{2}	njɨɨ^{2}	khwə^{1}	ɣa^{2}	njɨ^{2}	sọ^{1}	mə^{2}	gu^{2}	tśjɨ̣^{1}	mo^{2}	
十	二	半	上	至，	三	种	中	围	或	

四、转轮道者，初地上至十二地半，三种中围或

4.22

[illegible]	[illegible]	[illegible]	[illegible]	[illegible]，	[illegible]	[illegible]	[illegible]	[illegible]	[illegible]
tjij^{1}	ljɨɨr^{1}	mə^{2}	gu^{2}	tśjɨ̣^{1}	twẹ^{2}	mji^{1}	bja^{2}	mjor^{1}	·ju^{2}
若	四	种	中	围，	续	不	断	如	前
[illegible]	[illegible]②	[illegible]	[illegible]，	[illegible]	[illegible]	[illegible]	[illegible]。	[illegible]、	[illegible]
ljạ^{1}	mjor^{1}	dźiej^{2}	bju^{1}	dźiej^{2}	mjor^{1}	deej^{1}	·jɨ^{2}	ŋwə^{1}	low^{2}
证	如	轮	依，	轮	如	转	谓。	五、	暖

四种中围③，如轮相续不断，谓转轮道。五、暖

4.23

[illegible]	[illegible]	[illegible]	[illegible]，	[illegible]	[illegible]	[illegible]	[illegible]，	[illegible]	[illegible]
ŋwu^{2}	ɣjiw^{1}	tśja^{1}	tja^{1}	rjur^{1}	kha^{1}	tśja^{1}	bju^{1}	djọ^{2}	mjijr^{2}
以	摄	道	者，	世	间	道	依，	修	者
[illegible]	[illegible]	[illegible]	[illegible]	[illegible]	[illegible]	[illegible]	[illegible]	[illegible]	[illegible]
·jij^{1}	njiij^{1}	mər^{2}	ɣa^{2}	ka^{2}	·jiij^{1}	śjwo^{1}	·wji^{1}	zjij^{1}	sọ^{1}
之	心	本	于	等	持	现	为	时	三

摄道者，世间道中，修行人心续所生等持现三

① 913 号脱，4528 号有残存左侧构件，据《延晖集》补。

② 4528 号多“[illegible]”（轮回）字。

③ 913 号文献中，这里正面有小字注释“[illegible]”（真心智风），即藏智风，表明第四种中围是“藏智风中围”。

5.1

[illegible]	[illegible]	[illegible]	[illegible]	[illegible]	[illegible]	[illegible]，	[illegible]	[illegible]	[illegible]，
mə^{2}	low^{2}	śjwo^{1}	tja^{1}	mji^{1}	gjwɨ^{1}	lwo^{2}	dźju^{1}	ljwu^{1}	bju^{1}
种	暖	生	者	不	坚	固，	妄	虚	依，
[illegible]	[illegible]	[illegible]	[illegible]。	[illegible]、	[illegible]	[illegible]	[illegible]	[illegible]	
low^{2}	ŋwu^{2}	ɣjiw^{1}	·jɨ^{2}	tśhjiw^{1}	·jij^{1}	ŋwu^{2}	ɣjiw^{1}	tśja^{1}	
暖	以	摄	谓。	六、	相	以	摄	道	
暖而不坚固，又虚妄，谓暖摄道。六、相摄道									

5.2

[illegible]，	[illegible]	[illegible]	[illegible]	[illegible]	[illegible]	[illegible]	[illegible]	[illegible]	[illegible]
tja^{1}	rjur^{1}	lho	tśja^{1}	do^{2}	sọ^{1}	mə^{2}	·jij^{1}	mji^{1}	dźju^{1}
者，	世	出	道	处	三	种	相	不	妄
[illegible]	[illegible]	[illegible]，	[illegible]	[illegible]	[illegible]	[illegible]	[illegible]。	[illegible]、	[illegible]
ljwu^{1}	śjwo^{1}	bju^{1}	·jij^{1}	ŋwu^{2}	ɣjiw^{1}	tśja^{1}	·jɨ^{2}	śjạ^{1}	sjịj^{2}
虚	现	依，	相	以	摄	道	谓。	七、	智
者，出世间道不虚妄而现三相，谓相摄道。七、智									

5.3

[illegible]	[illegible]	[illegible]	[illegible]，	[illegible]	[illegible]	[illegible]	[illegible]	[illegible]	[illegible]
·o^{2}	lhjwo^{1}	tśja^{1}	tja^{1}	rjur^{1}	kha^{1}	tśja^{1}	bju^{1}	·wejr^{2}	seew^{2}
进	退	道	者，	世	间	道	依	或	念
[illegible]，	[illegible]	[illegible]	[illegible]	[illegible]	[illegible]	[illegible]	[illegible]	[illegible]，	
mjij^{1}	mo^{2}	swew^{1}	ŋa^{1}	ljɨ̣^{1}	rejr^{2}	ŋa^{1}	njɨ^{2}	śjwo^{1}	
无，	或	照	空	及	乐	空	等	生，	
进退道者，世间道中生起无念，或照空及空乐等，									

5.4

[illegible]	[illegible]	[illegible]	[illegible]	[illegible]	[illegible]	[illegible]，	[illegible]	[illegible]	[illegible]
tsjɨ^{1}	dzjo̱^{1}	djɨ̣j	źją^{1}	be^{2}	rjir^{2}	lew^{2}	njwi^{2}	ɣie^{1}	zjɨɨr^{1}
亦	犹	云	间	日	与	同，	善	力	少
[illegible]，	[illegible]	[illegible]	[illegible]	[illegible]。	[illegible]、	[illegible]	[illegible]	[illegible]	
bju^{1}	sjij^{2}	·o^{2}	lhjwo^{1}	·jɨ^{2}	·jar^{1}	seew^{2}	·o^{2}	lhjwo^{1}	
依，	智	进	退	谓。	八、	妄	进	退	

亦犹同云间日，少作利益，谓智进退道。八、妄进退

5.5

[illegible]	[illegible]，	[illegible]	[illegible]	[illegible]	[illegible]	[illegible]	[illegible]	[illegible]	[illegible]
tśja^{1}	tja^{1}	rjur^{1}	lho	tśja^{1}	bju^{1}	·wejr^{2}	lạ^{1}	seew^{2}	·jij^{1}
道	者，	世	出	道	依	若	妄	心	乃
[illegible]	[illegible]	[illegible]	[illegible]	[illegible]	[illegible]	[illegible]	[illegible]	[illegible]	
śjwo^{1}	tsjɨ^{1}	lhji^{2}	wee^{1}	tśjị^{1}	bjo^{2}	njɨ^{2}	mji^{1}	śjwo^{1}	
发	亦	死	生	苦	罚	等	不	发	

道者，出世道中若发起妄心乃不能作生死苦受等，

5.6

[illegible]，	[illegible]	[illegible]	[illegible]	[illegible]。	[illegible]、	[illegible]	[illegible]	[illegible]	[illegible]
bju^{1}	seew^{2}	·o^{2}	lhjwo^{1}	·jɨ^{2}	gjɨɨ^{1}	ljij^{2}	śjij^{1}	dzjɨj^{1}	tśja^{1}
依，	妄	进	退	谓。	九、	见	解	时	道
[illegible]，	[illegible]	[illegible]	[illegible]	[illegible]	[illegible]	[illegible]	[illegible]	[illegible]	
tja^{1}	rjur^{1}	kha^{1}	tśja^{1}	bju^{1}	ljɨɨr^{1}	mə^{2}	dzju^{2}	·jij^{1}	
者，	世	间	道	依	四	种	主	之	

谓妄进退道。九、见时道者，于世间道发生四种灌、

5.7

[illegible]	[illegible]①	[illegible]	[illegible]	[illegible]	[illegible]，	[illegible]	[illegible]	[illegible]	[illegible]。
ljɨɨr^{1}	mə^{2}	ljij^{2}	śjij^{1}	śjwo^{1}	bju^{1}	ljij^{2}	śjij^{1}	dzjɨj^{1}	·jɨ^{2}
四	种	见	解	生	依，	见	解	时	谓。
[illegible]、	[illegible]	[illegible]	[illegible]	[illegible]	[illegible]，	[illegible]	[illegible]	[illegible]	
ɣạ^{2}	śjɨj^{1}	lew^{2}	dzjɨj^{1}	tśja^{1}	tja^{1}	rjur^{1}	lho	tśja^{1}	
十、	成	所	时	道	者，	世	出	道	

四种见，谓见时道。十、宗趣时道者，出世道中

5.8

[illegible]	[illegible]	[illegible]	[illegible]	[illegible]	[illegible]	[illegible]	[illegible]	[illegible]	[illegible]
bju^{1}	ljɨɨr^{1}	mə^{2}	dzju^{2}	·jij^{1}	ljɨɨr^{1}	mə^{2}	śjɨj^{1}	lew^{2}	mər^{2}
依	四	种	主	之	四	种	成	所	宗
[illegible]	[illegible]	[illegible]，	[illegible]	[illegible]	[illegible]	[illegible]。	[illegible]	[illegible]	
dźju^{1}	śja^{2}	bju^{1}	śjɨj^{1}	lew^{2}	dzjɨj^{1}	·jɨ^{2}	thja^{1}	sju^{2}	
显	现	依，	成	所	时	谓。	彼	如	

现四种灌、四种宗趣，谓宗趣时道。如彼

5.9

[illegible]	[illegible]，	[illegible]	[illegible]	[illegible]	[illegible]	[illegible]	[illegible]	[illegible]	[illegible]。
tśja^{1}	tja^{1}	mjaa^{1}	rjir^{2}	mjɨ^{1}	tśhjɨ^{1}	ka^{2}	bju^{1}	mjaa^{1}	·jɨ^{2}
道	者，	果	相	不	尔	绝	依	果	谓。
[illegible]	[illegible]	[illegible]	[illegible]	[illegible]	[illegible]	[illegible]，	[illegible]	[illegible]	
ɣạ^{2}	sọ^{1}	tsew^{2}	ljị^{2}	do^{2}	ŋwə^{1}	ljụ^{2}	thja^{1}	śjij^{1}	
十	三	第	地	处	五	身，	彼	△	

道者，谓不相绝果。第十三地五身果，彼

① 4528号无“[illegible]”四字，脱。

5.10

[illegible]	[illegible]	[illegible]	[illegible]	[illegible]	[illegible]	[illegible]	[illegible]	[illegible]。	[illegible]
śjɨj^{1}	sọ^{1}	mə^{2}	ljịj^{2}	rjir^{2}	bju^{1}	śjij^{1}	tja^{1}	ŋwu^{2}	thja^{1}
成	三	种	大	与	依	△	者	是。	其
[illegible]	[illegible]	[illegible]	[illegible]	[illegible]，	[illegible]	[illegible]	[illegible]	[illegible]	
kha^{1}	·jij^{1}	gjịj^{1}	ljịj^{2}	tja^{1}	·jij^{1}	mjor^{1}	njɨɨ^{2}	lhə	
中	自	利	大	者，	自	现	二	足	
成三种大也。其中自利大者，自现二种资粮									

5.11

[illegible]	[illegible]	[illegible]	[illegible]	[illegible]	[illegible]	[illegible]	[illegible]、	[illegible]	[illegible]
ɣu^{2}	dźjwa^{1}	nioow^{1}	śjwo^{1}	dzow^{1}	ŋwej^{2}	bju^{1}	tjị^{2}	bju^{1}	mjijr^{2}
了	毕	缘	起	和	合	依	所、	依	者
[illegible]	[illegible]	[illegible]	[illegible]	[illegible]	[illegible]	[illegible]。	[illegible]	[illegible]	[illegible]
mjii^{1}	lej^{2}	ŋwə^{1}	ljụ^{2}	ŋwə^{1}	tja^{1}	ŋwu^{2}	tsjij^{1}	gjịj^{1}	ljịj^{2}
处	化	五	身	五	者	是。	他	利	大
圆满缘起和合所依、能依处化五身也。利他大									

5.12

[illegible]，	[illegible]	[illegible]	[illegible]	[illegible]	[illegible]	[illegible]，	[illegible]	[illegible]	[illegible]
tja^{1}	·jij^{1}	tśhja^{2}	dwewr^{2}	dja^{2}	śjɨj^{1}	dzjɨj^{1}	sjij^{2}	dju^{1}	njiij^{1}
者，	自	正	觉	已	成	时，	情	有	心
[illegible]	[illegible]	[illegible]	[illegible]	[illegible]	[illegible]，	[illegible]	[illegible]	[illegible]	
mjij^{2}	śjwo^{1}	ŋewr^{2}	njiij^{1}	śjwo^{1}	phji^{1}	ljɨ^{1}	kiew^{2}	dzjwo^{2}	
未	发	悉	心	发	令，	及	盲	人	
者，自成正觉时，令未发心者悉发心，盲人									

5.13

[illegible]	[illegible]	[illegible]	[illegible]，	[illegible]	[illegible]	[illegible]	[illegible]	[illegible]	[illegible]。
ŋewr^{2}	tsə̣^{1}	ljij^{2}	njɨ^{2}	mjɨ^{1}	pjụ^{1}	to^{2}	śja^{2}	tja^{1}	ŋwu^{2}
诸	色	见	等，	无	量	出	现	者	是。
[illegible]	[illegible]	[illegible]	[illegible]	[illegible]	[illegible]，	[illegible]	[illegible]	[illegible]	
·jij^{1}	tsjij^{1}	zjɨ̣^{2}	gjịj^{1}	ljịj^{2}	tja^{1}	·jij^{1}	tśhja^{2}	dwewr^{2}	
自	他	二	利	大	者，	自	正	觉	

能见诸色等，出现无量也。自他二利大者，自成正觉

5.14

[illegible]	[illegible]，	[illegible]	[illegible]	[illegible]	[illegible]	[illegible]	[illegible]	[illegible]	[illegible]
śjɨj^{1}	dzjɨj^{1}	·wiọ^{1}	tśjɨ̣^{1}	rjir^{2}	·a	śjij^{1}	tśhja^{2}	dwewr^{2}	śjɨj^{1}
成	时，	绕	围	相	一	△	正	觉	成
[illegible]	[illegible]	[illegible]	[illegible]	[illegible]。	[illegible]	[illegible]	[illegible]	[illegible]	[illegible]
ljɨ^{1}	dạ^{2}	śioo^{1}	ror^{2}	ku^{1}	tśja^{1}	mjaa^{1}	rjir^{2}	·a	śjij^{1}
一	言	集	互	故。	道	果	与	一	并

时，眷属相集合一成正觉故。谓俱道果

5.15

[illegible]	[illegible]	[illegible]，	[illegible]	[illegible]	[illegible]	[illegible]	[illegible]	[illegible]	[illegible]
tshji^{1}	ŋwuu^{1}	·jɨ^{2}	mji^{1}	dźjij^{1}	tśja^{1}	mjaa^{1}	rjir^{2}	·a	śjij^{1}
要	言	谓，	不	纯	道	果	与	一	并
[illegible]	[illegible]	[illegible]	[illegible]	[illegible]，	[illegible]	[illegible]	[illegible]	[illegible]	
tshji^{1}	ŋwuu^{1}	tsjɨ^{1}	·jɨ^{2}	ljɨ^{1}	nioow^{1}	lew^{1}	tsjij^{2}	bju^{1}	
要	言	亦	谓	也，	又	一	悟	依	

要门，亦俱不纯道果要门，又悟一

5.16

[illegible]	[illegible]	[illegible]	[illegible]，	[illegible]	[illegible]	[illegible]	[illegible]	[illegible]
rejr²	tsjij²	tshji¹	ŋwuu¹	dźjar²	ŋją²	tśhja²	·ioow¹	we²
多	悟	要	言，	罪	过	德	功	为
[illegible]	[illegible]	[illegible]，	[illegible]	[illegible]	[illegible]	[illegible]	[illegible]	[illegible]
phji¹	tshji¹	ŋwuu¹	źją¹	phjaa¹	mjor¹	śjɨj¹	lhjwi¹	zow²
令	要	言，	间	断	现	成	就	执

解多要门，罪过转生功德要门，执间断成就

5.17

[illegible]	[illegible]，	[illegible]	[illegible]	[illegible]	[illegible]	[illegible]	[illegible]	[illegible]	[illegible]
tshji¹	ŋwuu¹	ɣiej¹	we²	sji²	tsə¹	wjɨ²	sju²	tshji¹	ŋwuu¹
要	言，	真	为	能	药	△	如	要	言
[illegible]	[illegible]。	[illegible]	[illegible]	[illegible]	[illegible]，	[illegible]	[illegible]	[illegible]	
tsjɨ¹	·jɨ²	ŋwuu¹	śioo¹	·jɨ²	tja¹	djii²	ljų²	do²	
亦	谓。	语	录	谓	者，	化	身	处	

要门，如真药要门。谓“语录”者，于化身处

5.18

[illegible]	[illegible]	[illegible]	[illegible]	[illegible]	[illegible]	[illegible]	[illegible]	[illegible]	[illegible]
zur²	wją¹	rjir²	ɣjɨ¹	njij²	gjwi²	mər²	mja¹	·jwɨr²	rjɨr²
敕	言	得	石	王	句	本	母	文	所
[illegible]。	[illegible]	[illegible]，	[illegible]	[illegible]	[illegible]	[illegible]，	[illegible]	[illegible]	
rjar¹	thjɨ²	tja¹	gjwi²	ljow²	·wọ²	ɣjiw¹	sọ¹	·ụ²	
得。	此	者，	句	略	义	摄，	三	藏	

得敕言《根本金刚句》。此者，摄其略义，皆集三藏

5.19

[illegible]	[illegible]	[illegible]	[illegible]	[illegible]	[illegible]	[illegible]	[illegible]	[illegible]	[illegible]
ɣiej^{1}	tsjiir^{2}	phji^{1}	bju^{1}	ljɨ̣^{1}	sju^{2}	zji^{2}	śioo^{1}	ɣjɨ̣^{1}	njij^{2}
真	性	意	依	宝	如	皆	集	石	王
[illegible]	[illegible]。	[illegible]	[illegible]	[illegible]	[illegible]	[illegible]	[illegible]，	[illegible]	[illegible]
gjwi^{2}	ŋwu^{2}	nioow^{1}	sọ^{1}	·ụ^{2}	tśja^{1}	zji^{2}	ɣjiw^{1}	mji^{1}	dzju^{2}
句	是。	又	三	乘	道	皆	摄，	不	主
真性如意宝金刚句也。又皆摄三乘道，不									

5.20

[illegible]	[illegible]	[illegible]	[illegible]	[illegible]	[illegible]	[illegible]	[illegible]，	[illegible]	[illegible]
dzjɨ̣^{2}	mjij^{1}	rjɨr^{2}	tshjiij^{1}	rjar^{1}	sjij^{2}	ŋa^{2}	tja^{1}	tsə^{1}	njaa^{1}
集	无	所	说	书	写	我	者，	色	黑
[illegible]	[illegible]	[illegible]	[illegible]	[illegible]	[illegible]，	[illegible]	[illegible]	[illegible]	
dzjiij^{2}	njɨ^{2}	·jij^{1}	gjij^{1}	ɣie^{2}	nioow^{1}	rjar^{1}	ŋa^{2}	·jɨ^{2}	
师	等	之	利	益	因，	书	我	谓	
说无主集者，黑色足师等利益故，谓我所写									

译文：

第二中道有五种：一、生等持因，二、等持自体，三、等持之功，四、遣除间断，五、何云背道。第三略道有三种：一、种种性相等持，二、自性空相等持，三、体性双运等持。第二深、中、浅三品道有三种：一为甚深上师道，二为中品三昧耶道，三为下品依身择灭，五缘生也。至此为“语”所言。

次释句礼敬上师者，谓有何所为，则谓道果等也。其中道又有十种[1]：一、世间道，二、出世道，三、集轮缘道[2]，四、转轮道，五、暖摄道，六、相摄道，七、智进退道，八、妄进退道，九、见时道，十、宗趣时道[3]。一、世间道者，自虽有殊好等持，不能免除受生死重苦等，谓世中道。二、出世道者，初地以来，上地妄念虽生，亦如大海波，不成障碍，不能发生死重苦，谓出世道。三、集轮缘道者，世间道三界集集时，于身脉中围、字末遏中围、界清净菩提心中围三种，或时和合，或不和合，谓集轮缘道。四、转轮道者，初地上至十二地半，三种中围或四种中围[4]，如轮相续不断，谓转轮道。五、暖摄道者，世间道中，修行人心续所生等持现三暖而不坚固，又虚妄，谓暖摄道。六、相摄道者，出世间道不虚妄而现三相，谓相摄道。七、智进退道者，世间道中生起无念，或照空及空乐等，亦犹同云间日，少作利益，谓智进退道。八、妄进退道者，出世道中若发起妄心乃不能作生死苦受等，谓妄进退道。九、见时道者，于世间道发生四种灌、四种见，谓见时道。十、宗趣时道者，出世道中现四种灌、四种宗趣，谓宗趣时道。

如彼道者，谓不相绝果。第十三地五身果，彼成三种大也。其中自利大者，自现二种资粮[5]圆满缘起和合所依、能依处化五身也。利他大者，自成正觉时，令未发心者悉发心，盲人能见诸色等，出现无量也。自他二利大者，自成正觉时，眷属[6]相集合一成正觉故。谓俱道果要门，亦俱不纯[7]道果要门，又悟一解多要门，罪过转生功德要门，执间断成就要门，如真药要门。

谓“语录”者，于化身处得敕言《根本金刚句》。此者，摄其略义，皆集三藏真性如意宝金刚句也。又皆摄三乘道，不说无主集者，黑色足师[8]等利益故，谓我所写也。

注释：

［1］据《逐难记》，一、三、五、七、九者属世间道，二、四、六、八、十者属出世道。

［2］《延晖集》作“议轮道”。

［3］《延晖集》作“第十宗趣时”，可知此处“䕀㒝”（所成）译“宗趣”。

［4］“三种中围”指前文所说“身脉中围、字末遏中围、菩

提心中围”，“四种中围”另加“藏智风中围”。

［5］“二种资粮”，西夏文作“[illegible]”，字面意思是“二足”。西夏文译本《喜金刚》中同以“[illegible]”（足）对译“资粮”。

［6］“眷属”，西夏文作“[illegible]”，字面意思是“围绕”。在西夏文译本《喜金刚》《吉祥》中对应藏文’khor rnams（仆从、眷属）。

［7］该处依西夏文字面译，其义不明。

［8］西夏文“[illegible]”，字面意思是“色黑师”，当指“黑色足师”（梵文作 Kṛṣṇāpāda），也称作“黑行师”（梵文作 Kṛṣṇācārya）、“噶哈那巴”（梵文作 Kahnapa）、“噶那哈”（梵文作 Kāṇha），藏文作 nag po spyod pa、nag po pa 等。印度八十四成就者之一，密哩斡巴的弟子。[①]

第三节 “体义”部分释读

5.21

[illegible]。	[illegible]	[illegible]	[illegible]	[illegible]	[illegible]	[illegible]	二[illegible]：	[illegible]	[illegible]
ljɨ¹	tśjɨɨ¹	njɨɨ²	tsew²	kwər¹	·wọ²	tja¹	djii¹	lew¹	tśja¹
也。	次	二	第	体	义	者	二分：	一	道
[illegible]，	[illegible]	[illegible]	[illegible]。	[illegible]	[illegible]	[illegible]	[illegible]	二[②][illegible]：	[illegible]、
tshjiij¹	njɨɨ²	mjaa¹	tshjiij¹	lew¹	tśja¹	tshjiij¹	·jij¹	djii¹	lew¹
言，	二	果	言。	一	道	言	之	二分：	一、
也。第二体义者二分：一道，二果。一道之二分：一、									

① 孙昌盛：《西夏藏传文献中所见印度大成就者毗卢巴事迹译注》，《西夏学》2017 年第 2 期。

② 913 号作“三[illegible]”（三分）。西夏文译本“体义”部分的阐释并不完整，因而无法得知“广中略”道之后的内容。但从“初义”部分的科判来看，此处似乎更应该为“二分”，即“广中略”和“深中浅”道。

5.22

[illegible]	[illegible]、	[illegible]、	[illegible]	[illegible]	[illegible]。	[illegible]	[illegible]	[illegible]	[illegible]	[illegible]。
tśja^{1}	wạ^{2}	gu^{2}	ljow^{2}	sọ^{1}	mə^{2}	kha^{1}	lew^{1}	wạ^{2}	tshjiij^{1}	ŋwu^{2}
道	广、	中、	略	三	种。	中	一	广	言	是。
[illegible]	[illegible]	[illegible]	[illegible]。	[illegible]	[illegible]	[illegible]	[illegible]	[illegible]	[illegible]	
thjɨ^{2}	·jij^{1}	djii^{1}	mə^{2}	kha^{1}	lew^{1}	rar^{2}	deej^{1}	iọ^{1}	mjij^{1}	
此	之	三分	种。	中	一	流	传	圆	寂	

广、中、略道三种。其中一言广道。此分三种。其中一轮回圆寂

5.23

[illegible]	[illegible]	[illegible]，	[illegible]	[illegible]	[illegible]	[illegible]。	[illegible]	[illegible]	[illegible]
gu^{2}	thwuu^{1}	tśja^{1}	thjɨ^{2}	·jij^{1}	śjạ^{1}	mə^{2}	kha^{1}	lew^{1}	rar^{2}
共	同	道，	此	之	七	种。	中	一	流
[illegible]、	[illegible]	[illegible]	[illegible]	[illegible]	[illegible]	[illegible]	[illegible]	[illegible]	[illegible]
deej^{1}	iọ^{1}	mjij^{1}	tsjiir^{1}	ŋowr^{2}	ŋowr^{2}	mjɨ^{2}	lheew^{2}	mjijr^{2}	·a
传、	圆	寂	法	一	切	默	有	者	一

共同道，此之七种。其中一显轮回、圆寂诸法从修行人一

5.24

[illegible]	[illegible]	[illegible]①	[illegible]	[illegible]	[illegible]	[illegible]	[illegible]	[illegible]	[illegible]②，	[illegible]
dzjwo^{2}	·jij^{1}	njiij^{1}	bju^{1}	wjɨ^{2}	śja^{2}	mjɨɨ^{2}	ŋwu^{2}	dźju^{1}	ku^{1}	sọ^{1}
人	之	心	依	△	现	境	是	显	故，	三
[illegible]	[illegible]	[illegible]	[illegible]	[illegible]	[illegible]	[illegible]	[illegible]③	[illegible]。	[illegible]	
mə^{2}	dźju^{1}	śja^{2}	bju^{1}	dzju^{1}	neej^{2}	tśja^{1}	tshjiij^{1}	ljɨ^{1}	thjɨ^{2}	
种	显	现	依	训	示	道	言	也。	此	

心中所现故，依三相训示道也。此

① 913 号脱。

② 4528 号此处为“[illegible]”（因）字。

③ 4528 号此处多“[illegible]”（者文有情处等谓），疑衍。

6.1

[illegible]	[illegible]	[illegible]：	[illegible]	[illegible]	[illegible]①	[illegible]	[illegible]，	[illegible]	[illegible]
·jij^{1}	sọ^{1}	mə^{2}	lew^{1}	mji^{1}	sej^{1}	dźju^{1}	śja^{2}	njɨɨ^{2}	dwewr^{2}
之	三	种：	一	不	净	显	现，	二	觉
[illegible]	[illegible]	[illegible]，	[illegible]	[illegible]	[illegible]	[illegible]	[illegible]	[illegible]	[illegible]。
lhjij^{2}	dźju^{1}	śja^{2}	sọ^{1}	gji^{1}	sej^{1}	dźju^{1}	śja^{2}	njɨ^{2}	ŋwu^{2}
受	显	现，	三	清	净	显	现	等	是。

有三种：一不净相，二觉受相，三清净相。

6.2

[illegible]	[illegible]	[illegible]	[illegible]	[illegible]	[illegible]	[illegible]	[illegible]	[illegible]	[illegible]：	[illegible]、
thjɨ^{2}	sọ^{1}	mə^{2}	dźju^{1}	śja^{2}	tsjɨ^{1}	njɨɨ^{2}	mə^{2}	bju^{1}	tshjiij^{1}	lew^{1}
此	三	种	显	现	亦	二	种	依	说：	一、
[illegible]	[illegible]	[illegible]	[illegible]	[illegible]	[illegible]	[illegible]	[illegible]	[illegible]	[illegible]	
·a	dzjwo^{2}	·jij^{1}	njiij^{1}	mər^{2}	ɣa^{2}	sọ^{1}	mə^{2}	dzjɨj^{1}	tsewr^{1}	
一	人	之	心	本	就	三	种	时	节	

此三相亦有二种说：一、一人之心就三时

6.3

[illegible]	[illegible]	[illegible]	[illegible]，	[illegible]、	[illegible]	[illegible]	[illegible]	[illegible]	[illegible]	[illegible]
bju^{1}	thu^{1}	phjij^{1}	śjij^{1}	njɨɨ^{2}	bju^{1}	tjị^{2}	twụ^{1}	do^{2}	njiij^{1}	mər^{2}
依	建	立	△，	二、	依	所	各	异	心	本
[illegible]	[illegible]	[illegible]	[illegible]	[illegible]	[illegible]	[illegible]	[illegible]	[illegible]	[illegible]。	
ɣa^{2}	dza^{2}	do^{2}	pha^{1}	ka^{2}	dzjɨj^{1}	bju^{1}	thu^{1}	phjij^{1}	śjij^{1}	
于	度	异	别	同	时	依	建	立	△。	

建立，二、所依各人心就异类同时建立。

① 4528 号此处多“[illegible]”（清）字。

6.4

[illegible]	[illegible]	[illegible]，	[illegible]①	[illegible]	[illegible]	[illegible]，	[illegible]	[illegible]	[illegible]
lew^{1}	tsew^{2}	tja^{1}	dzjọ^{1}	rər^{2}	kwər^{1}	tjij^{1}	zwər^{1}	ɣor^{2}	niəj^{1}
一	第	者，	如	铜	体	一，	洗	浴	浊
[illegible]	[illegible]	[illegible]②	[illegible]	[illegible]	[illegible]，	[illegible]	[illegible]	[illegible]	[illegible]
rjir^{2}	lhjij^{2}	sji^{2}	gju^{2}	ɣjɨr^{1}	dzjɨj^{1}	ljɨ̣^{1}	thja^{1}	mjor^{1}	mjɨ^{1}
汤	受	能	器	造	时，	及	彼	如	此
第一者，犹若一铜，造成洗浴盆时为浊器，其									

6.5

[illegible]	[illegible]	[illegible]	[illegible]	[illegible]	[illegible]	[illegible]	[illegible]，	[illegible]	[illegible]
tśiə^{2}	njɨ^{2}	ljuu^{2}	tshjij^{2}	war^{2}	·wji^{1}	ɣjɨr^{1}	dzjɨj^{1}	ljɨ̣^{1}	thja^{1}
钗	等	庄	严	具	为	造	时，	及	彼
[illegible]	[illegible]	[illegible]	[illegible]	[illegible]	[illegible]	[illegible]，	[illegible]	[illegible]	[illegible]
mjor^{1}	tha^{1}	swu^{2}	njɨ^{2}	·wji^{1}	ɣjɨr^{1}	bju^{1}	·jij^{1}	kwər^{1}	tjij^{1}
如	佛	像	等	为	造	依，	自	体	独
造成钗环等时为严具，其造成佛等为像，然自性不改，									

6.6

[illegible]，	[illegible]	[illegible]	[illegible]	[illegible]	[illegible]	[illegible]	[illegible]。	[illegible]	[illegible]
djij^{2}	sọ^{1}	mə^{2}	dzjɨj^{1}	tsewr^{1}	bju^{1}	mji^{1}	lew^{2}	sju^{2}	mji^{1}
然，	三	种	时	节	依	不	同。	如	不
[illegible]	[illegible]	[illegible]	[illegible]	[illegible]，	[illegible]	[illegible]	[illegible]	[illegible]	[illegible]
gji^{1}	sej^{1}	dźju^{1}	śja^{2}	tja^{1}	śji^{1}	njiij^{1}	mjij^{2}	zow^{2}	·jiij^{1}
清	净	显	现	者，	曾	心	未	执	持
依时有三种不同。如不净相者，是未曾执持心									

① 4528 号作“[illegible][illegible]”，倒。

② 名物化助词，参照《延晖集》译为“洗浴盆”。

6.7

[illegible]	[illegible]	[illegible]	[illegible]	[illegible]。	[illegible]	[illegible]	[illegible]	[illegible]	[illegible]
·ju²	mur¹	dzjɨj¹	tśhjaa¹	ŋwu²	tśjɨɨ¹	dwewr²	lhjịj²	dźju¹	śja²
夫	凡	时	在	是。	次	觉	受	显	现
[illegible],	[illegible]	[illegible]	[illegible]	[illegible]	[illegible]	[illegible]	[illegible]	[illegible]	
tja¹	thja¹	mjor¹	njiij¹	kjɨ¹	zow²	·jiij¹	ɣa²	śjwo¹	
者，	彼	如	心	已	执	持	从	起	

凡夫之时也。次觉受相者，从执持心起至

6.8

[illegible]	[illegible]	[illegible]	[illegible]	[illegible]	[illegible]①,	[illegible]	[illegible]	[illegible]	[illegible],
ɣạ²	njɨɨ²	ljị²	khwə¹	ɣa²	njɨ²	ljɨɨr¹	mə²	bjiij²	·o²
十	二	地	半	于	至，	四	种	涉	融，
[illegible]	[illegible]	[illegible]	[illegible]	[illegible]②	[illegible]	[illegible]	[illegible]	[illegible]	
·jiw¹	lew¹	tsew²	tśhia¹	no¹	·jij¹	bjɨ¹	bji²	ŋwu²	
因	一	第	［刹］	［那］	之	下	低	是	

十二地半，四涉融入，因第一刹那下是

6.9

[illegible]。	[illegible]	[illegible]	[illegible]	[illegible]	[illegible]	[illegible],	[illegible]	[illegible]	[illegible]
ljɨ¹	kụ¹	gji¹	sej¹	dźju¹	śja²	tja¹	thja¹	mjor¹	ɣạ²
也。	后	清	净	显	现	者，	彼	如	十
[illegible]	[illegible]	[illegible]	[illegible]	[illegible]	[illegible]	[illegible]	[illegible]	[illegible]	
sọ¹	ljị²	·jij¹	mjaa¹	njɨɨ²	tsew²	tśhia¹	no¹	tśhjaa¹	
三	地	之	果	二	第	［刹］	［那］	上	

也。后清净相者，十三地果第二刹那上

① 4528 号无“[illegible][illegible]”（于至）二字，疑脱。

② 4528 号此处接“[illegible][illegible][illegible]”（等是也）。

6.10

[illegible]	[illegible]。	[illegible]	[illegible]	[illegible]，	[illegible]	[illegible]	[illegible]	[illegible]	[illegible]，	[illegible]
ŋwu^2	ljɨ^1	njɨɨ^2	tsew^2	tja^1	mji^1	gji^1	sej^1	dźju^1	śja^2	ka^2
是	也。	二	第	者，	不	清	净	显	现，	等
[illegible]	[illegible]	[illegible]	[illegible]	[illegible]	[illegible]	[illegible]	[illegible]	[illegible]	[illegible]	
·jiij^1	mjij^2	śjwo^1	mjijr^2	tśhjiw^1	tshwew^1	dźjij^1	wjij^1	ŋowr^2	ŋowr^2	
持	未	生	者	六	趣	行	往	一	切	
是也。第二者，不净相，是未生等持者一切六趣众生										

6.11

[illegible]	[illegible]①。	[illegible]	[illegible]	[illegible]	[illegible]	[illegible]，	[illegible]	[illegible]	[illegible]
·jij^1	ŋwu^2	dwewr^2	lhjij^2	dźju^1	śja^2	tja^1	njiij^1	zow^2	·jiij^1
之	是。	觉	受	显	现	者，	心	执	持
[illegible]	[illegible]	[illegible]	[illegible]	[illegible]	[illegible]	[illegible]	[illegible]	[illegible]	
njwi^2	mjijr^2	ɣạ^2	njɨɨ^2	ljɨ̣^{2}	khwə^1	ɣa^2	njɨ^2	·jij^1	
能	者	十	二	地	半	于	至	之	
也。觉受相者，从执持心者至十二地半									

6.12

[illegible]。	[illegible]	[illegible]	[illegible]	[illegible]	[illegible]，	[illegible]	[illegible]	[illegible]	[illegible]
ŋwu^2	gji^1	sej^1	dźju^1	śja^2	tja^1	ɣạ^2	sọ^1	tsew^2	ljɨ̣^{2}
是。	清	净	显	现	者，	十	三	第	地
[illegible]。	[illegible]	[illegible]	[illegible]	[illegible]	[illegible]	[illegible]	[illegible]	[illegible]	[illegible]。
ŋwu^2	thjɨ^2	tja^1	do^2	pha^1	ka^2	dzjɨj^1	bju^1	rjɨr^2	tshjiij^1
是。	此	者	差	异	同	时	依	乃	称。
也。清净相者，十三地也。此者乃称异类同时。									

① 4528 号此处另有“[illegible]”（也）字。

6.13

[illegible]	[illegible]	[illegible]	[illegible]	[illegible]	[illegible]	[illegible]	[illegible]	[illegible]。	[illegible]
kha^{1}	śji^{1}	rjɨr^{2}	tshjiij^{1}	tja^{1}	buu^{2}	gjij^{1}	ŋwu^{2}	ljɨ^{1}	thja^{1}
中	前	所	称	者	胜	殊	是	也。	彼
[illegible]	[illegible]	[illegible]	[illegible]	[illegible]，	[illegible]	[illegible]	[illegible]	[illegible]	[illegible]
sju^{2}	sọ^{1}	mə^{2}	dźju^{1}	śja^{2}	ljɨ^{1}	ljɨ^{1}	·jij^{1}	nioow^{1}	sọ^{1}
如	三	种	显	现，	一	一	之	又	三

前所称者为殊胜也。彼三种相，每一又有三

6.14

[illegible]	[illegible]	[illegible]：	[illegible]	[illegible]	[illegible]，	[illegible]	[illegible]	[illegible]，
mə^{2}	·wọ^{2}	dju^{1}	lew^{1}	bju^{1}	tjị^{2}	njɨɨ^{2}	śjwo^{1}	·jiw^{1}
种	义	有：	一	依	所，	二	起	因，
[illegible]	[illegible]	[illegible]。	[illegible]	[illegible]	[illegible]	[illegible]	[illegible]	[illegible]
sọ^{1}	dźju^{1}	śja^{2}	thja^{1}	kha^{1}	lew^{1}	tsew^{2}	·jij^{1}	bju^{1}
三	显	现。	其	中	一	第	之	依

种义：一依，二因，三相。其中第一依

6.15

[illegible]	[illegible]，	[illegible]	[illegible]	[illegible]	[illegible]。	[illegible]	[illegible]	[illegible]，	[illegible]
tjị^{2}	tja^{1}	sjij^{2}	dju^{1}	do^{2}	·jɨ^{2}	sjij^{2}	dju^{1}	tja^{1}	iọ^{1}
所	者，	情	有	处	谓。	情	有	者，	圆
[illegible]	[illegible]	[illegible]	[illegible]	[illegible]，	[illegible]	[illegible]	[illegible]	[illegible]	
tśhjiw^{1}	tshwew^{1}	dźjij^{1}	wjij^{1}	ŋwu^{2}	buu^{2}	gjij^{1}	bju^{1}	dzjwo^{2}	
六	趣	行	往	是，	胜	殊	依	人	

者，“有情”处谓。有情者，是六趣众生，殊胜人

6.16

[illegible]	[illegible]	[illegible]	[illegible]	[illegible]	[illegible]。	[illegible]	[illegible]	[illegible]	[illegible]，
tshwew^{1}	do^{2}	thu^{1}	phjij^{1}	lew^{2}	ljɨ^{1}	njɨɨ^{2}	śjwo^{1}	·jiw^{1}	tja^{1}
趣	处	建	立	所	也。	二	起	因	者，
[illegible]	[illegible]	[illegible]	[illegible]。	[illegible]	[illegible]	[illegible]	[illegible]	[illegible]	
źjḭ^{1}	njɨɨ^{2}	ɣa^{2}	·jɨ^{2}	ɣu^{1}	mjij^{1}	rar^{2}	deej^{1}	ɣa^{2}	
烦	恼	于	谓。	初	无	流	传	于	

趣所建立也。二因者，“烦恼”谓。因初无轮回

6.17

[illegible]	[illegible]	[illegible]	[illegible]	[illegible]	[illegible]	[illegible]	[illegible]	[illegible]。	[illegible]
śjwo^{1}	źjḭ^{1}	njɨɨ^{2}	ljḭ^{1}	sjwɨj^{1}	ɣie^{1}	bju^{1}	ŋwu^{2}	ljɨ^{1}	sọ^{1}
生	烦	恼	及	业	力	因	是	也。	三
[illegible]	[illegible]	[illegible]，	[illegible]	[illegible]	[illegible]	[illegible]	[illegible]	[illegible]。	
dźju^{1}	śja^{2}	tja^{1}	mji^{1}	gji^{1}	sej^{1}	dźju^{1}	śja^{2}	·jɨ^{2}	
显	现	者，	不	清	净	显	现	谓。	

生烦恼及业力也。三相者，“不清净相”谓。

6.18

[illegible]	[illegible]	[illegible]	[illegible]：	[illegible]	[illegible]	[illegible]	[illegible]	[illegible]	[illegible]
thjɨ^{2}	tsjɨ^{1}	njɨɨ^{2}	mə^{2}	lhạ^{2}	bju^{1}	dźju^{1}	śja^{2}	ljḭ^{1}	sjwɨj^{1}
此	亦	二	种：	迷	依	显	现	及	业
[illegible]	[illegible]	[illegible]	[illegible]。	[illegible]	[illegible]，	[illegible]	[illegible]	[illegible]	[illegible]①
bju^{1}	dźju^{1}	śja^{2}	ŋwu^{2}	śji^{1}	tja^{1}	tśhjiw^{1}	tshwew^{1}	dźjij^{1}	wjij^{2}
依	显	现	是。	前	者，	六	趣	行	往

此亦二种：迷相及业相也。前者，六趣众生

① 该字在 4528 号中作“[illegible]”，与 913 号中的“[illegible]”（wjij^{2} 往）同音同义。

6.19

[illegible]	[illegible]	[illegible]	[illegible]	[illegible]	[illegible]	[illegible]	[illegible]、	[illegible]	[illegible]、
gu^2	thwuu^1	do^2	dźju^1	śja^2	lew^2	ŋər^1	rar^1	mja^1	śjwa^1
共	同	处	显	现	所	岳	山、	河	江、
[illegible]	[illegible]	[illegible]	[illegible]，	[illegible]	[illegible]	[illegible]	[illegible]	[illegible]，	[illegible]
mjii^1	pjụ^2	njɨ^2	ŋwu^2	kwər^1	tsjiir^2	ɣa^2	mjij^1	ŋwu^2	tsjɨ^1
宫	殿	等	是，	体	性	于	非	是，	亦
悉共所现山岳、江河、宫殿等，非体性，亦									

6.20

[illegible]	[illegible]	[illegible]	[illegible]。	[illegible]	[illegible]，	[illegible]	[illegible]	[illegible]
lhạ^2	bju^1	dju^1	ljɨ^1	thjɨ^2	tja^1	tśhjiw^1	tshwew^1	zji^2
迷	依	有	也。	此	者，	六	趣	皆
[illegible]	[illegible]	[illegible]，	[illegible]	[illegible]	[illegible]	[illegible]	[illegible]	[illegible]①
do^2	ŋowr^2	njɨ^2	lja^2	gjaa^1	·o^2	lwər^2	lhejr^2	kha^1
处	俱	至，	［楞］	［伽］	入	经	契	中
有迷也。此者，皆俱至六趣，《入楞伽经》								

6.21

[illegible]	[illegible]：	[illegible]	[illegible]	[illegible]	[illegible]	[illegible]，	[illegible]	[illegible]
thjij^2	sjo^2	zjị^1	lji^2	dza^2	zow^2	sju^2	djɨr^2	bju^1
故	云：	童	子	量	执	如，	外	依
[illegible]	[illegible]	[illegible]	[illegible]	[illegible]。	[illegible]	[illegible]	[illegible]	[illegible]
·wọ^2	tja^1	dju^1	njaa^2	ljɨ^1	kjij^1	dzjɨɨ^2	ɣie^1	ŋwu^2
义	者	有	无	也。	熏	习	气	以
故云："如童子量执，依外义有无。习气熏								

① 4528 号无此字。

6.22

[illegible]	[illegible]	[illegible]，	[illegible]	[illegible]	[illegible]	[illegible]	[illegible]	[illegible]	[illegible]
ŋewr1	phji1	njiij1	djɨr2	nioow1	·wo̢2	bju1	dźju1	śja2	śjwo1
乱	令	心，	外	复	义	依	显	现	生
[illegible]	[illegible]。	[illegible]	[illegible]	[illegible]	[illegible]	[illegible]	[illegible]，	[illegible]	
tshjiij1	ljɨ1	kų1	sjwɨj1	bju1	dźju1	śja2	tja1	dji̢1	
言	也。	后	业	依	显	现	者，	地	

以令心乱，似现外相复生起。”后业相者，地

6.23

[illegible]	[illegible]	[illegible]	[illegible]	[illegible]	[illegible]	[illegible]	[illegible]	[illegible]	[illegible]	[illegible]，
·jɨj2	njɨ2	·jij1	twų1	do2	tśji̢1	rejr2	njɨ2	dwewr2	lhji̢j2	śja2
狱	等	自	各	处	苦	乐	等	觉	受	现，
[illegible]	[illegible]	[illegible]	[illegible]	[illegible]，	[illegible]	[illegible]	[illegible]	[illegible]	[illegible]	
thjɨ2	tja1	tśhioow1	do2	śja2	tsjɨ1	tśhioow1	do2	mji1	śja2	
此	者	或	处	现，	亦	或	处	不	现	

狱等觉受各自苦乐，此者有处现，有处不现，

译文：

第二体义者二分：一道，二果。一道之二分：一、广、中、略道三种。其中一言广道。此分三种。其中一轮回圆寂共同道，此之七种。

其中一显轮回、圆寂诸法从修行人一心中所现故，依三相训示道也。此有三种：一不净相[1]，二觉受相[2]，三清净相[3]。此三相亦有二种说：一、一人之心就三时建立[4]，二、所依各人心就异类同时建立。第一者，犹若一铜，造成洗浴盆时为浊器，其造成钗环等时为严具，其造成佛等为像，然自性不改，依时有三种不同[5]。如不净相者，是未曾执持心凡夫之时也。次觉受相者，

从执持心起至十二地半，四涉融入，因第一刹那下是也。后清净相者，十三地果第二刹那上是也。第二者，不净相，是未生等持者一切六趣众生[6]也。觉受相者，从执持心者至十二地半也。清净相者，十三地也。此者乃称异类同时。前所称者为殊胜也。

彼三种相，每一又有三种义：一依，二因，三相。其中第一依者，“有情”处谓。有情者，是六趣众生，殊胜人趣所建立也。二因者，“烦恼”谓。因初无轮回生烦恼及业力也。三相者，“不清净相”谓。此亦二种：迷相及业相也。前者，六趣众生悉共所现山岳、江河、宫殿等，非体性，亦有迷也。此者，皆俱至六趣，《入楞伽经》故云：“如童子量执，依外义有无。习气熏以令心乱，似现外相复生起。”[7]后业相者，地狱等觉受各自苦乐，此者有处现，有处不现，依至分也。

注释：

［1］“不净相”，西夏文作“[illegible]”，字面意思是“不净显现”，对应藏文 ma dag pa’i snang ba（不净相）。

［2］“觉受相”，西夏文作“[illegible]”，字面意思是“觉受显现”，对应藏文 nyams kyi snang ba（觉受相）。

［3］“清净相”，西夏文作“[illegible]”，字面意思是“清净显现”，对应藏文 dag pa’i snang ba（清净相）。

［4］丁福保《佛学大辞典》释曰：设法门也，又筑塔像也。《法华经·方便品》曰：“若人为佛故，建立佛形像。”

［5］以此比喻因三种时期相异而分别配置三种不同相。

［6］“众生”，西夏文作“[illegible]”，字面意思是“行往”。此译法还见于其他西夏文藏传佛经译本，“[illegible]”（行往）对应藏文’gro ba，原义是“行走”，梵文作 Jaga，或 Jagatī，指众生/有情。

［7］《延晖集》译作“习气扰乱心，妄见种种相。非相唯是心，见相即颠倒”。

6.24

[illegible]，	[illegible]	[illegible]	[illegible]	[illegible]	[illegible]。	[illegible]、	[illegible]	[illegible]	[illegible]
we^{2}	bju^{1}	phiaa^{2}	njɨ^{2}	we^{2}	ljɨ^{1}	njɨɨ^{2}	dwewr^{2}	lhjij^{2}	dźju^{1}
成，	依	分	至	成	也。	二、	觉	受	显
[illegible]	[illegible]	[illegible]	[illegible]	[illegible]	[illegible]	[illegible]	[illegible]，	[illegible]	[illegible]
śja^{2}	·jij^{1}	sọ^{1}	kha^{1}	lew^{1}	bju^{1}	tjị^{2}	tja^{1}	mjɨ^{2}	lheew^{2}
现	之	三	中	一	依	所	者，	默	有

依至分也。二、觉受相之三种第一依者，“瑜伽

7.1

[illegible]	[illegible]。	[illegible]	[illegible]	[illegible]	[illegible]	[illegible]	[illegible]	[illegible]	[illegible]。	[illegible]、
mjijr^{2}	·jɨ^{2}	thjɨ^{2}	tsjɨ^{1}	sọ^{1}	mə^{2}	tsjiir^{1}	dźjij^{2}	gjɨ^{2}	ŋwu^{2}	lew^{1}
者	谓。	此	亦	三	种	法	有	一	是。	一、
[illegible]	[illegible]	[illegible]	[illegible]	[illegible]，	[illegible]	[illegible]	[illegible]	[illegible]	[illegible]	
ljụ^{2}	buu^{2}	gjij^{1}	tsjiir^{1}	tja^{1}	ŋwə^{1}	tśhji^{2}	mjij^{2}	ŋwo^{2}	ljiij^{2}	
身	胜	殊	法	者，	五	根	未	损	坏	

师”谓。此亦有三种法。一、殊胜身法者，五根完全，

7.2

[illegible]，	[illegible]	[illegible]	[illegible]	[illegible]	[illegible]	[illegible]	[illegible]	[illegible]	[illegible]	[illegible]
ŋwu^{2}	rjɨr^{2}	khju^{1}	·jwɨr^{2}	kha^{1}	buu^{2}	gjij^{1}	ljụ^{2}	ɣa^{2}	gjị^{2}	ŋwu^{2}
是，	以	下	文	中	胜	殊	身	上	依	以
[illegible]	[illegible]。	[illegible]	[illegible]	[illegible]	[illegible]	[illegible]	[illegible]：	[illegible]	[illegible]	
·jɨ^{2}	ljɨ^{1}	thjɨ^{2}	dzjiij^{2}	·jij^{1}	śiaa^{2}	śjij^{1}	tja^{1}	tśhji^{2}	mji^{1}	
云	也。	此	师	之	意	△	云：	根	不	

所以下云依殊胜身也。此师意云：根不

7.3

[illegible]	[illegible]，	[illegible]	[illegible]	[illegible]	[illegible]	[illegible]	[illegible]	[illegible]	[illegible]①，	[illegible]
ŋowr^{2}	do^{2}	sjwɨ^{1}	·jiij^{1}	tśhjwɨj^{1}	kie^{1}	gji^{2}	phiaa^{2}	mjɨ^{1}	djij^{2}	ɣu^{2}
全	处，	种	持	禁	戒	各	分	无	△，	了
[illegible]	[illegible]	[illegible]	[illegible]	[illegible]。	[illegible]	[illegible]	[illegible]	[illegible]	[illegible]	[illegible]
dźjwa^{1}	mji^{1}	śjwo^{1}	gjii^{2}	ljɨ^{1}	dzjọ^{1}	do^{2}	pha^{1}	bie^{2}	lhew^{2}	tśhjwɨj^{1}
毕	不	生	求	也。	如	异	别	解	脱	禁

全者，持明禁戒，不得圆满生也。如别解脱禁

7.4

[illegible]	[illegible]，	[illegible]	[illegible]	[illegible]	[illegible]	[illegible]	[illegible]。	[illegible]	[illegible]	[illegible]
kie^{1}	tja^{1}	ɣa^{1}	nər^{2}	njɨ^{2}	do^{2}	mji^{1}	śjwo^{1}	thja^{1}	śjwo^{1}	·jij^{1}
戒	者，	门	黄	等	处	不	生。	其	生	之
[illegible]	[illegible]	[illegible]，	[illegible]	[illegible]	[illegible]	[illegible]	[illegible]	[illegible]	[illegible]	
bju^{1}	tjị^{2}	tja^{1}	sọ^{1}	mja^{1}	iọ^{1}	·u^{2}	wjɨ^{2}	wee^{1}	goor^{1}	
依	所	者，	三	河	圆	内	△	生	男	

戒者，黄门等不能生。其依生者，必须三河洲男及

7.5

[illegible]	[illegible]	[illegible]	[illegible]	[illegible]。	[illegible]	[illegible]	[illegible]	[illegible]，	[illegible]
sji^{2}	·jij^{1}	lheew^{2}	gjɨ^{2}	śjwo^{1}	wjɨ^{2}	sju^{2}	thju^{2}	tsjɨ^{1}	tśhji^{2}
女	阴	有	一	须。	△	如	此	亦，	根
[illegible]	[illegible]	[illegible]	[illegible]	[illegible]	[illegible]	[illegible]	[illegible]	[illegible]	
mji^{1}	ŋowr^{2}	ljị^{1}	ɣa^{1}	nər^{2}	njɨ^{2}	do^{2}	sọ^{1}	dzju^{2}	
不	具	及	门	黄	等	处	三	主	

女人。今亦如是，不具根及黄门等

① “[illegible][illegible]”连用，构成“……[illegible][illegible]，……”句式，表示转折关系。“[illegible]”字的语法功能详见孙伯君《简论西夏文“[illegible]”*djij$^{2.33}$的语法功能》，《西夏学》2010年第5辑。

7.6

[illegible]	[illegible]	[illegible]	[illegible]	[illegible]。	[illegible]	[illegible]	[illegible]	[illegible]	[illegible]
·jij^{1}	dwewr^{2}	lhjịj^{2}	mji^{1}	śjwo^{1}	iọ^{1}	dwuu^{2}	ŋwəə^{1}	ljɨ̣^{1}	tjij^{1}
之	觉	受	不	生。	圆	密	咒	及	彼
[illegible]	[illegible]	[illegible]	[illegible]	[illegible]，	[illegible]	[illegible]	[illegible]	[illegible]	[illegible]
rewr^{2}	njɨ^{2}	tśja^{1}	njɨɨ^{2}	tja^{1}	kjụ^{1}	djọ^{2}	śjij^{1}	tjɨj^{2}	mji^{1}
岸	至	道	二	者，	求	修	△	法	不
不能发生第三灌觉。密咒宗及般若乘二者，修法不									

7.7

[illegible]。	[illegible]	[illegible]	[illegible]	[illegible]，	[illegible]	[illegible]	[illegible]	[illegible]	[illegible]
lew^{2}	dwuu^{2}	ŋwəə^{1}	tjɨj^{2}	tja^{1}	nioow^{1}	śjwo^{1}	ljụ^{2}	ɣa^{2}	dzow^{1}
同。	密	咒	法	者，	缘	起	身	于	和
[illegible]	[illegible]	[illegible]	[illegible]	[illegible]；	[illegible]	[illegible]	[illegible]	[illegible]，	[illegible]
ŋwej^{2}	phji^{1}	ŋwu^{2}	tśja^{1}	we^{2}	tjij^{1}	rewr^{2}	njɨ^{2}	tja^{1}	njiij^{1}
合	使	以	道	为；	彼	岸	至	者，	心
同。密咒法者，以缘起和身为道；般若乘者，									

7.8

[illegible]	[illegible]	[illegible]	[illegible]	[illegible]。	[illegible]	[illegible]	[illegible]	[illegible]	[illegible]
dzjɨɨ^{2}	sej^{1}	ŋwu^{2}	tśja^{1}	we^{2}	thja^{1}	bju^{1}	dwuu^{2}	ŋwəə^{1}	tjɨj^{2}
炼	净	以	道	为。	彼	依	密	咒	法
[illegible]，	[illegible]	[illegible]	[illegible]	[illegible]，	[illegible]	[illegible]	[illegible]	[illegible]	[illegible]
bju^{1}	tśhji^{2}	mji^{1}	ŋowr^{2}	do^{2}	sjij^{2}	xia^{2}	phji^{1}	dzjɨj^{1}	dwewr^{2}
依，	根	不	具	处，	智	降	使	时	觉
净炼心以为道也。依彼密咒法，不具根者，发生降智时觉									

7.9

[illegible]	[illegible]	[illegible]	[illegible]	[illegible]，	[illegible]	[illegible]	[illegible]	[illegible]	[illegible]
lhjịj^{2}	zjịj^{1}	gu^{1}	śjwo^{1}	djij^{2}	phju^{2}	dzju^{2}	ŋewr^{2}	·jij^{1}	dwewr^{2}
受	略	起	生	△，	上	主	数	之	觉
[illegible]	[illegible]	[illegible]	[illegible]，	[illegible]	[illegible]	[illegible]	[illegible]	[illegible]	[illegible]
lhjịj^{2}	mji^{1}	śjwo^{1}	nioow^{1}	ljɨ̣^{1}	ka^{2}	tśjij^{2}	bie^{2}	lhew^{2}	·jij^{1}
受	不	生	故，	并	狮	子	解	脱	之

受，不生三种上灌觉受故，不能作狮解脱

7.10

[illegible]	[illegible]，	[illegible]	[illegible]	[illegible]	[illegible]	[illegible]	[illegible]	[illegible]	[illegible]，	[illegible]
lạ^{1}	tjɨ̣j^{2}	ljɨ̣^{1}	mjɨ^{2}	lheew^{2}	mjijr^{2}	·jij^{1}	dźiəj^{2}	tśju^{1}	ŋewr^{2}	ljɨ̣^{1}
手	印，	及	默	有	者	之	作	用	数，	及
[illegible]	[illegible]	[illegible]	[illegible]	[illegible]	[illegible]	[illegible]	[illegible]	[illegible]	[illegible]。	
mjɨɨ^{2}	·jij^{1}	sju^{2}	tsə^{1}	ɣa^{2}	gjɨ^{2}	mjɨ^{1}	njwi^{2}	nioow^{1}	ljɨ^{1}	
境	之	汤	药	于	依	不	能	故	也。	

手印，及不能作瑜伽妙用，境甘露亦不能也。

7.11

[illegible]	[illegible]	[illegible]	[illegible]	[illegible]	[illegible]	[illegible]	[illegible]	[illegible]	[illegible]	[illegible]
tśhjwo^{1}	dwuu^{2}	ŋwəə^{1}	·jij^{1}	nioow^{1}	śjwo^{1}	thjij^{2}	sjo^{2}	tjɨ̣j^{2}	bju^{1}	dzow^{1}
然	密	咒	之	缘	生	故	云	法	依	和
[illegible]	[illegible]	[illegible]，	[illegible]	[illegible]	[illegible]	[illegible]	[illegible]	[illegible]	[illegible]	
ŋwej^{2}	phji^{1}	do^{2}	ŋwə^{1}	tśhji^{2}	mjij^{2}	ŋwo^{2}	lju̱^{2}	gjɨ^{2}	śjwo^{1}	
合	使	处，	五	根	未	损	身	有	须	

然俾使密咒缘生故云如法和合，必须五根具足之身

7.12

[illegible]。	[illegible]、	[illegible]	[illegible]	[illegible]	[illegible]	[illegible]	[illegible]	[illegible]①，	[illegible]
ljɨ^{1}	njɨɨ^{2}	njiij^{1}	mər^{2}	gji^{1}	sej^{1}	tsjiir^{1}	dźjij^{2}	śjwo^{1}	thjɨ^{2}
也。	二、	心	本	清	净	法	有	用，	此
[illegible]	[illegible]	[illegible]：	[illegible]、	[illegible]	[illegible]	[illegible]	[illegible]	[illegible]	[illegible]
tsjɨ^{1}	sọ^{1}	mə^{2}	lew^{1}	mji^{1}	sjwɨ^{1}	ŋwu^{2}	njiij^{1}	mər^{2}	dja^{2}
亦	三	种：	一、	闻	思	以	心	本	
也。二、清净心法者，此复有三：一、以闻思清净心									

7.13

[illegible]	[illegible]	[illegible]，	[illegible]	[illegible]	[illegible]	[illegible]	[illegible]	[illegible]	[illegible]	[illegible]
gji^{1}	sej^{1}	tja^{1}	djɨr^{2}	tśja^{1}	nu^{1}	tsjiir^{1}	ɣa^{2}	śjwo^{1}	tjij^{1}	rewr^{2}
清	净	者，	外	道	背	法	于	起	彼	岸
[illegible]	[illegible]	[illegible]	[illegible]	[illegible]	[illegible]	[illegible]	[illegible]。	[illegible]	[illegible]	
njɨ^{2}	·ụ^{2}	ɣa^{2}	njɨ^{2}	mji^{1}	sjwɨ^{1}	rjɨr^{2}	·wji^{1}	gjɨ^{2}	śjwo^{1}	
至	乘	于	至	闻	思	乃	为。	有	若	
者，始从外道背法乃至闻思般若乘。若										

7.14

[illegible]	[illegible]	[illegible]	[illegible]	[illegible]	[illegible]	[illegible]	[illegible]	[illegible]，	[illegible]
mji^{1}	sjwɨ^{1}	ŋwu^{2}	njiij^{1}	mər^{2}	·jij^{1}	mjij^{2}	sej^{1}	phji^{1}	ku^{1}
闻	思	以	心	本	之	未	净	使，	则
[illegible]	[illegible]	[illegible]	[illegible]	[illegible]	[illegible]	[illegible]	[illegible]。	[illegible]、	[illegible]
·wọ^{2}	ɣa^{2}	thju^{1}	thju^{1}	sjij^{2}	mji^{1}	śjwo^{1}	ljɨ^{1}	njɨɨ^{2}	ɣiew^{1}
义	于	真	实	心	不	生	也。	二、	学
不以闻思而净心，则于义理不能发生决定心也。二、									

① 依前后文的“一”和“三”句式，此处或当为“[illegible]”（者）字。

7.15

[illegible]①	[illegible]	[illegible]	[illegible]	[illegible]	[illegible]	[illegible]	[illegible]，	[illegible]
kie^{1}	ŋwu^{2}	njiij^{1}	mər^{2}	dja^{2}	gji^{1}	sej^{1}	tja^{1}	do^{2}
戒	以	心	本	△	清	净	者，	异
[illegible]	[illegible]	[illegible]	[illegible]	[illegible]	[illegible]②	[illegible]	[illegible]	[illegible]
pha^{1}	bie^{2}	lhew^{2}	kie^{1}	ljɨ̣^{1}	dźiã^{2}	tsjij^{2}	tśhjwɨj^{1}	kie^{1}
别	解	脱	戒	及	菩	萨	禁	戒
以戒学清净心者，应以彼别解脱戒及菩萨戒								

7.16

[illegible]	[illegible]	[illegible]	[illegible]	[illegible]	[illegible]	[illegible]。	[illegible]	[illegible]	[illegible]
njɨɨ^{2}	ŋwu^{2}	njiij^{1}	mər^{2}	gji^{1}	sej^{1}	phji^{1}	śjwo^{1}	thja^{1}	njɨɨ^{2}
二	以	心	本	清	净	使。	若	彼	二
[illegible]，	[illegible]	[illegible]	[illegible]	[illegible]	[illegible]	[illegible]	[illegible]	[illegible]	[illegible]
mjij^{1}	ku^{1}	sjwɨ^{1}	·jiij^{1}	tśhjwɨj^{1}	kie^{1}	śjwo^{1}	·jij^{1}	bju^{1}	tjị^{2}
无，	则	种	持	禁	戒	生	之	依	所
二种清净其心。若无彼二种，则不为能生持明禁戒之所依									

7.17

[illegible]	[illegible]	[illegible]	[illegible]。	[illegible]、	[illegible]	[illegible]	[illegible]	[illegible]	[illegible]
mji^{1}	we^{2}	nioow^{1}	ljɨ^{1}	sọ^{1}	dzju^{2}	kie^{1}	ŋwu^{2}	njiij^{1}	mər^{2}
不	为	故	也。	三、	主	戒	以	心	本
[illegible]	[illegible]	[illegible]	[illegible]，	[illegible]	[illegible]	[illegible]	[illegible]	[illegible]	
dja^{2}	gji^{1}	sej^{1}	tja^{1}	·jiw^{1}	dzjɨj^{1}	ljɨɨr^{1}	dzju^{2}	lhjịj^{2}	
△	清	净	者，	因	时	四	主	受	
故也。三、以灌顶清净心者，因时四种灌顶									

① 该字在 913 号中为“[illegible]”（可），4528 号残，据《延晖集》和《偈注》译文，当为“戒”字。

② 913 号作“[illegible]”，与“[illegible]”同音，但通常表示“众”义。

7.18

[illegible]	[illegible]	[illegible]	[illegible]	[illegible]	[illegible]；	[illegible]	[illegible]	[illegible]	[illegible]
ŋwu²	njiij¹	mər²	śjɨj¹	we²	phji¹	śjwo¹	dzju²	ŋwu²	mjij²
以	心	本	成	熟	令；	若	主	以	未
[illegible]	[illegible]，	[illegible]	[illegible]	[illegible]	[illegible]	[illegible]	[illegible]	[illegible]	
śjɨj¹	we²	ku¹	tshji¹	ŋwuu¹	nji²	lhjij²	gju²	·jɨj²	
成	熟，	则	要	言	闻	受	器	袋	

以令心成熟；若未以灌成熟，则不作闻受要门之根器

7.19

[illegible]	[illegible]	[illegible]	[illegible]。	[illegible]、	[illegible]	[illegible]	[illegible]	[illegible]
mji¹	we²	nioow¹	ljɨ¹	sọ¹	dwewr²	lhjij²	·a	śjwo¹
不	作	故	也。	三、	觉	受	△	生
[illegible]	[illegible]	[illegible]，	[illegible]	[illegible]	[illegible]	[illegible]	[illegible]	[illegible]
tsjiir¹	dźjij²	tja¹	·jij¹	njiij¹	mər²	ɣa²	dwewr²	lhjij²
法	有	者，	自	心	本	于	觉	受

故也。三、生觉受法者，于自心生觉受

7.20

[illegible]	[illegible]	[illegible]	[illegible]。	[illegible]	[illegible]	[illegible]	[illegible]，	[illegible]	[illegible]
·a	śjwo¹	gjɨ²	ŋwu²	njɨɨ²	śjwo¹	·jiw¹	tja¹	ka²	·jiij¹
一	生	有	是。	二	起	因	者，	等	持
[illegible]	[illegible]。	[illegible]	[illegible]	[illegible]	[illegible]	[illegible]	[illegible]	[illegible]，	
ɣa²	·jɨ²	lə	djɨj²	ɣie¹	bju¹	dwuu²	nioow¹	śjwo¹	
于	谓。	念	定	力	依	密	缘	生，	

也。第二因者，“等持”谓。依念定之力密缘生，

7.21

[illegible]	[illegible]	[illegible]	[illegible]	[illegible]	[illegible]	[illegible]	[illegible]	[illegible]	[illegible]
źjɨr^{2}	ljij^{2}	ljɨ̣^{1}	dzjwɨ̣^{1}	mjii^{1}	·jwɨr^{2}	dji^{2}	·jij^{1}	sju^{2}	dju^{1}
脉	大	宝	邑	宫	文	字	相	如	有
[illegible]	[illegible]	[illegible]	[illegible]	[illegible]	[illegible]，	[illegible]	[illegible]	[illegible]	[illegible]
·jij^{1}	·u^{2}	rjɨr^{2}	·u^{2}	nioow^{1}	śjwo^{1}	ljɨ^{1}	njiij^{1}	so^{2}	dẹ^{1}
之	内	去	内	缘	生，	风	心	阳	阴

脉字大宝宫殿有如去内缘生，依心阳风阴

7.22

[illegible]	[illegible]	[illegible]	[illegible]	[illegible]	[illegible]	[illegible]。	[illegible]	[illegible]	[illegible]
ɣạ^{2}	mə^{2}	ŋwu^{2}	ɣjiw^{1}	ɣiwej^{1}	bju^{1}	ŋwu^{2}	sọ^{1}	dźju^{1}	śja^{2}
十	种	以	摄	受	依	是。	三	显	现
[illegible]，	[illegible]	[illegible]	[illegible]	[illegible]	[illegible]	[illegible]。	[illegible]	[illegible]	
tja^{1}	dwewr^{2}	lhjịj^{2}	dźju^{1}	śja^{2}	·jɨ^{2}	ljɨ^{1}	thjɨ^{2}	tsjɨ^{1}	
者，	觉	受	显	现	谓	也。	此	亦	

十种摄受也。第三相者，“觉受相”谓。此

7.23

[illegible]	[illegible]	[illegible]	[illegible]	[illegible]	[illegible]	[illegible]	[illegible]	[illegible]	[illegible]。
bjuu^{2}	ku^{1}	ŋwə^{1}	sọ^{1}	ɣạ^{2}	ŋwə^{1}	mə^{2}	dwewr^{2}	lhjịj^{2}	ŋwu^{2}
缩	则	五	三	十	五	种	觉	受	是。
[illegible]	[illegible]	[illegible]	[illegible]，	[illegible]	[illegible]	[illegible]	[illegible]，	[illegible]	
sọ^{1}	mə^{2}	tśja^{1}	tja^{1}	·o^{2}	tjij^{1}	wjạ^{2}	tśja^{1}	zjịj^{1}	
三	种	道	者，	入	除	遣	道，	着	

举要言为三五十五种觉受也。三种道者，除遣入道，

8.1

[illegible]	[illegible]	[illegible]，	[illegible]	[illegible]	[illegible]	[illegible]	[illegible]	[illegible]。	[illegible]
lej^{2}	phja^{1}	tśja^{1}	ljij^{2}	po^{1}	tjɨ^{1}	tśja^{1}	ŋwu^{2}	ljɨ^{1}	nioow^{1}
变	断	道，	大	［菩］	［提］	道	是	也。	又
[illegible]	[illegible]	[illegible]	[illegible]	[illegible]，	[illegible]、	[illegible]	[illegible]	[illegible]，	
sọ^{1}	mə^{2}	dwewr^{2}	lhjij^{2}	tja^{1}	lew^{1}	ljụ^{2}	dwewr^{2}	lhjij^{2}	
三	种	觉	受	者，	一、	身	觉	受，	

断变着道，大菩提道也。又三种觉受者，一、身觉受，

8.2

[illegible]、	[illegible]	[illegible]	[illegible]，	[illegible]、	[illegible]	[illegible]	[illegible]	[illegible]	[illegible]。
njɨɨ^{2}	njiij^{1}	dwewr^{2}	lhjij^{2}	sọ^{1}	mjiij^{1}	dwewr^{2}	lhjij^{2}	ŋwu^{2}	ljɨ^{1}
二、	心	觉	受，	三、	梦	觉	受	是	也。
[illegible]	[illegible]	[illegible]	[illegible]	[illegible]	[illegible]，	[illegible]、	[illegible]	[illegible]	
nioow^{1}	sọ^{1}	mə^{2}	nioow^{1}	śjwo^{1}	tja^{1}	lew^{1}	ljɨ^{1}	lhjwo^{1}	
又	三	种	缘	起	者，	一、	风	回	

二、心觉受，三、梦觉受也。又三缘起者，一、回风

8.3

[illegible]	[illegible]，	[illegible]、	[illegible]	[illegible]	[illegible]	[illegible]，	[illegible]、	[illegible]	[illegible]
nioow^{1}	śjwo^{1}	njɨɨ^{2}	ljij^{2}	dźju^{1}	nioow^{1}	śjwo^{1}	sọ^{1}	mjiij^{1}	·jij^{1}
缘	起，	二、	见	显	缘	起，	三、	梦	相
[illegible]	[illegible]	[illegible]	[illegible]。	[illegible]	[illegible]	[illegible]	[illegible]	[illegible]，	
nioow^{1}	śjwo^{1}	njɨ^{2}	ŋwu^{2}	nioow^{1}	sọ^{1}	mə^{2}	low^{2}	tja^{1}	
缘	起	等	是。	又	三	种	暖	者，	

缘起，二、见相缘起，三、梦相缘起也。又三暖相者，

8.4

[illegible]、	[illegible]	[illegible]	[illegible]	[illegible]	[illegible]，	[illegible]、	[illegible]	[illegible]	[illegible]
lew¹	mə²	seew²	śji¹	śjɨ¹	low²	njɨɨ²	gjɨɨ¹	kięj²	śioo¹
一、	诸	念	前	行	暖，	二、	九	界	集
[illegible]	[illegible]，	[illegible]、	[illegible]	[illegible]	[illegible]	[illegible]	[illegible]	[illegible]	[illegible]
dzjɨ̣²	low²	sọ¹	tser¹	low¹	dwər²	dźjaa¹	low²	njɨ²	ŋwu²
聚	暖，	三、	点	明	燃	烧	暖	等	是

一、诸念前行暖相，二、九界集聚暖相，三、明点燃烧暖相

8.5

[illegible]。	[illegible]	[illegible]	[illegible]	[illegible]	[illegible]	[illegible]，	[illegible]、	[illegible]	[illegible]
ljɨ¹	nioow¹	sọ¹	mə²	ka²	·jiij¹	tja¹	lew¹	tsjiir²	rjar¹
也。	又	三	种	等	持	者，	一、	性	得
[illegible]	[illegible]	[illegible]	[illegible]，	[illegible]、	[illegible]	[illegible]	[illegible]	[illegible]	
mə²	njijr²	ka²	·jiij¹	njɨɨ²	·jij¹	tsjiir²	ɣiej¹	ŋa¹	
种	诸	等	持，	二、	自	性	真	空	

也。又三种等持者，一、种种性等持，二、自性空

8.6

[illegible]	[illegible]，	[illegible]、	[illegible]	[illegible]	[illegible]	[illegible]	[illegible]	[illegible]	[illegible]	[illegible]。
ka²	·jiij¹	sọ¹	·jij¹	kwər¹	lọ²	·o²	ka²	·jiij¹	ŋwu²	ljɨ¹
等	持，	三、	自	体	双	融	等	持	是	也。
[illegible]	[illegible]	[illegible]	[illegible]	[illegible]	[illegible]	[illegible]	[illegible]	[illegible]	[illegible]，	[illegible]
thjɨ²	sju²	bjuu²	bju¹	ɣạ²	ŋwə¹	mə²	dwewr²	lhjij²	tja¹	tjij¹
此	如	缩	依	十	五	种	觉	受	者，	或

等持，三、体性双融等持也。如此举要言为十五种觉受者，或

8.7

[illegible]	[illegible]	[illegible]，	[illegible]	[illegible]	[illegible]	[illegible]，	[illegible]	[illegible]	[illegible]
tśjɨ1	bju1	śjwo1	tjij1	bjiij1	ŋwu2	śjwo1	ŋowr2	ŋowr2	ka2
次	依	生，	或	违	以	生，	一	切	等
[illegible]	[illegible]	[illegible]	[illegible]	[illegible]	[illegible]	[illegible]	[illegible]	[illegible]，	[illegible]
·jiij1	ŋwu2	nwə1	tsjij2	zjịj1	to2	śjwo1	śjij1	bju1	kụ1
持	是	认	知	时	生	起	所	依，	松
依次而生，或非依次而生，所认持所生一切等持，									

8.8

[illegible]	[illegible]	[illegible]	[illegible]	[illegible]	[illegible]	[illegible]。			
wją2	tji1	·wọ2	ŋwu2	tśja1	śjɨj1	phji1			
放	莫	义	以	道	成	令。			
需警觉于道也。									

二、觉受相之三种第一依者，“瑜伽师”谓。此亦有三种法。一、殊胜身法者，五根完全，所以下云依殊胜身也。此师意云：根不全者，持明禁戒，不得圆满生也。如别解脱禁戒者，黄门[1]等不能生。其依生者，必须三河洲[2]男及女人。今亦如是，不具根及黄门等不能发生第三灌觉。密咒宗及般若乘[3]二者，修法不同。密咒法者，以缘起和身为道；般若乘者，净炼心以为道也。依彼密咒法，不具根者，发生降智时觉受，不生三种上灌觉受[4]故，不能作狮解脱手印，及不能作瑜伽妙用，境甘露亦不能也。然俾使密咒缘生故云如法和合，必须五根具足之身也。二、清净心法者，此复有三：一、以闻思清净心者，始从外道背法乃至闻思般若乘。若以闻思而未净心，则于理不能发生决定心也。二、以戒学清净心者，应以彼别解脱戒及菩萨戒二种清净其心。若无彼二种，则不为能生持明禁戒之所依故也。三、以灌顶清净心者，因时四种灌顶以令心成熟；若未以灌成熟，则不作闻受要门之根

器[5]故也。三、生觉受法者，于自心生觉受也。第二因者，“等持”谓。依念定之力密缘生，脉字大宝宫殿有如去内缘生，依心阳风阴十种摄受也。第三相者，“觉受相”谓。此举要言为三五[6]十五种觉受也。三种道者，除遣入道，断变着道，大菩提道也。又三种觉受者，一、身觉受，二、心觉受，三、梦觉受也。又三缘起者，一、回风缘起，二、见相缘起，三、梦相缘起也。又三暖相者，一、诸念前行暖相，二、九界集聚暖相，三、明点[7]燃烧暖相也。又三种等持者，一、种种性等持，二、自性空等持，三、体性双融等持也。如此举要言为十五种觉受者，或依次而生，或非依次而生，所认持所生一切等持，需警觉于道也。

注释：

［1］“黄门”，西夏文作“[illegible]”，直译“黄门”。其在《真实相应大本续》中对应藏文 ma ning。梵文作 Paṇḍaka，汉文文献译作般荼迦、半择迦等，指男性和女性之外的中性人，俗称“阉人”。

［2］“河洲”，西夏文作“[illegible]”，字面意思是“河圆”。此译法还可见于西夏文译本《吉祥》等。

［3］“般若乘”，指显教的大乘，全称当作“般若波罗蜜多乘”。般若，音译梵文 Prajñā，藏文作 shes rab，义为智慧；波罗蜜多，音译梵文 Pāramitā，藏文作 pha rol tu phyin pa，义为到达彼岸。西夏文译作“[illegible]”（到彼岸乘）。“到彼岸”显然译自“波罗蜜多”，或是因其所据底本就将“般若波罗蜜多”省译为“波罗蜜多”。但由于“般若波罗蜜多”常简称为“般若”，此处采用《延晖集》之译法“般若乘”。

［4］“三种”，西夏文作“[illegible]”，该字表示多数。据《逐难记》和《延晖集》知其为“三种”。“上灌觉受”，《延晖集》作“胜灌觉受”。

［5］“根器”，西夏文作“[illegible]”，字面意思是“器袋”。指众生的资质、禀赋和对佛法之堪能性。根分上、中、下三等。这一译法还可见于西夏文译本《能照无明》和《中有身要门》。

［6］“三五”，五类各三种。“五”指三道、三觉受、三缘起、三暖相和三等持五大类；“三”为每一类下面的具体三种。

［7］“明点”，西夏文直译作“[illegible]”，对应藏文 thig le。

8.8

[illegible]、	[illegible]	[illegible]	[illegible]	[illegible]	[illegible]	[illegible]	[illegible]	[illegible]	[illegible]	[illegible]	[illegible]，
sọ[1]	gji[1]	sej[1]	dźju[1]	śja[2]	·jij[1]	sọ[1]	kha[1]	lew[1]	bju[1]	tjị[2]	tja[1]
三、	清	净	显	现	之	三	中	一	依	所	者，
三、清净相之三种第一依者，											

8.9

[illegible]	[illegible]	[illegible]	[illegible]。	[illegible]	[illegible]	[illegible]	[illegible]：	[illegible]、	[illegible]
rejr[2]	bjiij[2]	njɨ[2]	·jɨ[2]	thjɨ[2]	tsjɨ[1]	ljɨɨr[1]	mə[2]	lew[1]	djɨr[2]
善	逝	等	谓。	此	亦	四	种：	一、	外
[illegible]	[illegible]	[illegible]	[illegible]，	[illegible]、	[illegible]	[illegible]	[illegible]	[illegible]	
·jij[1]	bju[1]	rejr[2]	bjiij[2]	njɨɨ[2]	·u[2]	ŋwəə[1]	bju[1]	rejr[2]	
形	依	善	逝，	二、	内	咒	依	善	
“善逝”等谓。此亦四种：一、外形善逝，二、内咒善									

8.10

[illegible]，	[illegible]、	[illegible]	[illegible]	[illegible]	[illegible]	[illegible]	[illegible]	[illegible]；
bjiij[2]	sọ[1]	dwuu[2]	po[1]	tjɨj[1]	njiij[1]	bju[1]	rejr[2]	bjiij[2]
逝，	三、	密	［菩］	［提］	心	依	善	逝；
[illegible]、	[illegible]	[illegible]	[illegible]	[illegible]	[illegible]	[illegible]	[illegible]	[illegible]
ljɨɨr[1]	njɨ[2]	dźjwa[1]	ɣiej[1]	dwewr[2]	bju[1]	rejr[2]	bjiij[2]	njɨ[2]
四、	至	竟	实	觉	依	善	逝	等
逝，三、密菩提心善逝，四、究竟实善逝								

8.11

[illegible]。	[illegible]	[illegible]	[illegible]，	[illegible]	[illegible]	[illegible]	[illegible]	[illegible]	[illegible]
ŋwu^{2}	lew^{1}	tsew^{2}	tja^{1}	njɨɨ^{2}	lhə	tśja^{1}	·u^{2}	rejr^{2}	bju^{1}
是。	一	第	者，	二	足	道	内	善	依
[illegible]	[illegible]。	[illegible]	[illegible]，	[illegible]	[illegible]	[illegible]	[illegible]	[illegible]	
bjiij^{2}	ŋwu^{2}	thjɨ^{2}	tja^{1}	sej^{1}	ljɨj^{2}	dzju^{2}	·jij^{1}	·jwɨr^{1}	
逝	是。	此	者，	净	瓶	主	之	形	
也。第一者，依二种资粮之道善逝也。此者，修净瓶灌									

8.12

[illegible]	[illegible]	[illegible]	[illegible]	[illegible]，	[illegible]	[illegible]	[illegible]。	[illegible]	[illegible]
·jij^{1}	tśja^{1}	lə	djɨj^{2}	tja^{1}	ljo^{1}	lhə	ŋwu^{2}	thja^{1}	ŋwu^{2}
相	道	念	定	者，	福	足	是。	其	以
[illegible]	[illegible]	[illegible]	[illegible]	[illegible]	[illegible]	[illegible]	[illegible]	[illegible]	[illegible]
gjị^{2}	zjij^{1}	ljij^{2}	śjij^{1}	·jij^{1}	kwər^{1}	so̩^{1}	ŋwu^{2}	seew^{2}	mjij^{1}
依	时	见	解	自	体	三	以	念	无
事相之道者，是福资粮。由其所依而无念生三体性见									

8.13

[illegible]	[illegible]，	[illegible]	[illegible]	[illegible]。	[illegible]	[illegible]	[illegible]，	[illegible]	[illegible]
śjwo^{1}	tja^{1}	sjij^{2}	lhə	ŋwu^{2}	njɨɨ^{2}	tsew^{2}	tja^{1}	gu^{2}	źjɨr^{2}
生	者，	智	足	是。	二	第	者，	中	脉
[illegible]	[illegible]	[illegible]	[illegible]	[illegible]	[illegible]。	[illegible]	[illegible]，	[illegible]	[illegible]
tśja^{1}	·u^{2}	rejr^{2}	bju^{1}	bjiij^{2}	ŋwu^{2}	thjɨ^{2}	tja^{1}	dwuu^{2}	dzju^{2}
道	内	善	依	逝	是。	此	者，	密	主
者，为智资粮。第二者，由内中脉道善逝也。此者，得修密灌									

8.14

[illegible]	[illegible]	[illegible]	[illegible]	[illegible]	[illegible]	[illegible]	[illegible]	[illegible]，	[illegible]
rjir¹	zjịj¹	·jij¹	ɣjiw¹	ɣiwej¹	tśja¹	lə	djɨj²	·wji¹	bju¹
得	时	自	摄	受	道	念	定	为，	依
[illegible]	[illegible]	[illegible]	[illegible]	[illegible]	[illegible]	[illegible]	[illegible]	[illegible]	
tjij²	dźiej²	mjii¹	do²	ljɨ¹	njiij¹	śioo¹	zjịj¹	gu²	
脐	轮	宫	处	风	心	集	时	中	
自摄受道，由是风心集于脐轮而									

8.15

[illegible]	[illegible]	[illegible]，	[illegible]	[illegible]	[illegible]	[illegible]	[illegible]	[illegible]	[illegible]
źjɨr²	·u²	·o²	thja¹	ɣa²	gjị²	ŋwu²	swew¹	ŋa¹	·jij¹
脉	内	入，	彼	于	依	以	照	空	自
[illegible]	[illegible]	[illegible]	[illegible]	[illegible]。	[illegible]	[illegible]	[illegible]，	[illegible]	[illegible]
to²	ka²	·jiij¹	śjwo¹	ljɨ¹	sọ¹	tsew²	tja¹	dẹ¹	·jij¹
生	等	持	起	也。	三	第	者，	母	之
入中脉，以此发起自生照空等持也。第三者，依母									

8.16

[illegible]	[illegible]	[illegible]	[illegible]	[illegible]	[illegible]	[illegible]。	[illegible]	[illegible]，	[illegible]
ŋa¹	mjii¹	·u²	rejr²	bju¹	bjiij²	ŋwu²	thjɨ²	tja¹	źjɨr¹
空	宫	内	善	依	逝	是。	此	者，	慧
[illegible]	[illegible]	[illegible]	[illegible]①	[illegible]，	[illegible]	[illegible]	[illegible]	[illegible]	[illegible]
sjij²	dzju²	djɨ²	rjir²	zjịj¹	gu²	tśjị¹	dźiej²	tśier¹	·ju²
智	主	△	得	时，	中	围	轮	方	便
空宫善逝也。此者，得智慧灌，修中围轮方便									

① 前后文及 4528 号均为“[illegible]”字，但二者同音同义，应可通用。

8.17

[illegible]	[illegible]	[illegible]	[illegible]，	[illegible]	[illegible]	[illegible]	[illegible]	[illegible]，	[illegible]
tśja^{1}	lə	djɨj^{2}	·wji^{1}	bju^{1}	so̱^{1}	mə^{2}	dzow^{1}	ŋwej^{2}	ljɨɨr^{1}
道	念	定	为，	依	三	种	和	合，	四
[illegible]	[illegible]	[illegible]	[illegible]	[illegible]	[illegible]	[illegible]，	[illegible]	[illegible]	
mə^{2}	kjɨ̱^{2}	phjoo^{2}	ɣa^{2}	bju^{1}	gji̱^{2}	zjij^{1}	so̱^{1}	de^{2}	
种	和	合	于	依	靠	时，	三	喜	
道，依三种和合，或依四种相合，于三喜									

8.18

[illegible]	[illegible]	[illegible]	[illegible]	[illegible]	[illegible]	[illegible]	[illegible]。	[illegible]	[illegible]
·jij^{1}	twụ^{1}	ka^{2}	wee^{1}	de^{2}	gu^{1}	śjwo^{1}	ljɨ^{1}	ljɨɨr^{1}	tsew^{2}
之	处	同	生	喜	起	生	也。	四	第
[illegible]，	[illegible]	[illegible]	[illegible]	[illegible]	[illegible]	[illegible]	[illegible]	[illegible]	
tja^{1}	njɨ^{2}	dźjwa^{1}	ɣiej^{1}	tsjiir^{2}	so̱^{1}	bie^{2}	lhew^{2}	ɣa^{1}	
者，	至	竟	实	性	三	解	脱	门	
处发同生喜也。第四者，究竟实性三解脱门									

8.19

[illegible]	[illegible]	[illegible]	[illegible]	[illegible]	[illegible]。	[illegible]	[illegible]，	[illegible]	[illegible]
tśja^{1}	·u^{2}	rejr^{2}	bju^{1}	bjiij^{2}	ŋwu^{2}	thjɨ^{2}	tja^{1}	ljɨɨr^{1}	tsew^{2}
道	内	善	依	逝	是。	此	者，	四	第
[illegible]	[illegible]	[illegible]	[illegible]，	[illegible]	[illegible]	[illegible]	[illegible]	[illegible]	
dzju^{2}	djɨ^{2}	rjir^{1}	zjij^{1}	ɣjɨ̱^{1}	njij^{2}	bju^{1}	pa^{1}	tśja^{1}	
主	△	得	时，	石	王	依	波	道	
道善逝也。此者，得第四灌，修金刚波浪道，									

8.20

㣝	㑊，	𗗙	𗐱	𗽃，	𗆐	𗗙	𗄼	𗙼	𗐱
lə	djɨj^2	bju^1	sọ^1	źjɨr^2	ɣa^2	bju^1	gjị^2	zjịj^1	sọ^1
念	定，	依	三	脉，	于	依	靠	时	三
𗐱	𗂧	𗍁	𗕊	𗗙	𗓢	𗡪	𗕘	𗃦	𗟻
mə^2	bie^2	lhew^2	ɣa^1	bju^1	rejr^2	ŋa^1	phju^2	gu^1	śjwo^1
种	解	脱	门	依	乐	空	上	发	生

依三道脉，发生三解脱门最上空乐

8.21

𗅁。	𗏁	𗟲	𗏹	𗴼	𗂸	𗬩，	𗏁	𗠁	𗍊
ljɨ^1	ljụ^2	ŋwuu^1	phji^1	sji^1	mjij^1	tja^1	ljụ^2	dwuu^2	seew^2
也。	身	语	意	尽	无	者，	身	密	思
𗌮	𗃛	𗂸，	𗖵	𗉘①	𗏡	𗗿	𗇂	𗄊，	
tshjiij^1	tjị^2	mjij^1	tha^1	·jij^1	tśjiw^2	dzja^1	bji^1	mjɨ^1	
言	可	不，	佛	之	顶	髻	光	无，	

也。身语意无尽者，身密不可思议，佛之顶髻不显，

8.22

𗖊	𗓁	𗏁	𗅉	𗅉	𗇋	𗬓	𗅁；	𗟲	𗠁
tśhjɨ^1	ljij^2	ljụ^2	ŋowr^2	ŋowr^2	do^2	njɨ^2	ljɨ^1	ŋwuu^1	dwuu^2
其	见	身	一	切	处	至	也；	语	密
𗍊	𗌮	𗃛	𗂸，	𗖵	𗉘	𗟲	𗑗	𗄊	𗏇，
seew^2	tshjiij^1	tjị^2	mjij^1	tha^1	·jij^1	ŋwuu^1	kaar^1	mjɨ^1	njwi^2
思	言	可	不，	佛	之	语	量	无	能，

其身至一切处也；语密不可思议，佛之语量无能执，

① 4528 号无此字。

8.23

[illegible]	[illegible]	[illegible]	[illegible]	[illegible]	[illegible]；	[illegible]	[illegible]	[illegible]	[illegible]	[illegible]
ŋwuu^{1}	ŋowr^{2}	ŋowr^{2}	do^{2}	njɨ^{2}	ljɨ^{1}	phji^{1}	dwuu^{2}	seew^{2}	tshjiij^{1}	tjị^{2}
语	一	切	处	至	也；	意	密	思	言	可
[illegible]，	[illegible]	[illegible]	[illegible]	[illegible]	[illegible]①，	[illegible]	[illegible]	[illegible]	[illegible]	[illegible]
mjij^{1}	tha^{1}	·jij^{1}	phji^{1}	bji^{1}	mjɨ^{1}	tśhjɨ^{1}	tsjij^{2}	phji^{1}	ŋowr^{2}	ŋowr^{2}
不，	佛	之	意	光	无，	其	知	意	一	切
语至一切处也；意密不可思议，佛之意不显，其意至一切										

9.1

[illegible]	[illegible]	[illegible]。	[illegible]	[illegible]	[illegible]	[illegible]，	[illegible]	[illegible]	
do^{2}	njɨ^{2}	ljɨ^{1}	ljuu^{2}	tshjij^{2}	·jɨ^{2}	tja^{1}	·jij^{1}	tsjij^{1}	
处	至	也。	庄	严	谓	者，	自	他	
[illegible]	[illegible]	[illegible]	[illegible]	[illegible]	[illegible]	[illegible]	[illegible]	[illegible]。	
gjịj^{1}	ɣie^{2}	śjɨj^{1}	·jiw^{2}	zji^{2}	kha^{1}	gjwi^{2}	śjwii^{2}	·jij^{1}	
利	益	成	就	最	中	句	合	之。	
处也。谓“庄严”者，成就自他利益中和合之。									

9.2

[illegible]	[illegible]	[illegible]，	[illegible]	[illegible]	[illegible]	[illegible]。	[illegible]	[illegible]	
·jɨ^{2}	dźiej^{2}	tja^{1}	dźiəj^{2}	dźjɨ	ŋwu^{2}	ljɨ^{1}	thjɨ^{2}	tsjɨ^{1}	
谓	轮	者，	为	行	是	也。	此	亦	
[illegible]	[illegible]	[illegible]	[illegible]，	[illegible]	[illegible]	[illegible]	[illegible]	[illegible]	
rar^{2}	deej^{1}	mji^{1}	ŋa^{1}	thjɨ^{2}	rjijr^{2}	sjij^{2}	dju^{1}	gjịj^{1}	
流	传	不	空，	此	愿	情	有	利	
谓“轮”者，行为是也。此亦轮转不止，连续不断做利益有情									

① 913 号无此字，脱。

9.3

緷	慨	㚟	緵	惞	㧗	豮。	栬	豰	緌
ɣie^{2}	dźiəj^{2}	dźjɨ	twẹ^{2}	mji^{1}	bja^{2}	·wji^{1}	njɨɨ^{2}	śjwo^{1}	·jiw^{1}
益	为	行	续	不	断	做。	二	起	因
𗒘，	𗧓	𗡪	𗕑	𗡞	𗷅	𗫂	𗡶	𘄴，	𗎫
tja^{1}	·jwɨr^{2}	mjor^{1}	mjij^{2}	lhjụ^{2}	śjwiw^{1}	bju^{1}	tshjiij^{1}	ljɨ^{1}	·u^{2}
者，	文	如	未	获	随	依	言	也，	内
之事业。二因者，依文未随获言，内									

9.4

𗉔	𗍫	豰	𗏁	𗪘	𗘂	𗫂	𗤶	𗒘	
djɨr^{2}	nioow^{1}	śjwo^{1}	ljɨɨr^{1}	mə^{2}	bjiij^{2}	bju^{1}	·o^{2}	tja^{1}	
外	缘	起	四	种	涉	依	入	者	
緌	𗧠。	𗐱	𗖵	𗂧	𗒘，	𗠁	𗖠	𗖵	
·jiw^{1}	ŋwu^{2}	sọ^{1}	dźju^{1}	śja^{2}	tja^{1}	gji^{1}	sej^{1}	dźju^{1}	
因	是。	三	显	现	者，	清	净	显	
外缘起四涉融入者也。三相者，“清净相”									

9.5

𗂧	𗟻	𘄴。	𗖖	𗅲	𗢏	𗡪	𗌭	𗰗	𗠉
śja^{2}	·jɨ^{2}	ljɨ^{1}	thjɨ^{2}	tsjɨ^{1}	bjuu^{2}	ku^{1}	tśhja^{2}	dwewr^{2}	śjɨj^{1}
现	谓	也。	此	亦	缩	则	正	觉	成
𗙼，	𗂸	𗗙	𗖰	𗍊	𗁅	𗎁	惞，	𗣫	
dzjɨj^{1}	rar^{2}	deej^{1}	iọ^{1}	mjij^{1}	do^{2}	dju^{1}	mji^{1}	zow^{2}	
时，	流	传	圆	寂	异	有	不，	执	
谓也。此举要言为正觉时，轮回圆寂无异，执									

9.6

[illegible]	[illegible]	[illegible]	[illegible]，	[illegible]	[illegible]	[illegible]	[illegible]	[illegible]	[illegible]
rar^{2}	iọ^{1}	lew^{1}	wjị^{1}	tha^{1}	ljɨ̣^{1}	sjij^{2}	dju^{1}	tja^{1}	lew^{2}
流	圆	一	味，	佛	及	情	有	者	所
[illegible]	[illegible]	[illegible]	[illegible]，	[illegible]	[illegible]	[illegible]	[illegible]	[illegible]	[illegible]
ljɨ̣^{1}	ŋwer^{1}	djị^{2}	sji^{2}	tśja^{1}	ljɨ̣^{1}	nioow^{1}	mjaa^{1}	lew^{1}	wjị^{1}
及	同	修	能，	道	及	后	果	一	味

轮圆一味，佛与有情同修，道与果一味，

9.7

[illegible]	[illegible]，	[illegible]	[illegible]	[illegible]	[illegible]，	[illegible]	[illegible]	[illegible]	[illegible]，
tśhja^{2}	ka^{2}	rjir^{1}	lhjo^{1}	njɨɨ^{2}	mjij^{1}	lhjwi^{1}	dźjɨɨr^{1}	njɨɨ^{2}	mjij^{1}
正	等，	得	失	二	无，	取	舍	二	无，
[illegible]	[illegible]	[illegible]	[illegible]	[illegible]	[illegible]	[illegible]	[illegible]	[illegible]	[illegible]，
seew^{2}	tshjiij^{1}	tjị^{2}	mjij^{1}	mjɨɨ^{2}	kięj^{2}	mjor^{1}	·ju^{2}	we^{2}	bju^{1}
思	言	可	不	境	界	如	前	为	依，

得失无二，取舍无二，如前不可思议境界，

9.8

[illegible]	[illegible]	[illegible]	[illegible]。	[illegible]、	[illegible]	[illegible]	[illegible]	[illegible]	[illegible]
ŋowr^{2}	ŋowr^{2}	sjij^{2}	ŋwu^{2}	njɨɨ^{2}	mər^{2}	sjij^{2}	twẹ^{2}	twẹ^{2}	tjịj^{1}
一	切	智	是。	二、	本	识	续	续	一
[illegible]	[illegible]	[illegible]，	[illegible]	[illegible]	[illegible]	[illegible]	[illegible]	[illegible]	[illegible]
ɣa^{2}	śiaa^{2}	ŋwu^{2}	sọ^{1}	mə^{2}	mər^{2}	twẹ^{2}	bju^{1}	dzju^{1}	neej^{2}
于	随	以，	三	种	本	续	依	训	示

一切智也。二、随顺本识相续不断，依三续训示

译文：

三、清净相之三种第一依者，“善逝”等谓。此亦四种：一、外形善逝，二、内咒善逝，三、密菩提心善逝，四、究竟实善逝也。第一者，依二种资粮之道善逝也。此者，修净瓶灌事相之道者，是福资粮。由其所依而无念生三体性见者，为智资粮。第二者，由内中脉道善逝也。此者，得修密灌自摄受道，由是风心集于脐轮而入中脉，以此发起自生照空等持也。第三者，依母空宫善逝也。此者，得智慧灌，修中围轮方便道，依三种[1]和合，或依四种[2]相合，于三喜处发同生喜也。第四者，究竟实性三解脱门道善逝也。此者，得第四灌，修金刚波浪道，依三道脉，发生三解脱门最上空乐也。身语意无尽者，身密不可思议，佛之顶髻不显，其身至一切处也；语密不可思议，佛之语量无能执，语至一切处也；意密不可思议，佛之意不显，其意至一切处也。谓“庄严”者，成就自他利益中和合之。谓“轮”者，行为是也。此亦轮转不止，连续不断做利益有情之事业。二因者，依文未随获言，内外缘起四涉融入[3]者也。三相者，“清净相”谓也。此举要言为正觉时，轮回圆寂无异，执轮圆一味，佛与有情同修，道与果一味，得失无二，取舍无二，如前不可思议境界，一切智也。

注释：

[1]《逐难记》释为“阴阳二脉、二风、菩提心”，《延晖集》作“脉、风、点”。

[2]《逐难记》释为“如二根和合，四种相合者是”，《延晖集》作“或是而依金刚莲等四种之合”。

[3]《延晖集》释为“一、瓶灌脉涉，二、密灌自涉，三、慧灌点涉，四、辞灌风涉”。

9.9

[illegible]	[illegible]	[illegible]	[illegible]：	[illegible]、	[illegible]	[illegible]	[illegible]	[illegible]	[illegible]，
tśja^{1}	tshjiij^{1}	·jij^{1}	djii^{1}	lew^{1}	zji^{2}	mjii^{1}	·jiw^{1}	mər^{2}	twẹ^{2}
道	言	之	三分：	一、	总	位	因	本	续，
[illegible]、	[illegible]	[illegible]	[illegible]	[illegible]	[illegible]，	[illegible]、	[illegible]	[illegible]	
njɨɨ^{2}	ljụ^{2}	tśier^{1}	·ju^{2}	mər^{2}	twẹ^{2}	sọ^{1}	ljij^{2}	lạ^{1}	
二、	身	方	便	本	续，	三、	大	手	

道之三分：一、含藏因本续，二、身方便本续，三、大手

9.10

[illegible]	[illegible]	[illegible]	[illegible]	[illegible]。	[illegible]	[illegible]	[illegible]	[illegible]：	[illegible]、
tjɨ̣j^{2}	mjaa^{1}	mər^{2}	twẹ^{2}	ŋwu^{2}	nioow^{1}	pha^{1}	mjiij^{1}	bju^{1}	lew^{1}
印	果	本	续	是。	又	别	名	依：	一、
[illegible]	[illegible]	[illegible]	[illegible]	[illegible]，	[illegible]、	[illegible]	[illegible]	[illegible]	
zji^{2}	mjii^{1}	tśhji^{2}	mər^{2}	twẹ^{2}	njɨɨ^{2}	ljụ^{2}	tshjiij^{1}	sji^{2}	
总	位	根	本	续，	二、	身	言	能	

印果本续也。又别名：一、含藏根本续，二、身释

9.11

[illegible]	[illegible]，	[illegible]、	[illegible]	[illegible]	[illegible]	[illegible]	[illegible]	[illegible]	[illegible]	[illegible]
mər^{2}	twẹ^{2}	sọ^{1}	ljụ^{2}	ŋwuu^{1}	phji^{1}	ɣjɨ̣^{1}	njij^{2}	mjaa^{1}	mər^{2}	twẹ^{2}
本	续，	三、	身	语	意	石	王	果	本	续
[illegible]。	[illegible]、	[illegible]	[illegible]	[illegible]	[illegible]	[illegible]	[illegible]	[illegible]	[illegible]：	
ŋwu^{2}	lew^{1}	zji^{2}	mjii^{1}	·jiw^{1}	mər^{2}	twẹ^{2}	·jij^{1}	tśhjiw^{1}	djii^{1}	
是。	一、	总	位	因	本	续	之	六	分：	

本续，三、身语意金刚果本续。一、含藏因本续之六分：

9.12

[illegible]、	[illegible]	[illegible]	[illegible]	[illegible]，	[illegible]、	[illegible]	[illegible]	[illegible]	[illegible]，
lew^{1}	bju^{1}	tjị^{2}	ljị^{1}	ŋwu^{2}	njɨɨ^{2}	bju^{1}	mjijr^{2}	ljị^{1}	ŋwu^{2}
一、	依	所	何	是，	二、	依	者	何	是，
[illegible]、	[illegible]	[illegible]	[illegible]	[illegible]	[illegible]	[illegible]	[illegible]，	[illegible]、	[illegible]
sọ^{1}	bju^{1}	tjị^{2}	bju^{1}	mjijr^{2}	mjii^{1}	dźjiij^{1}	śjij^{1}	ljɨɨr^{1}	zji^{2}
三、	依	所	依	者	宫	住	△，	四、	总

一、何为所依，二、何为能依，三、依所依仪，四、判为含

9.13

[illegible]①	[illegible]	[illegible]	[illegible]	[illegible]	[illegible]，	[illegible]、	[illegible]	[illegible]	[illegible]
mjii^{1}	·jiw^{1}	mər^{2}	twẹ^{2}	ŋwu^{2}	śjij^{1}	ŋwə^{1}	thja^{1}	do^{2}	rar^{2}
位	因	本	续	是	△，	五、	彼	处	流
[illegible]	[illegible]	[illegible]	[illegible]，	[illegible]、	[illegible]	[illegible]	[illegible]	[illegible]	[illegible]
iọ^{1}	tsjiir^{1}	ŋowr^{2}	śjij^{1}	tśhjiw^{1}	thja^{1}	tśhji^{2}	mər^{2}	twẹ^{2}	ŋwu^{2}
圆	法	俱	△，	六、	彼	根	本	续	是

藏因续，五、判俱轮圆法，六、判为根本续。

9.14

[illegible]。	[illegible]、	[illegible]	[illegible]	[illegible]	[illegible]	[illegible]，	[illegible]	[illegible]	[illegible]	[illegible]	[illegible]
śjij^{1}	lew^{1}	bju^{1}	tjị^{2}	ljị^{1}	ŋwu^{2}	tja^{1}	ŋwej^{2}	ɣjị^{1}	njij^{2}	mər^{2}	twẹ^{2}
△。	一、	依	所	何	是	者，	喜	石	王	本	续
[illegible]	[illegible]	[illegible]	[illegible]	[illegible]	[illegible]	[illegible]、	[illegible]、	[illegible]、	[illegible]	[illegible]	
kha^{1}	mjor^{1}	ljij^{2}	ŋowr^{2}	ŋowr^{2}	·jij^{1}	ljụ^{2}	ŋwuu^{1}	phji^{1}	njiij^{1}	ɣiej^{1}	
中	如	来	一	切	之	身、	语、	意、	心	真	

一、何为所依者，《喜金刚本续》中谓一切如来住于身、语、意、藏

① 913 号此处为"[illegible][illegible]"，倒。

9.15

[illegible]	[illegible]	[illegible]	[illegible]	[illegible]	[illegible]	[illegible]	[illegible]	[illegible]	[illegible]。	[illegible]
ɣjɨ̣^{1}	njij^{2}	tśhja^{2}	dẹ^{1}	·jij^{1}	bja^{2}	gja^{2}	·u^{2}	dźjiij^{1}	·jɨ^{2}	thjɨ^{2}
石	王	德	母	之	［末］	［遏］	内	住	谓。	此
[illegible]，	[illegible]	[illegible]	[illegible]	[illegible]	[illegible]	[illegible]	[illegible]	[illegible]、	[illegible]、	
tja^{1}	mjor^{1}	dju^{1}	gjij^{1}	ɣie^{2}	·wji^{1}	njwi^{2}	·jij^{1}	ljụ^{2}	ŋwuu^{1}	
者，	如	有	利	益	为	能	自	身、	语、	

金刚德母之末遏内也。此者，有如能自利身、语、

9.16

[illegible]	[illegible]	[illegible]	[illegible]	[illegible]	[illegible]	[illegible]	[illegible]	[illegible]	[illegible]。	[illegible]
phji^{1}	ljɨ̣^{1}	njiij^{1}	ɣiej^{1}	sjij^{2}	ljɨ^{1}	sju^{2}	ljɨɨr^{1}	mə^{2}	ŋwu^{2}	ljụ^{2}
意	及	心	真	智	风	如	四	种	是。	身
[illegible]	[illegible]	[illegible]，	[illegible]	[illegible]	[illegible]	[illegible]	[illegible]	[illegible]，	[illegible]	
ɣjɨ̣^{1}	njij^{2}	tja^{1}	gjij^{1}	ɣie^{2}	·wji^{1}	njwi^{2}	·jij^{1}	ljụ^{2}	thjɨ^{2}	
石	王	者，	利	益	为	能	自	身，	此	

意及藏智风如是四种也。身金刚者，能利自身，此

9.17

[illegible]	[illegible]，	[illegible]	[illegible]	[illegible]	[illegible]	[illegible]。	[illegible]	[illegible]	[illegible]	[illegible]，
tshu^{1}	tsə^{1}	ljɨ̣^{1}	sjij^{1}	sọ^{1}	źjɨr^{2}	ŋwu^{2}	ŋwuu^{1}	ɣjɨ̣^{1}	njij^{2}	tja^{1}
粗	色，	及	细	三	脉	是。	语	石	王	者，
[illegible]	[illegible]	[illegible]	[illegible]	[illegible]	[illegible]	[illegible]，	[illegible]	[illegible]	[illegible][①]	[illegible]
gjij^{1}	ɣie^{2}	·wji^{1}	njwi^{2}	ŋwuu^{1}	dạ^{2}	tshu^{1}	ljɨ̣^{1}	sjij^{1}	sọ^{1}	źjɨr^{2}
利	益	为	能	语	言	粗，	及	细	三	脉

粗为身腔，细为三脉也。语金刚者，能利言语为粗，细为三脉

① 4528 号脱此字。

9.18

[illegible]	[illegible]	[illegible]	[illegible]。	[illegible]	[illegible]	[illegible]	[illegible]，	[illegible]	[illegible]	[illegible]，
·u²	·jwɨr²	dji²	ŋwu²	phji¹	ɣjɨ̣¹	njij²	tja¹	tshu¹	kięj²	gji¹
内	文	字	是。	意	石	王	者，	粗	界	清，
[illegible]	[illegible]	[illegible]，	[illegible]	[illegible]	[illegible]	[illegible]	[illegible]	[illegible]	[illegible]①	
sej¹	tser¹	low¹	tsə̣¹	mə²	bju¹	lheew²	dzjo̧¹	ko¹	kjaa¹	
净	点	明，	色	诸	依	有	如	［光］	［嘎］	
字也。意金刚者，粗为清界，［细为］净明点，诸色有如光嘎										

9.19

[illegible]	[illegible]	[illegible]	[illegible]，	[illegible]	[illegible]	[illegible]	[illegible]	[illegible]	[illegible]，
lji¹	kjaa¹	dźjwow¹	ljwij¹	ljɨ̣¹	ljij²	ŋjow²	·u²	be²	bji¹
［哩］	［嘎］	鸟	颈，	及	大	海	内	日	光，
[illegible]	[illegible]	[illegible]	[illegible]	[illegible]	[illegible]	[illegible]。	[illegible]	[illegible]	[illegible]
ljɨ̣¹	wor¹	le²	mjiij¹	tsə̣¹	sju²	ljɨ¹	njiij¹	ɣiej¹	ɣjɨ̣¹
及	孔	雀	尾	色	如	也。	心	真	石
哩嘎鸟颈，大海日光，及孔雀尾色也。藏金									

9.20

[illegible]	[illegible]，	[illegible]	[illegible]	[illegible]	[illegible]	[illegible]	[illegible]	[illegible]	[illegible]，	[illegible]
njij²	tja¹	thja¹	ŋewr²	ŋowr²	ŋowr²	·jij¹	dzju²	ljij¹	mjijr²	lji¹
王	者，	彼	数	一	切	之	主	宰	者，	风
[illegible]	[illegible]。	[illegible]、	[illegible]	[illegible]	[illegible]	[illegible]	[illegible]，	[illegible]	[illegible]	
ŋwu²	ljɨ¹	njɨɨ²	bju¹	mjijr²	ljɨ̣¹	ŋwu²	tja¹	sjij¹	phiaa²	
是	也。	二、	依	者	何	是	者，	细	分	
刚者，主宰一切彼者，是风也。二、何为能依者，细分										

① 913 号此处多“[illegible]”（鸽）字，衍。

9.21

[illegible]	[illegible]	[illegible]	[illegible]	[illegible]	[illegible]	[illegible]①	[illegible]	[illegible]	[illegible]	[illegible]
sjij^{1}	mjor^{1}	dźjiij^{1}	sjij^{2}	mə^{2}	mə^{2}	dwewr^{2}	tśjɨ^{1}	mə^{2}	mə^{2}	dwewr^{2}
今	现	在	识	种	种	觉	悟	种	种	觉
[illegible]，	[illegible]	[illegible]	[illegible]	[illegible]。	[illegible]	[illegible]	[illegible]	[illegible]	[illegible]	[illegible]
lhjij^{2}	thjɨ^{2}	mjor^{1}	tja^{1}	ŋwu^{2}	thjɨ^{2}	·jij^{1}	ŋwer^{1}	tsjiir^{1}	kha^{1}	rjɨr^{2}
受，	此	如	者	是。	此	之	对	法	中	所

现今识种种觉悟种种觉受，如此是也。此之依对法中所

9.22

[illegible]	[illegible]	[illegible]	[illegible]	[illegible]	[illegible]	[illegible]	[illegible]	[illegible]	[illegible]	[illegible]
tshjiij^{1}	sju^{2}	zur^{2}	tśhja^{2}	wo^{2}	ŋwu^{2}	thju^{1}	thju^{1}	phji^{1}	mji^{1}	·jow^{2}
言	如	敕	正	理	以	真	实	令	不	样
[illegible]。	[illegible]、	[illegible]	[illegible]	[illegible]	[illegible]	[illegible]	[illegible]	[illegible]	[illegible]，	
ljɨ^{1}	sọ^{1}	bju^{1}	tjị^{2}	bju^{1}	mjijr^{2}	mjii^{1}	dźjiij^{1}	śjij^{1}	tja^{1}	
也。	三、	依	所	依	者	宫	住	△	者，	

言如敕正理不真实样也。三、依所依仪者，

9.23

[illegible]	[illegible]	[illegible]	[illegible]	[illegible]，	[illegible]	[illegible]	[illegible]	[illegible]	[illegible]
śji^{1}	ljɨɨr^{1}	mə^{2}	bju^{1}	tjị^{2}	ljị^{1}	bju^{1}	mjijr^{2}	zji^{2}	mjii^{1}
前	四	种	依	所，	及	依	者	总	位
[illegible]，	[illegible]	[illegible]	[illegible]	[illegible]	[illegible]	[illegible]	[illegible]	[illegible]	[illegible]
sjij^{2}	njɨɨ^{2}	śji^{1}	kụ^{1}	mji^{1}	do^{2}	ka^{2}	śjɨj^{1}	bju^{1}	mjii^{1}
识，	二	前	后	无	异	同	成	依	宫

前四种所依，及能依含藏，前后同一成住而无异，

① 4528号作"[illegible]"，与"[illegible]"同音同义。

10.1

[illegible]	[illegible]，	[illegible]	[illegible]	[illegible]	[illegible]	[illegible]	[illegible]	[illegible]	[illegible]。	[illegible]、
dźjiij^1	ŋwu^2	dzjọ^1	wją^1	ljɨ̣^{1}	wją^1	·jij^1	lji^2	sju^2	ljɨ^1	ljɨɨr^1
住	是，	如	花	及	花	之	香	如	也。	四、
[illegible]	[illegible]	[illegible]	[illegible]	[illegible]	[illegible]	[illegible]	[illegible]，	[illegible]	[illegible]	
zji^2	mjii^1	·jiw^1	mər^2	twẹ^2	ŋwu^2	śjij^1	tja^1	zji^2	mjii^1	
总	位	因	本	续	是	△	者，	总	位	
如花与花香如是也。四、判为含藏因续者，“含藏										

10.2

[illegible]	[illegible]	[illegible]	[illegible]	[illegible]。	[illegible]	[illegible]	[illegible]	[illegible]	[illegible]	[illegible]，
·jiw^1	mər^2	twẹ^2	ɣa^2	·jɨ^2	thja^1	kha^1	zji^2	mjii^1	·jɨ^2	tja^1
因	本	续	于	谓。	其	中	总	位	谓	者，
[illegible]	[illegible]	[illegible]	[illegible]	[illegible]	[illegible]	[illegible]	[illegible]	[illegible]	[illegible]	
mjor^1	dźjiij^1	bju^1	tjị^2	bju^1	mjijr^2	njɨɨ^2	tja^1	rar^2	deej^1	
实	住	依	所	依	者	二	者	流	传	
因续”谓。其中谓“含藏”者，实所依能依二者为轮回										

10.3

[illegible]	[illegible]	[illegible]	[illegible]	[illegible]	[illegible]	[illegible]	[illegible]，	[illegible]	[illegible]
iọ^1	mjij^1	zjɨ̣^{2}	njɨɨ^2	·jij^1	mjii^1	we^2	bju^1	zji^2	mjii^1
圆	寂	俱	二	之	宫	成	依，	总	位
[illegible]	[illegible]。	[illegible]	[illegible]，	[illegible]	[illegible]	[illegible]	[illegible]	[illegible]	[illegible]。
·jɨ^2	ljɨ^1	·jiw^1	tja^1	mjor^1	dźjiij^1	bju^1	tjị^2	bju^1	mjijr^2
谓	也。	因	者，	实	住	依	所	依	者。
圆寂俱依止而住，谓含藏也。“因”者，实所依能依而住。									

10.4

[illegible]	[illegible]	[illegible]	[illegible]。	[illegible]	[illegible]	[illegible]，	[illegible]	[illegible]	[illegible]	[illegible]
thjɨ^{2}	ŋwə^{1}	mə^{2}	tja^{1}	nioow^{1}	rjir^{2}	ber^{2}	ku^{1}	ɣa̱^{2}	njɨɨ^{2}	ljɨ̣^{2}
此	五	种	者。	缘	与	遇，	则	十	二	地
[illegible]	[illegible]	[illegible]	[illegible]	[illegible]	[illegible]	[illegible]	[illegible]	[illegible]	[illegible]	
khwə^{1}	dzjɨj^{1}	tśhjaa^{1}	mjaa^{1}	ŋwə^{1}	lju̱^{2}	to^{2}	śjwo^{1}	phji^{1}	njwi^{2}	
半	时	于	果	五	身	生	起	使	善	

此有五种。遇逢缘，则于十二地半生五身佛果善

10.5

[illegible]	[illegible]	[illegible]。	[illegible]	[illegible]	[illegible]	[illegible]	[illegible]	[illegible]，	[illegible]
ɣie^{1}	dźjij^{2}	ljɨ^{1}	dzjo̱^{1}	·u̱^{2}	·u^{2}	śji^{2}	ljwi^{1}	tja^{1}	mjaa^{1}
力	有	也。	如	仓	内	谷	种	者，	果
[illegible]	[illegible]	[illegible]	[illegible]，	[illegible]	[illegible]	[illegible]；	[illegible]	[illegible]	[illegible]
śjwo^{1}	njwi^{2}	ɣie^{1}	dźjij^{2}	rjir^{2}	·a	tjɨj^{2}	nioow^{1}	dzjo̱^{1}	kię^{1}
生	善	力	有，	与	一	般；	又	如	金

力也。如仓内种子者，生善力果，与彼一般；又如

10.6

[illegible]	[illegible]	[illegible]	[illegible]	[illegible]，	[illegible]	[illegible]	[illegible]	[illegible]	[illegible]	[illegible]。
tsə̣^{1}	śjow^{1}	kię^{1}	we^{2}	phji^{1}	njwi^{2}	ɣie^{1}	dźjij^{2}	wjɨ^{2}	sju^{2}	ljɨ^{1}
药	铁	金	成	使，	善	力	有	已	如	也。
[illegible]	[illegible]	[illegible]	[illegible]，	[illegible]	[illegible]	[illegible]	[illegible]	[illegible]	[illegible]	
mər^{2}	twę^{2}	·jɨ^{2}	tja^{1}	sjij^{1}	sjij^{2}	dju^{1}	dzjɨj^{1}	ɣa^{2}	śjwo^{1}	
本	续	谓	者，	今	情	有	时	于	生	

铁药成金，如有善力也。谓“续”者，由有情位生

10.7

[illegible]	[illegible]	[illegible]	[illegible]	[illegible]	[illegible]，	[illegible]	[illegible]	[illegible]	[illegible]	[illegible]
nja^1	mjiij^1	ɣạ^2	njɨɨ^2	ljị^2	khwə^1	·jiw^1	ɣjị^1	njij^2	·jiij^1	ɣa^2
于	末	十	二	地	半，	因	石	王	持	于
[illegible]，	[illegible]	[illegible]	[illegible]	[illegible]	[illegible]	[illegible]	[illegible]	[illegible]。	[illegible]、	[illegible]
njɨ^2	mər^2	sjij^2	twẹ^2	twẹ^2	mji^1	bja^2	·jij^1	·jɨ^2	ŋwə^1	thja^1
至，	本	识	续	续	不	断	之	谓。	五、	彼
至末十二地半，因持金刚，本识相续不断也。五、										

10.8

[illegible]	[illegible]	[illegible]	[illegible]	[illegible]①	[illegible]	[illegible]，	[illegible]	[illegible]	[illegible]	[illegible]
do^2	rar^2	iọ^1	tsjiir^1	ŋowr^2	śjij^1	tja^1	rar^2	deej^1	iọ^1	mjij^1
处	流	圆	法	俱	△	者，	流	传	圆	寂
[illegible]	[illegible]	[illegible]。	[illegible]	[illegible]	[illegible]	[illegible]	[illegible]	[illegible]，	[illegible]	
ŋowr^2	lhə	·jɨ^2	thja^1	kha^1	rar^2	deej^1	·jij^1	·jiw^1	źjị^1	
俱	足	谓。	其	中	流	传	之	因，	烦	
判俱轮圆法者，“轮回涅槃俱足”谓。其中轮回之因，烦										

10.9

[illegible]	[illegible]	[illegible]	[illegible]，	[illegible]	[illegible]	[illegible]	[illegible]	[illegible]	[illegible]	[illegible]
njɨɨ^2	ljị^1	lạ^1	seew^2	nioow^1	mjaa^1	tśjị^1	rejr^2	njɨ^2	ŋowr^2	ŋowr^2
恼	及	妄	念，	后	果	苦	乐	等	一	切
[illegible]	[illegible]	[illegible]	[illegible]	[illegible]	[illegible]	[illegible]	[illegible]	[illegible]	[illegible]	
thja^1	mər^2	sjij^2	do^2	tsjiir^2	rjar^1	mji^1	lew^2	tjɨj^2	bju^1	
彼	本	智	处	性	允	不	同	仪	依	
恼及妄念，后苦乐等一切果于彼智处性气不同依仪。										

① 4528号另有“[illegible]”（足）字。

10.10

[illegible]。	[illegible]	[illegible]	[illegible]	[illegible]	[illegible]	[illegible]	[illegible]，	[illegible]	[illegible]	[illegible]
dju^{1}	ljɨ̣^{1}	ŋowr^{2}	lhə	io̱^{1}	mjij^{1}	·jij^{1}	tśja^{1}	tśja^{1}	nu^{1}	ɣa^{2}
有。	及	俱	足	圆	寂	之	道，	道	背	于
[illegible]	[illegible]	[illegible]	[illegible]，	[illegible]	[illegible]	[illegible]	[illegible]	[illegible]	[illegible]	
śjwo^{1}	njɨɨ^{2}	ŋa^{2}	mjij^{1}	ljɨ̣^{1}	ɣjɨ̣^{1}	njij^{2}	·ụ^{2}	bju^{1}	ljij^{1}	
生	二	我	无，	及	石	王	乘	依	增	

俱足圆寂道，于背道生无二我，依金刚乘增

10.11

[illegible]	[illegible]	[illegible]	[illegible]	[illegible]	[illegible]	[illegible]，	[illegible]①	[illegible]	[illegible]
dzja^{1}	dzjɨ̣^{2}	dźjwa^{1}	njɨ^{2}	ŋowr^{2}	ŋowr^{2}	tja^{1}	thja^{1}	·jij^{1}	tśhja^{2}
长	究	竟	等	一	切	者，	彼	之	德
[illegible]	[illegible]	[illegible]。	[illegible]	[illegible]	[illegible]	[illegible]	[illegible]	[illegible]	[illegible]
·ioow^{1}	bju^{1}	ŋowr^{2}	mjaa^{1}	bji^{2}	dźju^{2}	mjij^{1}	dzjar^{2}	njɨ^{2}	ɣa^{2}
功	依	俱。	果	下	劣	寂	空	等	于

长一切究竟者，彼之功德俱全。于下劣空寂等果

10.12

[illegible]	[illegible]	[illegible]	[illegible]	[illegible]	[illegible]②	[illegible]	[illegible]，	[illegible]	[illegible]	[illegible]
śjwo^{1}	ɣạ^{2}	so̱^{1}	tsew^{2}	ljɨ̣^{2}	tśhjaa^{1}	ŋwə^{1}	ljụ^{2}	thja^{1}	śjij^{1}	śjɨj^{1}
生	十	三	第	地	上	五	身，	其	△	成
[illegible]	[illegible]	[illegible]，	[illegible]③	[illegible]	[illegible]	[illegible]	[illegible]	[illegible]	[illegible]	
njɨ^{2}	ŋowr^{2}	ŋowr^{2}	thja^{2}	·jij^{1}	njwi^{2}	ɣie^{1}	tjɨj^{2}	bju^{1}	ŋowr^{2}	
等	一	切，	其	之	善	力	仪	依	俱	

十三地上生起五身，成一切等，依善力俱全

① 4528号为“[illegible]”。

② 4528号无此字。

③ 4528号为“[illegible]”。

10.13

[illegible]。	[illegible]、	[illegible]	[illegible]	[illegible]	[illegible]	[illegible]	[illegible]	[illegible]，	[illegible]	[illegible]
ljɨ¹	tśhjiw¹	thja¹	tśhji²	mər²	twẹ²	ŋwu²	śjij¹	tja¹	tśhji²	mər²
也。	六、	彼	根	本	续	是	△	者，	根	本
[illegible]	[illegible]	[illegible]	[illegible]。	[illegible]	[illegible]，	[illegible]	[illegible]	[illegible]	[illegible]	
twẹ²	ŋwu²	·jɨ²	ljɨ¹	thjɨ²	tja¹	ljụ²	tshjiij¹	sji²	mər²	
续	是	谓	也。	此	者，	身	言	能	本	
也。六、判为根本续者，“根本续”谓。此者，使身释本										

10.14

[illegible]	[illegible]	[illegible]	[illegible]	[illegible]	[illegible]	[illegible]	[illegible]	[illegible]	[illegible]
twẹ²	ɣa²	·jiw¹	nioow¹	dzow¹	ŋwej²	phji¹	bju¹	tśjɨ¹	tsjij²
续	于	因	缘	和	合	使	依	悟	晓
[illegible]	[illegible]，	[illegible]	[illegible]	[illegible]	[illegible]	[illegible]	[illegible]	[illegible]。	[illegible]、
lew²	tja¹	zji²	mjii¹	·jiw¹	mər²	twẹ²	ŋwu²	ljɨ¹	njɨɨ²
所	者，	总	位	因	本	续	是	也。	二、
续因缘和合所晓悟者，含藏因本续是也。									

译文：

二、随顺本识相续不断，依三续训示道之三分：一、含藏因本续[1]，二、身方便本续[2]，三、大手印果本续[3]也。又别名：一、含藏根本续，二、身释本续，三、身语意金刚果本续。一、含藏因本续之六分[4]：一、何为所依，二、何为能依，三、依所依仪，四、判为含藏因续，五、判俱轮圆法，六、判为根本续。

一、何为所依者，《喜金刚本续》中谓一切如来住于身、语、意、藏金刚德母之末遏内也。此者，有如能自利身、语、意及藏智风[5]如是四种也。身金刚者，能利自身，此粗为身腔，细为三脉也。语金刚者，能利言语为粗，细为三脉字也。意金刚者，粗为清界，[细为]净明点，诸色有如光嘎哩嘎乌[6]颈，大海日光，及孔雀尾色也。藏金刚者，主宰一切彼者，是风也。二、何为能依者，细分现今识种种觉悟种种觉受，如此是也。此之依对法中所言如敕正理不真实样也。三、依所依仪者，前四种所依，及能依含藏，前后同一成住而无异，如花与花香如是也。四、判为含藏因续者，“含藏因续”谓。其中谓“含藏”者，实所依能依二者为轮回圆寂俱依止而住，谓含藏也。“因”者，实所依能依而住。此有五种。遇逢缘，则于十二地半生五身佛果善力也。如仓内种子者，生善力果，与彼一般；又如铁药成金，如有善力也。谓“续”者，由有情位生至末十二地半，因持金刚，本识相续不断也。五、判俱轮圆法者，“轮回涅槃俱足”谓。其中轮回之因，烦恼及妄念，后苦乐等一切果于彼智处性气[7]不同依仪。俱足圆寂道，于背道生无二我，依金刚乘增长一切究竟者，彼之功德俱全。于下劣空寂等果十三地上生起五身，成一切等，依善力俱全也。六、判为根本续者，“根本续”谓。此者，使身释本续因缘和合所晓悟者，含藏因本续是也。

注释：

［1］“含藏因本续”，西夏文作“[illegible]”，字面意思是“总位因本续”，译自藏文 kun gzhi rgyu rgyud（含藏因本续）。“含藏”，梵文作Ālaya。

［2］“身方便本续”，西夏文直译作“[illegible]”，译自藏文 lus thabs rgyud（身方便本续）。

［3］“大手印果本续”，西夏文直译作“[illegible]”，译自藏文 phyag rgya chen po ’bras bu’i rgyud（大手印果本续）。

［4］《含藏》作“一、具陈所依，二、标指含藏，三、依所依仪，四、能所相属，五、判成因续，六、判成本续，七、配动静法”，《偈注》分别作“一、具陈所依，二、标指含藏，三、依所依法，四、能所相属，五、判因续轨，六、定择本续，七、

配轮涅法”。

［5］《含藏》作“身脉道、字婆伽、界甘露、藏智风”，《偈注》作“身脉、脉字、界甘露、气”。

［6］《含藏》作“锅葛力鸟”。

［7］“性气”，西夏文作“[illegible]”，字面意思是“性允”。在《番汉合时掌中珠》中对译“性气”。此译法也见于西夏文译本《吉祥》，对应藏文 mtshan nyid（性相、性气）。

10.15

[illegible]	[illegible]	[illegible]	[illegible]	[illegible]	[illegible]	[illegible]①	[illegible]：	[illegible]	[illegible]	[illegible]
lju̧^{2}	tśier^{1}	·ju^{2}	mər^{2}	twẹ^{2}	·jij^{1}	ŋwə^{1}	djii^{1}	lew^{1}	tśier^{1}	·ju^{2}
身	方	便	本	续	之	五	分：	一	方	便
[illegible]	[illegible]	[illegible]	[illegible]	[illegible]	[illegible]	[illegible]	[illegible]，	[illegible]	[illegible]	[illegible]
mər^{2}	twẹ^{2}	·jij^{1}	śji^{1}	ɣu^{1}	·jiw^{1}	dzju^{2}	tshjiij^{1}	njɨɨ^{2}	thja^{1}	rjir^{2}
本	续	之	前	初	因	主	言，	二	彼	相

二、身方便续之五分：一言方便续之初前因灌，二言彼相

10.16

[illegible]	[illegible]	[illegible]	[illegible]	[illegible]	[illegible]	[illegible]	[illegible]，	[illegible]	[illegible]
bej^{1}	wəə^{1}	tśja^{1}	njɨ^{2}	njɨɨ^{2}	ɣạ^{2}	mə^{2}	tshjiij^{1}	sọ^{1}	gu^{2}
系	属	道	等	二	十	种	言，	三	中
[illegible]	[illegible]	[illegible]	[illegible]	[illegible]	[illegible]，	[illegible]	[illegible]	[illegible]	
tjij^{1}	tśja^{1}	la^{1}	gjwi^{2}	dzjɨ̣^{2}	tshjiij^{1}	ljɨɨr^{1}	ŋwo^{2}	ljiij^{2}	
品	道	记	句	集	言，	四	损	坏	

属道等二十法，三言中品三昧耶道，四言

① 4528 号为汉字“五”。

10.17

[illegible]	[illegible]	[illegible]	[illegible]	[illegible]	[illegible]	[illegible]	[illegible]	[illegible]，	[illegible]
ku¹	ŋwə¹	ŋa¹	dźjij¹	do²	ŋwer¹	dji̹²	śjij¹	tshjiij¹	ŋwə¹
故	五	空	行	处	等	修	△	言，	五
[illegible]	[illegible]	[illegible]	[illegible]	[illegible]	[illegible]	[illegible]	[illegible]	[illegible]	[illegible]。
tśier¹	·ju²	mər²	twę²	·jij¹	phju²	śji¹	tśja¹	dzju²	tshjiij¹
方	便	本	续	之	上	前	道	主	言。

五空行处补阙，五言方便续之上前道灌。

10.18

[illegible]	[illegible]	[illegible]	[illegible][①]	[illegible]	[illegible]	[illegible]	[illegible]	[illegible]	[illegible]	[illegible]。	[illegible][②]
lew¹	tśier¹	·ju²	mər²	twę²	·jij¹	śji¹	ɣu¹	·jiw¹	dzju²	tshjiij¹	kha¹
一	方	便	本	续	之	前	初	因	主	言。	中
[illegible]	[illegible]	[illegible]	[illegible]	[illegible]	[illegible]	[illegible]，	[illegible]	[illegible]	[illegible]	[illegible]	
lju̹²	tśier¹	·ju²	mər²	twę²	·jɨ²	tja¹	zji²	mjii¹	·jiw¹	mər²	
身	方	便	本	续	谓	者，	总	位	因	本	

一言方便续之初前因灌。其中“身方便续”谓者，含藏因本

10.19

[illegible]	[illegible]	[illegible]	[illegible]	[illegible]	[illegible]	[illegible]，	[illegible]	[illegible]	[illegible]	[illegible]，
twę²	bju¹	tji̹²	bju¹	mjijr²	ŋwə¹	tja¹	sjwɨ¹	ljwi¹	mo²	·jiw¹
续	依	所	依	者	五	者，	种	子	或	因，
[illegible]	[illegible]	[illegible]	[illegible]	[illegible]	[illegible]，	[illegible]	[illegible]	[illegible]	[illegible]	
tjɨj²	bju¹	mjii¹	dźjiij¹	tśja¹	dzjɨj¹	lju̹²	ɣa²	nioow¹	śjwo¹	
仪	依	宫	住	道	时，	身	于	缘	起	

续所依能依五者，种子或因，依止而住修道时，于身缘

① 913 号脱。

② 4528 此处作“[illegible]，[illegible]”（……者，“身方便”等谓）。

10.20

[illegible]	[illegible]	[illegible]	[illegible]，	[illegible]	[illegible]	[illegible]	[illegible]	[illegible]	[illegible]	[illegible]
dzow^{1}	ŋwej^{2}	phji^{1}	bju^{1}	mjaa^{1}	ŋwə^{1}	ljụ^{2}	tśjɨ^{1}	tsjij^{2}	sji^{2}	tśier^{1}
和	合	使	依，	果	五	身	证	悟	能	方
[illegible]	[illegible]	[illegible]。	[illegible]	[illegible]	[illegible]，	[illegible]	[illegible]	[illegible]。	[illegible]	[illegible]
·ju^{2}	ŋwu^{2}	ljɨ^{1}	njɨ^{2}	·jɨ^{2}	tja^{1}	ɣjiw^{1}	·wọ^{2}	ŋwu^{2}	nioow^{1}	thjɨ^{2}
便	是	也。	等	谓	者，	摄	义	是。	又	此
和合，成悟证五身佛果方便是也。谓“等”者，摄义也。又此										

10.21

[illegible]	[illegible]	[illegible]	[illegible]	[illegible]	[illegible]	[illegible]	[illegible]。	[illegible]	[illegible]	[illegible]
ljụ^{2}	tshjiij^{1}	sji^{2}	mər^{2}	twẹ^{2}	tsjɨ^{1}	ŋwu^{2}	·jɨ^{2}	rjɨr^{2}	khju^{1}	phjoo^{2}
身	言	能	本	续	亦	是	谓。	以	下	合
[illegible]	[illegible]	[illegible]	[illegible]	[illegible]	[illegible]	[illegible]①，	[illegible]	[illegible]	[illegible]	
lew^{2}	ljụ^{2}	tśier^{1}	·ju^{2}	mər^{2}	twẹ^{2}	ŋwu^{2}	zji^{2}	mjii^{1}	·jiw^{1}	
所	身	方	便	本	续	是，	总	位	因	
亦谓身释续。以下所合身方便续，含藏因										

10.22

[illegible]	[illegible]	[illegible]，	[illegible]	[illegible]	[illegible]	[illegible]	[illegible]	[illegible]	[illegible]	[illegible]
mər^{2}	twẹ^{2}	tja^{1}	rar^{2}	iọ^{1}	·jij^{1}	mər^{2}	tśhji^{2}	ŋwu^{2}	tsjij^{2}	ljạ^{1}
本	续	者，	流	圆	之	本	根	是	悟	证
[illegible]	[illegible]。	[illegible]	[illegible]	[illegible]	[illegible]	[illegible]	[illegible]	[illegible]	[illegible]	[illegible]
nioow^{1}	ljɨ^{1}	lu^{2}	njɨ^{2}	khjɨ^{1}	njɨ^{2}	sọ^{1}	gji^{2}	ljɨɨr^{1}	ŋwu^{2}	·jiw^{1}
故	也。	座	等	足	等	三	各	四	以	因
本续者，悟证轮圆根本故也。以“座等足等四各三”										

① 4528 作“[illegible]”，913 该字涂黑重新作“[illegible]”，但从涂黑前的残留字形看，当同为“[illegible]”字。

10.23

[illegible]	[illegible]	[illegible]	[illegible]。	[illegible]	[illegible]	[illegible]	[illegible]	[illegible]，	[illegible]	[illegible]
dzju^{2}	rjɨr^{2}	tshjiij^{1}	·jɨ^{2}	kha^{1}	sọ^{1}	gji^{2}	ljɨɨr^{1}	tja^{1}	·jiw^{1}	dzjɨj^{1}
主	所	言	谓。	中	三	各	四	者，	因	时
[illegible]	[illegible]，	[illegible]	[illegible]	[illegible]	[illegible]	[illegible]	[illegible]：	[illegible]、	[illegible]	
ljɨɨr^{1}	dzju^{2}	ljɨ^{1}	ljɨ^{1}	sọ^{1}	gji^{2}	·wọ^{2}	dju^{1}	lew^{1}	dzju^{2}	
四	主，	一	一	三	各	义	有：	一、	主	

言因灌也。其中“四各三”者，因时四灌，每一各有三义：一、灌顶

11.1

[illegible]	[illegible]	[illegible]	[illegible]	[illegible]	[illegible]，	[illegible]、	[illegible]	[illegible]	[illegible]
wa^{2}	sju^{2}	gu^{2}	tśjị^{1}	do^{2}	ljạ^{1}	njɨɨ^{2}	rjir^{1}	lew^{2}	dzju^{2}
何	如	中	围	处	证，	二、	得	所	主
[illegible]	[illegible]	[illegible]	[illegible]，	[illegible]、	[illegible]	[illegible]	[illegible]	[illegible]	[illegible]
mjor^{1}	ljị^{1}	kjɨ^{1}	ŋwu^{2}	sọ^{1}	thja^{1}	dzju^{2}	ŋwu^{2}	wa^{2}	sju^{2}
如	何	已	是，	三、	彼	主	以	何	如

由何中围，二、所得何灌顶，三、以彼灌顶

11.2

[illegible]	[illegible]。	[illegible]	[illegible]	[illegible]	[illegible]	[illegible]	[illegible]	[illegible]	[illegible]	[illegible]
ror^{2}	sej^{1}	ljɨɨr^{1}	sọ^{1}	ŋwu^{2}	tshjiij^{1}	thja^{1}	kha^{1}	lu^{2}	njɨ^{2}	·jɨ^{2}
垢	净。	四	三	以	言	其	中	座	等	谓
[illegible]，	[illegible]	[illegible]	[illegible]	[illegible]	[illegible]	[illegible]。	[illegible]	[illegible]，	[illegible]	
tja^{1}	ljɨɨr^{1}	gu^{2}	tśjị^{1}	zji^{2}	rjir^{2}	phjoo^{2}	lu^{2}	tja^{1}	tha^{1}	
者，	四	中	围	皆	相	配。	座	者，	佛	

净何垢。以“四三”言其中“座等”者，皆配四中围。“座”者，佛

11.3

[illegible]	[illegible]	[illegible]	[illegible]	[illegible]	[illegible]，	[illegible]	[illegible]	[illegible]	[illegible]	[illegible]
ljɨ^{1}	dźiã^{2}	tsjij^{2}	lu^{2}	ŋwu^{2}	njɨ^{2}	kha^{1}	bju^{1}	dẹ^{1}	ljɨ^{1}	ŋwə^{1}
及	菩	萨	座	是	等，	中	明	母	及	天
[illegible]	[illegible]、	[illegible]	[illegible]	[illegible]	[illegible]	[illegible]	[illegible]	[illegible]	[illegible]	[illegible]
mja^{1}	lu^{2}	tshjạ^{1}	wjị^{2}	ljɨ^{1}	tshjạ^{1}	dẹ^{1}	lu^{2}	njɨɨ^{2}	mə^{2}	·jij^{1}
母	座、	怒	变	及	怒	母	座	二	种	之

及菩萨座等，乃摄其中明妃及天母座、忿怒及怒母座二种。

11.4

[illegible]	[illegible]。	[illegible]	[illegible]	[illegible]，	[illegible]	[illegible]	[illegible]	[illegible]	[illegible]	[illegible]
ɣjiw^{1}	·jij^{1}	njɨ^{2}	·jɨ^{2}	tja^{1}	dwuu^{2}	dzju^{2}	njɨ^{2}	sọ^{1}	mə^{2}	·jij^{1}
摄	乃。	等	谓	者，	密	主	等	三	种	之
[illegible]	[illegible]	[illegible]	[illegible]。	[illegible]	[illegible]	[illegible]	[illegible]	[illegible]	[illegible]，	
gu^{2}	tśjɨ^{1}	lu^{2}	ɣjiw^{1}	thja^{1}	kha^{1}	tśhja^{2}	dwewr^{2}	lu^{2}	tja^{1}	
中	围	座	摄。	其	中	正	觉	座	者，	

谓“等”者，摄密灌等三种中围座。其中正觉座者，

11.5

[illegible]	[illegible]	[illegible]	[illegible]	[illegible]	[illegible]	[illegible]	[illegible]	[illegible]	[illegible]，	[illegible]
gu^{2}	pjụ^{1}	ŋwə^{1}	sjwɨ^{1}	lu^{2}	ŋwu^{2}	gu^{2}	ka^{1}	we^{2}	ljɨ^{1}	po^{1}
中	尊	五	种	座	是	中	间	为	也，	［菩］
[illegible]	[illegible]	[illegible]	[illegible]	[illegible]	[illegible]	[illegible]	[illegible]	[illegible]	[illegible]	[illegible]，
tjɨj^{1}	kjir^{1}	sjij^{2}	lu^{2}	tja^{1}	·u^{2}	rjɨj^{2}	rjɨr^{2}	dzjɨj^{2}	tśhjaa^{1}	we^{2}
［提］	勇	识	座	者	内	周	去	隅	于	为，

主尊五座于中央，菩提萨埵座于内周，

11.6

[illegible]	[illegible]	[illegible]	[illegible]	[illegible]	[illegible]	[illegible]	[illegible]	[illegible]	[illegible]	[illegible]
bju^{1}	dẹ^{1}	lu^{2}	kha^{1}	sjij^{2}	bju^{1}	dẹ^{1}	·jij^{1}	lu^{2}	tja^{1}	gu^{2}
明	女	座	中	智	明	女	之	座	者	中
[illegible]	[illegible]	[illegible]	[illegible]	[illegible]，	[illegible]	[illegible]	[illegible]	[illegible]	[illegible]	[illegible]，
pjụ^{1}	rjir^{2}	·a	we^{2}	we^{2}	mjor^{1}	bju^{1}	dẹ^{1}	·jij^{1}	lu^{2}	tja^{1}
尊	与	一	处	为，	实	明	女	之	座	者，

明妃座中智慧明妃与主尊座于一处，实体明妃座者，

11.7

[illegible]	[illegible]	[illegible]	[illegible]	[illegible]	[illegible]	[illegible]	[illegible]	[illegible]	[illegible]，	[illegible]
sọ^{1}	mə^{2}	phju^{2}	dzju^{2}	lhjij^{2}	dzjɨj^{1}	źjɨ̣^{1}	rjɨr^{2}	dźjiij^{1}	phji^{1}	ŋwə^{1}
三	种	上	主	受	时	左	去	住	令，	天
[illegible]	[illegible]	[illegible]	[illegible]	[illegible]	[illegible]	[illegible]	[illegible]，	[illegible]	[illegible]	
mja^{1}	lu^{2}	tja^{1}	·u^{2}	rjɨj^{2}	rjɨr^{2}	dzjɨj^{2}	tśhjaa^{1}	kjir^{1}	·jiw^{2}	
母	座	者	内	周	去	隅	于，	勇	士	

三上灌时于左，天母座于内周，与勇父

11.8

[illegible]	[illegible]	[illegible]	[illegible]	[illegible]，	[illegible]	[illegible]	[illegible]	[illegible]	[illegible]
rjir^{2}	·a	we^{2}	we^{2}	ljɨ^{1}	tshjạ^{1}	wjị^{2}	tshjạ^{1}	dẹ^{1}	lu^{2}
与	一	处	为	也，	怒	变	怒	母	座
[illegible]	[illegible]	[illegible]	[illegible]	[illegible]	[illegible]	[illegible]。	[illegible]	[illegible]	[illegible]
tja^{1}	djɨr^{2}	rjɨj^{2}	rjɨr^{2}	dzjɨj^{2}	we^{2}	ljɨ^{1}	thjɨ^{2}	tja^{1}	gu^{2}
者	外	周	去	隅	为	也。	此	者	通

一处，忿怒及怒母座于外周也。此则通

11.9

[illegible]	[illegible]	[illegible]，	[illegible]	[illegible]	[illegible]	[illegible]	[illegible]，	[illegible]	[illegible]	[illegible]
bju^{1}	rjɨr^{2}	tshjiij^{1}	tjij^{1}	pha^{1}	rjir^{2}	phjoo^{2}	nji^{2}	ku^{1}	tsjij^{2}	ljɨ^{2}
依	所	言，	若	别	相	配	△，	则	悟	易
[illegible]	[illegible]	[illegible]	[illegible]	[illegible]	[illegible]。	[illegible]	[illegible]	[illegible]	[illegible]，	[illegible]
phju^{2}	rejr^{2}	dźiej^{2}	bju^{1}	tshjiij^{1}	ku^{1}	tśhja^{2}	dwewr^{2}	lu^{2}	tja^{1}	gu^{2}
上	乐	轮	依	言	故。	正	觉	座	者，	中

论，若依别配，则易悟上乐轮故。正觉座者，

11.10

[illegible]	[illegible]	[illegible]	[illegible]	[illegible]	[illegible]	[illegible]	[illegible]	[illegible]。	[illegible]	[illegible]
pjụ^{1}	ɣạ^{2}	njɨɨ^{2}	lạ^{1}	xa	rjur^{2}	kjaa^{1}	ŋwu^{2}	ljɨ^{1}	po^{1}	tjɨj^{1}
尊	十	二	手	［形］	［噜］	［噶］	是	也。	［菩］	［提］
[illegible]	[illegible]	[illegible]	[illegible]，	[illegible]	[illegible]	[illegible]	[illegible]	[illegible]	[illegible]	[illegible]
kjir^{1}	sjij^{2}	lu^{2}	tja^{1}	·u^{2}	rjɨr^{2}	dzjɨj^{2}	tśhjaa^{1}	njɨɨ^{2}	ɣạ^{2}	ljɨɨr^{1}
勇	识	座	者，	内	去	隅	于	二	十	四

十二手形噜噶主尊也。菩提萨埵座者，内隅二十四

11.11

[illegible]	[illegible]	[illegible]。	[illegible]	[illegible]	[illegible]	[illegible]，	[illegible]	[illegible]	[illegible]	[illegible]
kjir^{1}	·jiw^{2}	ŋwu^{2}	bju^{1}	dẹ^{1}	lu^{2}	tja^{1}	gu^{2}	pjụ^{1}	rjir^{2}	·a
勇	士	是。	明	女	座	者，	中	尊	与	一
[illegible]，	[illegible]	[illegible]	[illegible]	[illegible]	[illegible]。	[illegible]	[illegible]	[illegible]	[illegible]，	[illegible]
we^{2}	ɣjɨ̣^{1}	njij^{2}	gju^{1}	mja^{1}	ŋwu^{2}	ŋwə^{1}	mja^{1}	lu^{2}	tja^{1}	njɨɨ^{2}
处，	石	王	亥	母	是。	天	母	座	者，	二

勇父也。明妃座者，与主尊一处，金刚亥母也。天母座者，与二

11.12

[illegible]	[illegible]	[illegible]	[illegible]	[illegible]	[illegible]	[illegible],	[illegible]	[illegible]	[illegible]	[illegible]
ɣạ²	ljɨɨr¹	kjir¹	·jiw²	rjir²	·a	we²	njɨɨ²	ɣạ²	ljɨɨr¹	kjir¹
十	四	勇	士	与	一	处,	二	十	四	勇
[illegible]	[illegible]。	[illegible]	[illegible]	[illegible]	[illegible],	[illegible]	[illegible]	[illegible]	[illegible]	[illegible]
dẹ¹	ŋwu²	tshjạ¹	wjị²	lu²	tja¹	tśier¹	·ju²	mər²	twẹ²	bju¹
母	是。	怒	变	座	者,	方	便	本	续	依

十四勇父一处,二十四勇母也。忿怒座者,依方便本续

11.13

[illegible]	[illegible]	[illegible]	[illegible]	[illegible]	[illegible]	[illegible]	[illegible]	[illegible]	[illegible]	[illegible]
tshjiij¹	buu²	źjɨr¹	mər²	twẹ²	phju²	rejr²	dźiej²	bju¹	ljɨɨr¹	ɣa¹
言	胜	慧	本	续	上	乐	轮	依	四	门
[illegible]	[illegible]	[illegible]	[illegible]	[illegible]	[illegible]。	[illegible]	[illegible]	[illegible]	[illegible]	[illegible]
ljɨɨr¹	dzjɨj²	·jar¹	ŋwə¹	mja¹	ŋwu²	ŋwej²	ɣjɨ̣¹	njij²	gjɨɨ¹	tha¹
四	隅	八	天	母	是。	喜	石	王	九	佛

胜慧本续上乐轮四门四隅八天母也。言喜金刚九佛

11.14

[illegible]	[illegible]	[illegible]	[illegible]	[illegible]	[illegible]	[illegible],	[illegible]	[illegible]	[illegible]	[illegible]
bju¹	tshjiij¹	ku¹	tśhja²	dwewr²	lu²	tja¹	gu²	pjụ¹	ljɨɨr¹	xa
依	言	故	正	觉	座	者,	中	尊	四	[形]
[illegible]	[illegible]	[illegible]	[illegible]。	[illegible]	[illegible]	[illegible]	[illegible]	[illegible]	[illegible],	[illegible]
rjur²	kjaa¹	ŋwu²	ljɨ¹	po¹	tjɨj¹	kjir¹	sjij²	lu²	tja¹	gjiiw¹
[噜]	[噶]	是	也。	[菩]	[提]	勇	识	座	者,	[瞿]

故正觉座者,四形噜噶主尊也。菩提萨埵座者,瞿

11.15

[illegible]	[illegible]	[illegible]	[illegible]	[illegible]	[illegible]	[illegible]。	[illegible]	[illegible]	[illegible]	[illegible]，
·u^{2}	rjir^{1}	njɨ^{2}	·jar^{1}	ŋwə^{1}	mja^{1}	ŋwu^{2}	bju^{1}	dẹ^{1}	lu^{2}	tja^{1}
［乌］	［哩］	等	八	天	母	是。	明	女	座	者，
[illegible]	[illegible]	[illegible]	[illegible]	[illegible]	[illegible]，	[illegible]	[illegible]	[illegible]、	[illegible]	[illegible]
gu^{2}	pjụ^{1}	rjir^{2}	·a	we^{2}	dźjiij^{1}	ŋa^{2}	mjij^{1}	mja^{1}	wjịj^{2}	dzow^{1}
中	尊	与	一	处	住，	我	无	母、	锁	钩

乌哩等八天母也。明妃座者，与主尊一处，无我母、钩锁

11.16

[illegible]、	[illegible]	[illegible]	[illegible]	[illegible]。	[illegible]	[illegible]	[illegible]	[illegible]，	[illegible]	[illegible]
mja^{1}	gju^{1}	mja^{1}	njɨ^{2}	ŋwu^{2}	ŋwə^{1}	mja^{1}	lu^{2}	tja^{1}	śji^{1}	gjiiw^{1}
母、	亥	母	等	是。	天	母	座	者，	前	［瞿］
[illegible]	[illegible]	[illegible]	[illegible]	[illegible]	[illegible]	[illegible]	[illegible]	[illegible]，	[illegible]	[illegible]
·u^{2}	rjir^{1}	njɨ^{2}	·jar^{1}	ŋwə^{1}	mja^{1}	thja^{1}	mjor^{1}	ŋwu^{2}	tshwew^{1}	war^{2}
［乌］	［哩］	等	八	天	母	其	实	是，	供	物

母、亥母也。天母座者，前瞿乌哩等八天母也，以持供物

11.17

[illegible]	[illegible]	[illegible]	[illegible]	[illegible]	[illegible]，	[illegible]	[illegible]	[illegible]	[illegible]	[illegible]
zow^{2}	ŋwu^{2}	kjụ^{1}	tshwew^{1}	·wji^{1}	bju^{1}	ŋwə^{1}	mja^{1}	·wji^{1}	lew^{2}	tsjɨ^{1}
持	以	求	供	为	依，	天	母	为	所	亦
[illegible]	[illegible]	[illegible]。	[illegible]	[illegible]	[illegible]	[illegible]	[illegible]	[illegible]	[illegible]，	[illegible]
·wji^{1}	nioow^{1}	ljɨ^{1}	tshjạ^{1}	wjị^{2}	ljɨ̣^{1}	tshjạ^{1}	dẹ^{1}	·jij^{1}	lu^{2}	tsjɨ^{1}
为	故	也。	怒	变	及	怒	母	之	座，	亦

供养，亦为天母故也。忿怒及怒母座，亦

11.18

[illegible]	[illegible]	[illegible]	[illegible]	[illegible]	[illegible]，	[illegible]	[illegible]	[illegible]	[illegible]	[illegible]
thja^{1}	·jar^{1}	ŋwə^{1}	mja^{1}	mjor^{1}	ŋwu^{2}	tshjạ^{1}	wjị^{2}	·wji^{1}	lew^{2}	ɣjiw^{1}
其	八	天	母	实	是，	怒	变	为	所	摄
[illegible]	[illegible]	[illegible]	[illegible]	[illegible]	[illegible]	[illegible]。	[illegible]	[illegible]	[illegible]	[illegible]
·o^{2}	ljɨ̣^{1}	tśjụ^{1}	·wejr^{2}	njɨ^{2}	·wji^{1}	ljɨ^{1}	thjɨ^{2}	sju^{2}	we^{2}	·jij^{1}
入	及	守	护	等	为	也。	此	如	成	之

其八天母也，摄入忿怒及守护等也。如是之

11.19

[illegible]	[illegible]，	[illegible]	[illegible]	[illegible]	[illegible]	[illegible]	[illegible]	[illegible]，	[illegible]	[illegible]
nioow^{1}	tja^{1}	gjiiw^{1}	·u^{2}	rjir^{1}	njɨ^{2}	·jar^{1}	ŋwə^{1}	mja^{1}	·u^{2}	tśhjiw^{1}
因	者，	［瞿］	［乌］	［哩］	等	八	天	母，	内	六
[illegible]	[illegible]	[illegible]	[illegible]，	[illegible]	[illegible]	[illegible]	[illegible]	[illegible]	[illegible]，	
do^{2}	gji^{1}	sej^{1}	phji^{1}	djɨr^{2}	tśhjiw^{1}	mjɨɨ^{2}	gji^{1}	sej^{1}	phji^{1}	
处	清	净	使，	外	六	境	清	净	使，	

因者，瞿乌哩等八天母，内净六处，外净六境，

11.20

[illegible]	[illegible]	[illegible]	[illegible]	[illegible]	[illegible]	[illegible]	[illegible]	[illegible]	[illegible]，	[illegible]
źją^{1}	phjaa^{1}	tsjɨ^{1}	tśjụ^{1}	·wejr^{2}	ɣjiw^{1}	·o^{2}	tsjɨ^{1}	·wji^{1}	nioow^{1}	tha^{1}
间	断	亦	守	护	摄	入	亦	为	因，	佛
[illegible]	[illegible]	[illegible]	[illegible]	[illegible]	[illegible]	[illegible]	[illegible]	[illegible]	[illegible]	[illegible]。
tjij^{1}	ŋwu^{2}	dźjɨ	ŋowr^{2}	ŋowr^{2}	zji^{2}	·wji^{1}	ɣjɨr^{1}	tśhjaa^{1}	śiaa^{2}	ljɨ^{1}
一	以	行	一	切	皆	为	作	于	随	也。

间断守护摄入故，一佛一切行为皆于随念也。

11.21

[illegible]	[illegible]：	[illegible]	[illegible]	[illegible]	[illegible]	[illegible]	[illegible]	[illegible]	[illegible]	[illegible]
·jɨr^{1}	dạ^{2}	tśhjiw^{1}	ɣạ^{2}	njɨɨ^{2}	mo^{2}	gjɨɨ^{1}	tha^{1}	·jij^{1}	gu^{2}	tśjɨ̣^{1}
问	曰：	六	十	二	或	九	佛	之	中	围
[illegible]	[illegible]	[illegible]	[illegible]，	[illegible]	[illegible]	[illegible]	[illegible]	[illegible]	[illegible]	[illegible]
do^{2}	sọ^{1}	lu^{2}	ŋowr^{2}	tsjɨ^{1}	kjir^{1}	·jiw^{2}	tjịj^{1}	sju^{2}	tha^{1}	tjij^{1}
处	三	座	具，	亦	勇	士	独	如	佛	一

问曰：六十二或九佛之具三座中围，亦如独勇猛依一佛

11.22

[illegible]	[illegible]	[illegible]	[illegible]	[illegible]	[illegible]	[illegible]	[illegible]，	[illegible]	[illegible]	[illegible]
ɣa^{2}	bju^{1}	gjị^{2}	ŋwu^{2}	dzju^{2}	lhjij^{2}	phji^{1}	ku^{1}	sọ^{1}	lu^{2}	·a
于	依	靠	以	主	受	使	故，	三	座	一
[illegible]	[illegible]	[illegible]？	[illegible]	[illegible]：	[illegible]	[illegible]	[illegible]	[illegible]	[illegible]	[illegible]
ŋowr^{2}	·jɨ^{2}	ku^{1}	kụ^{2}	dạ^{2}	phju^{2}	dzjiij^{2}	ɣiej^{1}	tsjiir^{2}	nwə^{1}	tsjij^{2}
具	谓	故？	答	曰：	上	师	真	性	解	悟

灌顶故，谓具三座？答曰：上师悟解真性

12.1

[illegible]，	[illegible]	[illegible]	[illegible]	[illegible]	[illegible]	[illegible]	[illegible]	[illegible]	[illegible]。	[illegible]
mjijr^{2}	gjɨ^{2}	dzjiij^{2}	gji^{2}	·jij^{1}	tsjɨ^{1}	ɣiej^{1}	tsjiir^{2}	neej^{2}	bju^{1}	ɣiej^{1}
者，	有	弟	子	之	亦	真	性	示	依。	真
[illegible]	[illegible]	[illegible]	[illegible]	[illegible]	[illegible]	[illegible]	[illegible]	[illegible]	[illegible]	[illegible]
tsjiir^{2}	tsjij^{2}	ku^{1}	kjir^{1}	·jiw^{2}	tjịj^{1}	sju^{2}	do^{2}	tsjɨ^{1}	sọ^{1}	lu^{2}
性	悟	则	勇	士	独	如	处	亦	三	座

者，弟子亦依示真性。悟解真性则独勇猛亦具三座

12.2

[illegible]	[illegible]	[illegible]	[illegible]	[illegible]	[illegible]。	[illegible]	[illegible]	[illegible]	[illegible]	[illegible]	[illegible]
ŋowr^{2}	bju^{1}	dzju^{2}	rjir^{1}	njwi^{2}	ljɨ^{1}	thjɨ^{2}	tsjɨ^{1}	gji^{1}	sej^{1}	tsjij^{2}	ljɨ̣^{1}
具	依	主	得	能	也。	此	亦	清	净	晓	及
[illegible]	[illegible]	[illegible]	[illegible]	[illegible]	[illegible]	[illegible]	[illegible]	[illegible]，	[illegible]	[illegible]	
dźiəj^{2}	dźjɨ	tsjij^{2}	bju^{1}	sọ^{1}	lu^{2}	lew^{1}	wjị^{1}	tsjij^{2}	ku^{1}	sej^{1}	
为	行	晓	依	三	座	一	味	晓，	则	净	

能得灌也。此依晓谕清净及晓谕行为三座一味，则

12.3

[illegible]	[illegible]	[illegible]	[illegible]	[illegible]。	[illegible]	[illegible]	[illegible]	[illegible]	[illegible]	[illegible]
ljɨj^{2}	dzju^{2}	rjir^{1}	njwi^{2}	ljɨ^{1}	·a	rjijr^{2}	nur^{1}	ku^{1}	śji^{1}	gji^{1}
瓶	主	得	能	也。	一	方	示	则	前	清
[illegible]	[illegible]	[illegible]	[illegible]	[illegible]	[illegible]	[illegible]	[illegible]，	[illegible]	[illegible]	[illegible]
sej^{1}	tsjij^{2}	bju^{1}	sọ^{1}	lu^{2}	ŋowr^{2}	śjij^{1}	tja^{1}	ŋwej^{2}	ɣjɨ̣^{1}	njij^{2}
净	晓	依	三	座	全	△	者，	喜	石	王

能得净瓶灌也。一方示则前依晓谕清净具三座者，喜金刚

12.4

[illegible]	[illegible]	[illegible]	[illegible]	[illegible]	[illegible]	[illegible]	[illegible]，	[illegible]	[illegible]	[illegible]	[illegible]
ɣạ^{2}	tśhjiw^{1}	lạ^{1}	wjɨ^{2}	sju^{2}	tjij^{1}	gjɨ^{2}	ŋwu^{2}	tsjɨ^{1}	ŋwə^{1}	sjwɨ^{1}	tha^{1}
十	六	手	已	如	独	有	是，	亦	五	种	佛
[illegible]	[illegible]	[illegible]	[illegible]	[illegible]	[illegible]	[illegible]	[illegible]	[illegible]。	[illegible]	[illegible]	
·jij^{1}	gji^{1}	sej^{1}	ŋwə^{1}	ŋur^{1}	·jij^{1}	tsjiir^{1}	tsjiir^{2}	ŋwu^{2}	thja^{1}	sej^{1}	
之	清	净	五	蕴	之	法	性	是。	其	净	

十六手印如是，亦五佛清净五蕴之法性也。

12.5

[illegible]	[illegible]	[illegible]	[illegible]	[illegible]	[illegible]	[illegible]	[illegible]，	[illegible]	[illegible]	[illegible]
śjij^1	nwə^1	tsjij^2	ku^1	tśhja^2	dwewr^2	lu^2	ŋwu^2	thja^1	mjor^1	·u^2
△	晓	悟	则	正	觉	座	是，	其	如	内
[illegible]①	[illegible]	[illegible]	[illegible]	[illegible]	[illegible]	[illegible]	[illegible]	[illegible]	[illegible]	[illegible]
tśhjiw^1	do^2	gji^1	sej^1	tsjij^2	ku^1	po^1	tjɨj^1	kjir^1	sjij^2	lu^2
六	处	清	净	悟	则	［菩］	［提］	勇	识	座
晓谕净则为正觉座，悟内六处清净则为菩提萨埵座，										

12.6

[illegible]，	[illegible]	[illegible]	[illegible]	[illegible]	[illegible]	[illegible]	[illegible]	[illegible]	[illegible]	[illegible]
ŋwu^2	thja^1	mjor^1	ljij^2	ŋwə^1	mo^2	ŋwə^1	kięj^2	gjii^1	gji^1	sej^1
是，	其	如	大	五	或	五	界	澄	清	净
[illegible]	[illegible]	[illegible]	[illegible]	[illegible]	[illegible]，	[illegible]	[illegible]	[illegible]	[illegible]	[illegible]
tsjij^2	ku^1	bju^1	dẹ^1	lu^2	ŋwu^2	thja^1	mjor^1	djɨr^2	mjɨɨ^2	sej^1
悟	则	明	女	座	是，	其	如	外	境	净
悟五大或五界清净为明妃座，悟外境清净										

12.7

[illegible]	[illegible]	[illegible]	[illegible]	[illegible]	[illegible]	[illegible]，	[illegible]	[illegible]	[illegible]	[illegible]
śjij^1	tsjij^2	ku^1	ŋwə^1	mja^1	lu^2	ŋwu^2	thja^1	mjor^1	war^2	phiaa^2
△	悟	则	天	母	座	是，	其	如	支	分
[illegible]	[illegible]	[illegible]	[illegible]	[illegible]	[illegible]	[illegible]	[illegible]	[illegible]。	[illegible]	
gji^1	sej^1	tsjij^2	ku^1	tshjạ^1	wjị^2	tshjạ^1	dẹ^1	ŋwu^2	kụ^1	
清	净	悟	则	怒	变	怒	女	是。	后	
为天母座，悟自肢清净为忿怒及怒母座。后										

① 4528 号脱。

译文：

二、身方便续之五分：一言方便续之初前因灌[1]，二言彼相属道等二十法，三言中品三昧耶道，四言五空行处补阙，五言方便续之上前道灌。

一言方便续之初前因灌。其中“身方便续”谓者，含藏因本续所依能依五者，种子或因，依止而住修道时，于身缘和合，成悟证五身佛果方便是也。谓“等”者，摄义也。又此亦谓身释续。以下所合身方便续，含藏因本续者，悟证轮圆根本故也。以“座等足等四各三”言因灌也。其中“四各三”者，因时四灌，每一各有三义：一、灌顶由何中围，二、所得何灌顶，三、以彼灌顶净何垢。以“四三”言其中“座等”者，皆配四中围。“座”者，佛及菩萨座等，乃摄其中明妃及天母座、忿怒及怒母座二种。谓“等”者，摄密灌等三种中围座。

其中正觉座者，主尊五座于中央，菩提萨埵[2]座于内周，明妃座中智慧明妃与主尊座于一处，实体明妃座者，三上灌时于左，天母座于内周，与勇父一处，忿怒及怒母座于外周也。此则通论，若依别配，则易悟上乐轮故。正觉座者，十二手形噜噶[3]主尊也。菩提萨埵座者，内隅二十四勇父也。明妃座者，与主尊一处，金刚亥母[4]也。天母座者，与二十四勇父一处，二十四勇母也。忿怒座者，依方便本续胜慧本续上乐轮四门四隅八天母也。言喜金刚九佛故正觉座者，四形噜噶主尊也。菩提萨埵座者，瞿乌哩[5]等八天母也。明妃座者，与主尊一处，无我母、钩锁母、亥母也。天母座者，前瞿乌哩等八天母也，以持供物供养，亦为天母故也。忿怒及怒母座，亦其八天母也，摄入忿怒及守护等也。如是之因者，瞿乌哩等八天母，内净六处，外净六境，间断守护摄入故，一佛一切行为皆于随念也。问曰：六十二或九佛之具三座中围，亦如独勇猛依一佛灌顶故，谓具三座？答曰：上师悟解真性者，弟子亦依示真性。悟解真性则独勇猛亦具三座能得灌也。此依晓谕清净及晓谕行为三座一味，则能得净瓶灌也。一方示则前依晓谕清净具三座者，喜金刚十六手印如是，亦五佛清净五蕴之法性也。晓谕净则为正觉座，悟内六处清净则为菩提萨埵座，悟五大或五界清净为明妃座，悟外境清净为天母座，悟自肢清净为忿怒及怒母座。

注释：

［1］《偈注》释“指因灌于初入道之前，须于因位上师处得之”。

［2］“菩提萨埵”，西夏文作“[illegible]”，字面意思是“菩提勇识”，藏文作 byang chub sems dpa’， 梵文为 Bodhisattva，汉译佛典通常译为“菩萨”或“菩提萨埵”。

［3］“形噜噶”，西夏文作“[illegible]”（xa rjur^{2} kjaa^{1}），音译梵文 Heruka，即胜乐金刚。

［4］“金刚亥母”，西夏文直译作“[illegible]”，对应藏文 rdo rje phag mo，梵文作 Vajravārahi，是胜乐金刚的阴性佛母（明妃）。

［5］“瞿乌哩”，西夏文作“[illegible]”（gjiiw^{1} ·u^{2} rjir^{1}），音译梵文 Gaurī。

12.8

[illegible]	[illegible]	[illegible]	[illegible]	[illegible]	[illegible]	[illegible]	[illegible]	[illegible]。	[illegible]	[illegible]
dźiəj^{2}	dźjɨ	tsjij^{2}	bju^{1}	so̱^{1}	lu^{2}	ŋowr^{2}	śjij^{1}	tja^{1}	tśjɨ^{1}	dju^{1}
为	行	悟	依	三	座	具	判	者，	坏	有
[illegible]	[illegible]	[illegible]	[illegible]	[illegible]	[illegible]	[illegible]	[illegible]	[illegible]	[illegible]。	[illegible]
dzjij^{1}	ɣa̱^{2}	tśhjiw^{1}	la̱^{1}	mjor^{1}	ŋwu^{2}	·jij^{1}	·jij^{1}	njiij^{1}	mər^{2}	ŋwə^{1}
出	十	六	手	如	以	自	之	心	本。	五
依解悟妙行判具三座者，佛十六手印自心。五										

12.9

[illegible]	[illegible]	[illegible]	[illegible]	[illegible]	[illegible]	[illegible]	[illegible]	[illegible]，	[illegible]	[illegible]
sjij^{2}	ɣjiw^{1}	ɣiwej^{1}	tsjij^{2}	ku^{1}	tśhja^{2}	dwewr^{2}	lu^{2}	ŋwu^{2}	thja^{1}	mjor^{1}
智	摄	受	悟	则	正	觉	座	是，	其	如
[illegible]	[illegible]	[illegible]	[illegible]	[illegible]	[illegible]	[illegible]	[illegible]	[illegible]	[illegible]	
·jij^{1}	·jij^{1}	njiij^{1}	mər^{2}	gjuu^{2}	rjur^{1}	we^{2}	phji^{1}	tsjij^{2}	ku^{1}	
自	之	心	本	吉	祥	为	使	悟	则	

智摄受为正觉座，使吉祥自心悟为

12.10

[illegible]	[illegible]	[illegible]	[illegible]，	[illegible]	[illegible]	[illegible]	[illegible]	[illegible]	[illegible]	[illegible]
dźiã^{2}	tsjij^{2}	lu^{2}	ŋwu^{2}	thja^{1}	mjor^{1}	·jij^{1}	njiij^{1}	mər^{2}	ɣa^{2}	ljɨɨr^{1}
菩	萨	座	是，	其	如	自	心	本	于	四
[illegible]	[illegible]	[illegible]	[illegible]	[illegible]	[illegible]	[illegible]	[illegible]	[illegible]	[illegible]	[illegible]
mjɨ^{1}	pjụ^{1}	tśhja^{2}	·ioow^{1}	ŋewr^{2}	śjwo^{1}	phji^{1}	tsjij^{2}	ku^{1}	bju^{1}	dẹ^{1}
无	量	德	功	数	生	使	悟	则	明	母

菩萨座，使自心生四无量功德为明妃

12.11

[illegible]	[illegible]，	[illegible]	[illegible]	[illegible]	[illegible]	[illegible]	[illegible]	[illegible]	[illegible]	[illegible]
lu^{2}	ŋwu^{2}	thja^{1}	ŋwu^{2}	kjụ^{1}	tshwew^{1}	·wji^{1}	lew^{2}	tsjij^{2}	ku^{1}	ŋwə^{1}
座	是，	其	以	求	供	作	所	悟	则	天
[illegible]	[illegible]	[illegible]，	[illegible]	[illegible]	[illegible]	[illegible]	[illegible]	[illegible]	[illegible]	
mja^{1}	lu^{2}	ŋwu^{2}	thja^{1}	mjor^{1}	ɣjiw^{1}	·o^{2}	njɨ^{2}	·wji^{1}	tsjij^{2}	
母	座	是，	其	如	摄	入	等	作	悟	

座，作供赞为天母座，作勾摄等

12.12

[illegible]	[illegible]	[illegible]	[illegible]	[illegible]	[illegible]	[illegible]。	[illegible]	[illegible]	[illegible]	[illegible]
ku^{1}	tshją^{1}	wjį^{2}	tshją^{1}	dę^{1}	lu^{2}	ŋwu^{2}	dzjọ^{1}	gjiiw^{1}	·u^{2}	rjir^{1}
则	怒	变	怒	女	座	是。	如	［瞿］	［乌］	［哩］
[illegible]	[illegible]	[illegible]	[illegible]	[illegible]	[illegible]	[illegible]	[illegible]	[illegible]	[illegible]	[illegible]，
mja^{1}	lạ^{1}	·u^{2}	po^{1}	tjɨj^{1}	njiij^{1}	sə^{1}	ljụ^{2}	gju^{2}	zow^{2}	bju^{1}
母	手	内	［菩］	［提］	心	满	头	器	持	依，

为忿怒及怒母座。如瞿乌哩母手内持菩提心头器，

12.13

[illegible]	[illegible]	[illegible]	[illegible]	[illegible]	[illegible]。	[illegible]	[illegible]	[illegible]	[illegible]	[illegible]
kjụ^{1}	tshwew^{1}	ŋwə^{1}	mja^{1}	tsjɨ^{1}	ŋwu^{2}	thja^{1}	mjor^{1}	lạ^{1}	·u^{2}	ror^{2}
求	供	天	母	亦	是。	其	如	手	内	［啰］
[illegible]	[illegible]	[illegible]	[illegible]	[illegible]，	[illegible]	[illegible]	[illegible]	[illegible]	[illegible]	
xji^{1}	tja^{1}	źju^{2}	zow^{2}	bju^{1}	gu^{2}	tśjį^{1}	·u^{2}	tha^{1}	tsjɨ^{1}	
［希］	［怛］	鱼	持	依，	中	围	内	佛	亦	

供养天母也。其手持啰希怛鱼，亦是中围内佛。

12.14

[illegible]。	[illegible]	[illegible]	[illegible]	[illegible]	[illegible]	[illegible]	[illegible]	[illegible]	[illegible]	[illegible]，
ŋwu^{2}	thja^{1}	mjor^{1}	śjow^{1}	dzow^{1}	njɨ^{2}	zow^{2}	ɣjiw^{1}	·o^{2}	·wji^{1}	bju^{1}
是。	其	如	铁	钩	等	持	摄	入	作	依，
[illegible]	[illegible]	[illegible]	[illegible]	[illegible]	[illegible]。	[illegible]	[illegible]	[illegible]	[illegible]，	
tshją^{1}	wjį^{2}	njɨ^{2}	ŋwu^{2}	sju^{2}	ljɨ^{1}	thjɨ^{2}	ɣa^{2}	njɨ^{2}	tja^{1}	
怒	变	等	是	如	也。	此	于	至	者，	

持铁钩等作勾摄，如忿怒等也。至此，

12.15

[illegible]	[illegible]	[illegible]	[illegible]	[illegible]	[illegible]	[illegible]	[illegible]	[illegible]	[illegible]
tsə̣^{1}	mẹ^{2}	gu^{2}	tśjị^{1}	do^{2}	sọ^{1}	lu^{2}	ŋowr^{2}	lhə	śjij^{1}
色	末	中	围	处	三	座	具	足	△
[illegible]	[illegible]。	[illegible]	[illegible]	[illegible]	[illegible]	[illegible]	[illegible]	[illegible]	[illegible]
rjɨr^{2}	tshjiij^{1}	tśjɨɨ^{1}	khjɨ^{1}	njɨ^{2}	·jij^{1}	·wọ^{2}	dzjij^{2}	sọ^{1}	dzju^{2}
乃	言。	次	足	等	之	义	各	三	主
乃言色末中围三座具足。次“足等”之义言三灌									

12.16

[illegible]	[illegible]	[illegible]	[illegible]。	[illegible]	[illegible]	[illegible]	[illegible]	[illegible]	[illegible]	[illegible]，
·jij^{1}	sọ^{1}	lu^{2}	tshjiij^{1}	kha^{1}	dwuu^{2}	dzju^{2}	·jij^{1}	sọ^{1}	lu^{2}	tja^{1}
之	三	座	言。	中	密	主	之	三	座	者，
[illegible]	[illegible]	[illegible]	[illegible]	[illegible]	[illegible]	[illegible]	[illegible]，	[illegible]	[illegible]	
phju^{2}	dzjiij^{2}	so^{2}	dẹ^{1}	sọ^{1}	lu^{2}	ŋowr^{2}	lhə	lə	djɨj^{2}	
上	师	阳	阴	三	座	具	足，	念	定	
三座也。其中密灌之三座者，上师阴阳三座具足，念定										

12.17

[illegible]	[illegible]	[illegible]	[illegible]。	[illegible]	[illegible]	[illegible]	[illegible]	[illegible]	[illegible]	[illegible]
·wji^{1}	bju^{1}	ŋowr^{2}	ljɨ^{1}	źjɨr^{1}	sjij^{2}	dzju^{2}	ljị^{1}	ljɨɨr^{1}	tsew^{2}	dzju^{2}
为	依	具	也。	慧	智	主	及	四	第	主
[illegible]	[illegible]	[illegible]	[illegible]	[illegible]，	[illegible]	[illegible]	[illegible]	[illegible]	[illegible]	[illegible]，
tsjɨ^{1}	dzjiij^{2}	·jij^{1}	ljụ^{2}	ɣa^{2}	sọ^{1}	lu^{2}	ŋowr^{2}	lhə	lə	zjij^{1}
亦	师	之	身	于，	三	座	具	足	念	时，
令具也。智慧灌及第四灌于上师之身，三座具足，										

12.18

[illegible]	[illegible]	[illegible]	[illegible]	[illegible]	[illegible]	[illegible]	[illegible]。			
dzjiij^{2}	gji^{2}	·jij^{1}	thja^{1}	tjɨj^{2}	bju^{1}	tshjiij^{1}	·wji^{1}			
弟	子	之	其	仪	依	言	为。			
弟子依其仪也。										

译文：

后依解悟妙行判具三座者，佛[1]十六手印自心。五智摄受为正觉座，使吉祥自心悟为菩萨座，使自心生四无量功德为明妃座，作供赞为天母座，作勾摄等为忿怒及怒母座。如瞿乌哩母手内持菩提心头器[2]，供养天母也。其手持喉希怛[3]鱼，亦是中围内佛。持铁钩等作勾摄，如忿怒等也。至此，乃言色末中围三座具足。

次“足等”之义言三灌三座也。其中密灌之三座者，上师阴阳三座具足，念定令具也。智慧灌及第四灌于上师之身，三座具足，弟子依其仪也。

注释：

［1］“佛”，西夏文作“[illegible]”，字面意思是“出有坏”，直译藏文 bcom ldan ’das（出有坏/佛）。

［2］“头器”，西夏文直译作“[illegible]”，对应藏文 thod pa。梵文作 Kapāla，一种由脑袋顶骨所做的法器。

［3］“喉希怛”，西夏文作“[illegible]”（ror^{2} xji^{1} tja^{1}），音译梵文 Rohita，是产于南亚的一种大鱼。

12.18

[illegible]、	[illegible]	[illegible]	[illegible]	[illegible]	[illegible]	[illegible]	[illegible]	[illegible]，	[illegible]	[illegible]	[illegible]	[illegible]。
njɨɨ^{2}	rjir^{1}	lew^{2}	dzju^{2}	mjor^{1}	ljɨ^{1}	kjɨ^{1}	ŋwu^{2}	tja^{1}	dzju^{2}	ljɨɨr^{1}	mə^{2}	dju^{1}
二、	得	所	主	如	何	已	是	者，	主	四	种	有。
二、所得何灌顶者，有四种灌。												

12.19

[illegible]、	[illegible]	[illegible]	[illegible]	[illegible]	[illegible]	[illegible]	[illegible]	[illegible]	[illegible]	[illegible]
lew^{1}	tsə̣^{1}	mẹ^{2}	gu^{2}	tśjɨ^{1}	·jij^{1}	sọ^{1}	lu^{2}	ŋowr^{2}	lhə	do^{2}
一、	色	末	中	围	之	三	座	具	足	处
[illegible]	[illegible]	[illegible]	[illegible]	[illegible]，	[illegible]	[illegible]	[illegible]	[illegible]	[illegible]	
sej^{1}	ljɨj^{2}	dzju^{2}	rjir^{1}	ljɨ^{1}	thjɨ^{2}	dzjiij^{2}	·jij^{1}	gjii^{2}	śjij^{1}	
净	瓶	主	得	也，	此	师	之	趣	意	

一、色末中围三座具足得净瓶灌顶也，大师意趣。

12.20

[illegible]。	[illegible]	[illegible]	[illegible]	[illegible]	[illegible]	[illegible]	[illegible]	[illegible]	[illegible]，	[illegible]
bju^{1}	sej^{1}	ljɨj^{2}	dzju^{2}	tja^{1}	·jij^{1}	kwər^{1}	dzju^{2}	śjạ^{1}	mə^{2}	mo^{2}
依。	净	瓶	主	者	自	体	主	七	种，	或
[illegible]	[illegible]	[illegible]	[illegible]	[illegible]	[illegible]	[illegible]，	[illegible]	[illegible]	[illegible]	
tjij^{1}	mjiij^{1}	dzju^{2}	rjir^{2}	·a	śjij^{1}	lhjij^{2}	ku^{1}	ɣạ^{2}	lew^{1}	
若	末	主	与	一	△	受，	则	十	一	

净瓶灌自性七种灌，倘若与末灌同受，则成十一

12.21

[illegible]	[illegible]。	[illegible]	[illegible]	[illegible]	[illegible]	[illegible]	[illegible]，	[illegible]	[illegible]	[illegible]
mə^{2}	we^{2}	·jij^{1}	kwər^{1}	dzju^{2}	śjạ^{1}	mə^{2}	tja^{1}	zjɨɨr^{2}	dzju^{2}	njɨ^{2}
种	成。	自	体	主	七	种	者，	水	主	等
[illegible]	[illegible]；	[illegible]	[illegible]	[illegible]	[illegible]	[illegible]	[illegible]	[illegible]，	[illegible]	
ŋwə^{1}	mə^{2}	ljɨ^{1}	tśhjiw^{1}	tsew^{2}	tśhja^{2}	dwewr^{2}	dzju^{2}	tja^{1}	tśhjiw^{1}	
五	种；	及	六	第	正	觉	主	者，	六	

种。自性七种灌者，水灌等五种；及第六正觉灌，

12.22

[illegible]	[illegible]	[illegible]	[illegible]	[illegible]	[illegible]	[illegible]	[illegible]	[illegible]；	[illegible]	[illegible]
tsew^{2}	buu^{2}	ɣwie^{1}	ɣjɨ̣^{1}	njij^{2}	·jiij^{1}	ɣjiw^{1}	ɣiwej^{1}	ljɨ^{1}	śją^{1}	tsew^{2}
第	胜	势	石	王	持	摄	受	也；	七	第
[illegible]①	[illegible]	[illegible]	[illegible]	[illegible]	[illegible]	[illegible]	[illegible]	[illegible]	[illegible]。	
thja^{2}	·jij^{1}	gjwɨ^{1}	lwo^{2}	phji^{1}	sji^{2}	sej^{1}	ljɨj^{2}	dzju^{2}	ŋwu^{2}	
彼	之	坚	固	使	能	净	瓶	主	是。	

摄受成第六金刚萨埵也；第七使彼坚固之瓶灌顶也。

12.23

[illegible]	[illegible]	[illegible]	[illegible]，	[illegible]、	[illegible]	[illegible]	[illegible]	[illegible]	[illegible]
mjiij^{1}	dzju^{2}	ljɨɨr^{1}	tja^{1}	lew^{1}	tsjiir^{1}	dźiej^{2}	deej^{1}	dźjịj^{1}	njɨ^{2}
末	主	四	者，	一、	法	轮	传	行	等
[illegible]	[illegible]	[illegible]	[illegible]，	[illegible]、	[illegible]	[illegible]	[illegible]	[illegible]	[illegible]
zur^{2}	wją^{1}	khjow^{1}	dzju^{2}	njɨɨ^{2}	·jij^{1}	·jij^{1}	dwuu^{2}	mjiij^{1}	bju^{1}
敕	许	授	主，	二、	自	之	密	名	依

末灌四种者，一、转法轮等敕许授灌，二、依自密名而

12.24

[illegible]	[illegible]	[illegible]	[illegible]，	[illegible]、	[illegible]	[illegible]	[illegible]	[illegible]	[illegible]	[illegible]
la^{1}	ɣiwej^{1}	khjow^{1}	dzju^{2}	sọ^{1}	thjɨ^{2}	nioow^{1}	kụ^{1}	niow^{2}	tshwew^{1}	rjir^{2}
记	受	授	主，	三、	此	后	后	恶	趣	相
[illegible]	[illegible]	[illegible]	[illegible]	[illegible]，	[illegible]、	[illegible]	[illegible]	[illegible]	[illegible]	
ka^{2}	ɣie^{1}	śjwu^{1}	phji^{1}	dzju^{2}	ljɨɨr^{1}	thja^{1}	sju^{2}	ɣa^{2}	njiij^{1}	
离	力	息	使	主，	四、	彼	如	于	心	

授记灌，三、从此以后离于恶趣安慰灌，四、如是

① 4528 号作“[illegible]”。

13.1

[illegible]	[illegible]	[illegible]	[illegible][①]	[illegible]	[illegible]	[illegible]	[illegible]	[illegible]	[illegible]。	[illegible]
buu^{2}	gjij^{1}	de^{2}	ljɨj^{2}	śjwo^{1}	phji^{1}	ljwu^{2}	bjịj^{1}	·wji^{1}	dzju^{2}	śji^{1}
胜	殊	喜	欢	发	使	庆	高	作	主。	前
[illegible]	[illegible]	[illegible]	[illegible]	[illegible]	[illegible]	[illegible]	[illegible]	[illegible]。	[illegible]	[illegible]
śjạ^{1}	mə^{2}	rjir^{2}	thjwɨ^{2}	ljị^{2}	ɣạ^{2}	lew^{1}	mə^{2}	we^{2}	thjɨ^{2}	tsjɨ^{1}
七	种	与	集	纂	十	一	种	成。	此	亦

发殊胜欢心作庆幸者灌。与前七种纂集成十一种。此

13.2

[illegible]	[illegible]	[illegible]	[illegible]	[illegible]	[illegible]	[illegible]，	[illegible]	[illegible]	[illegible]	[illegible]	[illegible]
ljɨɨr^{1}	dzju^{2}	tśjɨɨ^{1}	tśjɨɨ^{1}	bju^{1}	lhjịj^{2}	phji^{1}	ku^{1}	tsə^{1}	mẹ^{2}	gu^{2}	tśjị^{1}
四	主	次	渐	依	受	使，	故	色	末	中	围
[illegible]	[illegible]	[illegible]	[illegible]，	[illegible]	[illegible]	[illegible]	[illegible]	[illegible]	[illegible]	[illegible]	
ɣa^{2}	bju^{1}	gjị^{2}	zjij^{1}	sej^{1}	ljɨj^{2}	dzju^{2}	ɣạ^{2}	lew^{1}	mə^{2}	ɣu^{2}	
于	依	靠	时，	净	瓶	主	十	一	种	了	

依四灌次第渐授，故依色末中围，圆满授十一种瓶灌，

13.3

[illegible]	[illegible]	[illegible]，	[illegible]	[illegible]	[illegible]	[illegible]	[illegible]	[illegible]	[illegible]	[illegible]。
dźjwa^{1}	lhjịj^{2}	phji^{1}	thja^{1}	kụ^{1}	sọ^{1}	mə^{2}	phju^{2}	dzju^{2}	lhjịj^{2}	phji^{1}
毕	受	使，	彼	后	三	种	上	主	受	使。
[illegible]	[illegible]	[illegible]	[illegible]	[illegible]	[illegible]	[illegible]，	[illegible]	[illegible]	[illegible]	
tjɨ^{1}	gjɨ^{2}	ljɨɨr^{1}	dzju^{2}	zji^{2}	lhjịj^{2}	phji^{1}	ku^{1}	tsə^{1}	mẹ^{2}	
若	夜	四	主	全	受	使，	则	色	末	

后授三上灌。若一夜全授四灌，则色末

① 4528 号无此字。

13.4

[illegible]	[illegible]	[illegible]	[illegible]	[illegible]	[illegible]	[illegible]	[illegible]	[illegible]，	[illegible]	[illegible]
gu^{2}	tśjɨ̣^{1}	do^{2}	ɣjɨ̣^{1}	njij^{2}	dzjiij^{2}	dzju^{2}	njɨ^{2}	śją^{1}	ljɨ̣^{1}	zur^{2}
中	围	处	石	王	师	主	等	七，	及	敕
[illegible]	[illegible]	[illegible]	[illegible]	[illegible]	[illegible]	[illegible]	[illegible]	[illegible]，	[illegible]	
khjow^{1}	buu^{2}	gjij^{1}	dzju^{2}	sju^{2}	·jar^{1}	mə^{2}	lhjịj^{2}	phji^{1}	po^{1}	
授	胜	殊	主	如	八	种	受	使，	［菩］	

中围处付授第七金刚师灌，及付第八殊胜听敕，菩

13.5

[illegible]	[illegible]	[illegible]	[illegible]	[illegible]	[illegible]	[illegible]，	[illegible]	[illegible]	[illegible]	[illegible]
tjɨj^{1}	njiij^{1}	gu^{2}	tśjɨ̣^{1}	do^{2}	dwuu^{2}	dzju^{2}	ljɨ̣^{1}	la^{1}	ɣiwej^{1}	khjow^{1}
［提］	心	中	围	处	密	主，	及	记	受	授
[illegible]	[illegible]	[illegible]	[illegible]	[illegible]	[illegible]	[illegible]	[illegible]，	[illegible]	[illegible]	
buu^{2}	gjij^{1}	dzju^{2}	sju^{2}	njɨɨ^{2}	mə^{2}	lhjịj^{2}	phji^{1}	ljụ^{2}	gu^{2}	
胜	殊	主	如	二	种	受	使，	身	中	

提心中围处授以密灌，授殊胜记二种，身中

13.6

[illegible]	[illegible]	[illegible]	[illegible]	[illegible]，	[illegible]	[illegible]	[illegible]	[illegible]	[illegible]	[illegible]
tśjɨ̣^{1}	do^{2}	źjɨr^{1}	sjij^{2}	dzju^{2}	ljɨ̣^{1}	ɣie^{1}	śjwu^{1}	phji^{1}	buu^{2}	gjij^{1}
围	处	慧	智	主，	及	力	息	令	胜	殊
[illegible]	[illegible]	[illegible]	[illegible]	[illegible]，	[illegible]	[illegible]	[illegible]	[illegible]	[illegible]	
dzju^{2}	njɨɨ^{2}	mə^{2}	lhjịj^{2}	phji^{1}	buu^{2}	·wọ^{2}	ŋa^{1}	gu^{2}	tśjɨ̣^{1}	
主	二	种	受	使，	胜	义	空	中	围	

围处付智慧灌，殊胜安慰灌二种，胜义空性中围

13.7

[illegible]	[illegible]	[illegible]	[illegible]，	[illegible]	[illegible]	[illegible]	[illegible]	[illegible]	[illegible]	[illegible]
do^{2}	ljɨɨr^{1}	tsew^{2}	dzju^{2}	ljɨ̣^{1}	ljwu^{2}	bjij^{1}	·wji^{1}	buu^{2}	gjij^{1}	dzju^{2}
处	四	第	主，	及	庆	高	为	胜	殊	主
[illegible]	[illegible]	[illegible]	[illegible]。	[illegible]、	[illegible]	[illegible]	[illegible]	[illegible]	[illegible]	[illegible]
njɨɨ^{2}	mə^{2}	lhjịj^{2}	phji^{1}	njɨɨ^{2}	po^{1}	tjɨj^{1}	njiij^{1}	gu^{2}	tśjɨ̣^{1}	sọ^{1}
二	种	受	使。	二、	［菩］	［提］	心	中	围	三

处付第四灌，及为作殊胜庆幸灌二种也。二、菩提心中围三

13.8

[illegible]	[illegible]	[illegible]	[illegible]	[illegible]	[illegible]	[illegible]，	[illegible]	[illegible]	[illegible]	[illegible]。
lu^{2}	ŋowr^{2}	do^{2}	dwuu^{2}	dzju^{2}	rjir^{1}	śjij^{1}	ŋwə^{1}	mə^{2}	dju^{1}	ljɨ^{1}
座	具	处	密	主	得	△，	五	种	有	也。
[illegible]	[illegible]	[illegible]	[illegible]	[illegible]	[illegible]	[illegible]	[illegible]	[illegible]，	[illegible]	
dzjiij^{2}	gji^{2}	lạ^{1}	seew^{2}	zjɨɨr^{1}	bji^{1}	mjiij^{2}	tjij^{1}	ŋwu^{2}	ku^{1}	
弟	子	妄	念	微	少	下	品	是，	则	

座具足得密灌，有五种也。弟子妄念微少下品，则

13.9

[illegible]	[illegible]	[illegible]	[illegible]	[illegible]	[illegible]。	[illegible]	[illegible]	[illegible]	[illegible]	[illegible]，
tśhja^{2}	njij^{2}	dẹ^{1}	do^{2}	lhjụ^{2}	rjir^{1}	lạ^{1}	seew^{2}	gu^{2}	tjij^{1}	ŋwu^{2}
德	王	母	处	获	得。	妄	念	中	品	是，
[illegible]	[illegible]	[illegible]	[illegible]	[illegible]	[illegible]	[illegible]。	[illegible]	[illegible]	[illegible]	[illegible]
ku^{1}	tśhja^{2}	njij^{2}	so^{2}	do^{2}	lhjụ^{2}	rjir^{1}	lạ^{1}	seew^{2}	phju^{2}	tjij^{1}
则	德	王	父	处	获	得。	妄	念	上	品

从德王母处得。妄念中品，则从德王父处得。妄念上品，

13.10

[illegible]，	[illegible]	[illegible]	[illegible]	[illegible]	[illegible]	[illegible]	[illegible]	[illegible]	[illegible]。	[illegible]
ŋwu^2	ku^1	·jij^1	njiij^1	bie^2	lhew^2	ɣie^1	bju^1	rjir^1	ljɨ^1	thjɨ^2
是，	则	自	心	解	脱	力	依	得	也。	此
[illegible]	[illegible]	[illegible]。	[illegible]	[illegible]	[illegible]	[illegible]	[illegible]，	[illegible]	[illegible]	
tsjɨ^1	sọ^1	mə^2	dzjiij^2	gji^2	lạ^1	seew^2	ljɨɨ^1	ku^1	po^1	
亦	三	种。	弟	子	妄	念	重，	则	［菩］	

则依自心解脱力得也。此亦三种。弟子妄念重，则将菩

13.11

[illegible]	[illegible]	[illegible]	[illegible]	[illegible]	[illegible]	[illegible]	[illegible]	[illegible]	[illegible]	[illegible]。
tjɨj^1	njiij^1	źju^2	bjɨ^1	djij^2	njɨ^2	·u^2	do^2	zjij^1	khjow^1	lew^2
［提］	心	鱼	颊	面	等	内	处	时	授	所。
[illegible]	[illegible]	[illegible]，	[illegible]	[illegible]	[illegible]	[illegible]	[illegible]	[illegible]	[illegible]	
thja^1	su^1	ljɨɨ^1	ku^1	po^1	tjɨj^1	njiij^1	lji^2	ŋạ^2	rjir^2	
其	胜	重，	则	［菩］	［提］	心	香	美	相	

提心鱼鳃等授于内。其更重者，则将菩提心混合美香水，

13.12

[illegible]	[illegible]，	[illegible]	[illegible]	[illegible]	[illegible]。	[illegible]	[illegible]	[illegible]，	[illegible]	[illegible]
thu^1	lwụ^1	lhjwa^1	tśhjaa^1	tjị^1	·wji^1	thja^1	su^1	ljɨɨ^1	ku^1	lji^2
合	混，	舌	于	置	为。	其	胜	重，	则	香
[illegible]	[illegible]	[illegible]	[illegible]	[illegible]	[illegible]	[illegible]	[illegible]	[illegible]	[illegible]	
ŋạ^2	zjɨɨr^2	rjir^2	lwụ^1	zjij^1	kor^1	gu^2	tser^1	low^1	·wji^1	
美	水	相	混	时	喉	中	点	明	为	

置于舌。其极重者，则以和美香水于喉间作明点为

13.13

[illegible]	[illegible]	[illegible]。	[illegible]	[illegible]	[illegible]	[illegible]	[illegible]	[illegible]	[illegible]
bju^1	rjir^1	ljɨ^1	thja^1	po^1	tjɨj^1	njiij^1	tser^1	low^1	lhjwa^1
依	得	也。	其	［菩］	［提］	心	点	明	舌
[illegible]	[illegible]	[illegible]，	[illegible]	[illegible]	[illegible]	[illegible]，	[illegible]	[illegible]	[illegible]
tśhjaa^1	tji̧^{1}	dzjɨj^1	kor^1	gu^2	·a	dji^2	ljɨɨr^1	rjijr^2	·ja^2
于	置	时，	喉	中	［唵］	字，	四	方	［耶］
得也。菩提心明点置于舌时，喉间“唵”字，四面有“耶									

13.14

[illegible]	[illegible]	[illegible]	[illegible]，	[illegible]	[illegible]①	[illegible]	[illegible]	[illegible]，	[illegible]	[illegible]
rjar^1	lja^2	wa^1	ljɨɨr^1	lji̧^{1}	thja^2	·jij^1	djɨr^2	tśji̧^{1}	·ja	lji^2
［啰］	［辣］	［斡］	四，	及	彼	之	外	围，	［哑］	［梨］
[illegible]	[illegible]	[illegible]	[illegible]。	[illegible]	[illegible]	[illegible]	[illegible]，	[illegible]	[illegible]	
ɣa̧^{2}	tśhjiw^1	dju^1	·u^2	po^1	tjɨj^1	njiij^1	·o^2	źjɨr^2	bjiij^1	
十	六	有	内。	［菩］	［提］	心	入，	脉	倍	
啰辣斡”四字，彼字之外，有“哑梨”十六字。菩提心入，										

13.15

[illegible]	[illegible]	[illegible]	[illegible]。	[illegible]②	[illegible]	[illegible]	[illegible]，	[illegible]	[illegible]
ŋowr^2	ŋowr^2	io̧^{1}	sə^1	thja^2	·jij^1	ɣie^1	bju^1	ljɨ^1	·u^2
一	切	满	充。	彼	之	力	依，	风	内
[illegible]	[illegible]。	[illegible]	[illegible]	[illegible]，	[illegible]	[illegible]	[illegible]	[illegible]	[illegible]
rjijr^2	lhjwo^1	·jij^1	tsjiir^2	bju^1	·jar^1	ɣa̧^{2}	mə^2	la̧^{1}	seew^2
向	回。	自	性	依，	八	十	种	妄	念
充满诸脉。依彼之力，风向内回。依此自性，八十种妄念									

① 4528 号为“[illegible]”。

② 4528 号为“[illegible]”。

13.16

[illegible]	[illegible]	[illegible]	[illegible]。	[illegible]、	[illegible]	[illegible]	[illegible]	[illegible]	[illegible]
tshu^{1}	ŋewr^{2}	dzjar^{2}	ljɨ^{1}	sọ^{1}	ljụ^{2}	bja^{2}	gja^{2}	gu^{2}	tśjɨ̣^{1}
粗	数	灭	也。	三、	身	［末］	［遏］	中	围
[illegible]	[illegible]	[illegible]	[illegible]	[illegible]	[illegible]	[illegible]	[illegible]。	[illegible]	
sọ^{1}	lu^{2}	ŋowr^{2}	do^{2}	źjɨr^{1}	sjịj^{2}	dzju^{2}	rjir^{1}	thja^{1}	
三	座	具	处	慧	智	主	得。	其	
从粗渐灭也。三、身末遏中围三座具足得智慧灌。其									

13.17

[illegible]	[illegible]	[illegible]，	[illegible]	[illegible]	[illegible]	[illegible]	[illegible]	[illegible]	[illegible]
kha^{1}	źjɨr^{1}	tja^{1}	phju^{2}	dzjiij^{2}	dźjɨ	·wji^{1}	ŋwə^{1}	mja^{1}	de^{2}
中	慧	者，	上	师	行	为	天	母	喜
[illegible]	[illegible]	[illegible]	[illegible]	[illegible]	[illegible]	[illegible]，	[illegible]	[illegible]	[illegible]
khjow^{1}	mjii^{1}	khjow^{1}	dẹ^{1}	njɨ^{2}	tshjɨɨ^{1}	zjịj^{1}	lạ^{1}	tjɨ̣j^{2}	·jij^{1}
施	宫	施	母	等	诵	时，	手	印	之
慧者，上师天母诵施喜施宫母等，执印									

13.18

[illegible]	[illegible]	[illegible]	[illegible]	[illegible]	[illegible]	[illegible]	[illegible]。	[illegible]	[illegible]	[illegible]，
lạ^{1}	dzjiij^{2}	gji^{2}	lạ^{1}	·u^{2}	tjị^{1}	·wji^{1}	·jij^{1}	·jɨ^{2}	sjịj^{2}	tja^{1}
手	弟	子	手	内	置	为	之。	谓	智	者，
[illegible]	[illegible]	[illegible]	[illegible]	[illegible]	[illegible]	[illegible]，	[illegible]	[illegible]	[illegible]	
dzjiij^{2}	gji^{2}	rjir^{2}	ka^{2}	·o^{2}	bju^{1}	dzjɨ̣j^{1}	phju^{2}	rjijr^{2}	ljụ^{1}	
弟	子	与	同	入	依	时，	上	向	流	
手付弟子手内。谓智者，弟子与同入，作上降										

13.19

[illegible]	[illegible]	[illegible]，	[illegible]	[illegible]	[illegible]	[illegible]	[illegible]	[illegible]	[illegible]
rar^{2}	ljɨɨr^{1}	de^{2}	tśjɨɨ^{1}	bju^{1}	ka^{2}	wee^{1}	sjij^{2}	dwewr^{2}	lhjij^{2}
流	四	喜，	次	依	同	生	智	觉	受
[illegible]	[illegible]	[illegible]。	[illegible]、	[illegible]	[illegible]	[illegible]	[illegible]	[illegible]	[illegible]
·jij^{1}	·jɨ^{2}	ljɨ^{1}	ljɨɨr^{1}	buu^{2}	·wo̹^{2}	ɣiej^{1}	ŋa^{1}	·jij^{1}	gu^{2}
之	谓	也。	四、	胜	义	真	空	之	中

四喜，渐次觉受同生智也。四、胜义真空中

13.20

[illegible]	[illegible]	[illegible]	[illegible]	[illegible]	[illegible]	[illegible]，	[illegible]	[illegible]	[illegible]	[illegible]
tśjɨ^{1}	so̹^{1}	lu^{2}	ŋowr^{2}	lhə	phji^{1}	do^{2}	dzjiij^{2}	gji^{2}	·jij^{1}	·jij^{1}
围	三	座	具	足	使	处，	弟	子	自	之
[illegible]	[illegible]	[illegible]	[illegible]	[illegible]	[illegible]	[illegible]	[illegible]	[illegible]	[illegible]	
njiij^{1}	ku^{1}	so̹^{1}	bie^{2}	lhew^{2}	ɣa^{1}	·jij^{1}	tsjiir^{2}	tsjij^{2}	bju^{1}	
心	则	三	解	脱	门	自	性	悟	依	

围三座具足，弟子自心性三解脱门得

13.21

[illegible]	[illegible]	[illegible]	[illegible]。	[illegible]	[illegible]	[illegible]	[illegible]	[illegible]	[illegible]。
ljɨɨr^{1}	tsew^{2}	dzju^{2}	rjir^{1}	thjɨ^{2}	tsjɨ^{1}	ŋwə^{1}	mə^{2}	dju^{1}	ljɨ^{1}
四	第	主	得。	此	亦	五	种	有	也。
[illegible]、	[illegible]	[illegible]	[illegible]	[illegible]，	[illegible]、	[illegible]	[illegible]	[illegible]	[illegible]，
lew^{1}	gjwi^{2}	dzju^{2}	ljɨɨr^{1}	tsew^{2}	njɨɨ^{2}	·wo̹^{2}	dzju^{2}	ljɨɨr^{1}	tsew^{2}
一、	句	主	四	第，	二、	义	主	四	第，

第四灌。此亦有五种。一、辞句第四灌，二、义理第四灌，

13.22

[illegible]、	[illegible]	[illegible]	[illegible]	[illegible]，	[illegible]、	[illegible]	[illegible]	[illegible]①	[illegible]
sọ^{1}	tśja^{1}	dzju^{2}	ljɨɨr^{1}	tsew^{2}	ljɨɨr^{1}	bju^{1}	tjị^{2}	dzju^{2}	ljɨɨr^{1}
三、	道	主	四	第，	四、	依	所	主	四
[illegible]，	[illegible]、	[illegible]	[illegible]	[illegible]	[illegible]	[illegible]。	[illegible]	[illegible]	[illegible]，
tsew^{2}	ŋwə^{1}	mjaa^{1}	dzju^{2}	ljɨɨr^{1}	tsew^{2}	ŋwu^{2}	lew^{1}	tsew^{2}	tja^{1}
第，	五、	果	主	四	第	是。	一	第	者，
三、修道第四灌，四、所依第四灌，五、果位第四灌。第一者，									

13.23

[illegible]	[illegible]	[illegible]	[illegible]	[illegible]	[illegible]	[illegible]	[illegible]	[illegible]	[illegible]	[illegible]
phju^{2}	dzjiij^{2}	dźjɨ	·wji^{1}	thjɨ^{2}	ɣiej^{1}	sjij^{2}	tja^{1}	zji^{2}	kha^{1}	sjij^{1}
上	师	行	为	此	真	智	者	最	中	微
[illegible]	[illegible]	[illegible]	[illegible]	[illegible]，	[illegible]	[illegible]	[illegible]	[illegible]	[illegible]，	[illegible]
njɨ^{2}	tshjɨɨ^{1}	ŋwu^{2}	dzjiij^{2}	gji^{2}	sjij^{1}	nji^{2}	thjɨ^{2}	dwewr^{2}	lhjij^{2}	ljɨ̣^{1}
等	诵	以	弟	子，	今	汝	此	觉	受，	与
上师以“是智最玄微”等为弟子诵偈，谓“汝今所觉，与										

13.24

[illegible]	[illegible]	[illegible]	[illegible]	[illegible]	[illegible]	[illegible]	[illegible]。	[illegible]	[illegible]	[illegible]
mjaa^{1}	tsjiir^{1}	ljụ^{2}	sjij^{2}	mji^{1}	do^{2}	ŋwu^{2}	·jɨ^{2}	sọ^{1}	tja^{1}	dzjɨj^{1}
果	法	身	智	无	异	是	谓。	三	者	时
[illegible]	[illegible]	[illegible]，	[illegible]	[illegible]	[illegible]	[illegible]②	[illegible]	[illegible]	[illegible]	
dwewr^{2}	lhjij^{2}	tja^{1}	ljɨɨr^{1}	tsew^{2}	dzjɨj^{1}	tśhjaa^{1}	gjwi^{2}	ŋwu^{2}	nur^{1}	
觉	受	者，	四	第	时	于	句	以	示	
佛果位法身之智等无异也”。第三灌时所觉受者，以辞句第四灌训示										

① 913 号脱。

② 4528 号另有“[illegible]”（名）字。

14.1

[illegible]。	[illegible]	[illegible]	[illegible]，	[illegible]	[illegible]	[illegible]	[illegible]	[illegible]	[illegible]	[illegible]，
ljɨ^1	njɨɨ^2	tsew^2	tja^1	thjɨ^2	tja^1	ɣiej^1	sjij^2	wạ^2	ljij^2	ŋwu^2
也。	二	第	者，	此	者	真	智	广	大	是，
[illegible]	[illegible]	[illegible]	[illegible]	[illegible]	[illegible]	[illegible]。	[illegible]	[illegible]	[illegible]	
ŋowr^2	ŋowr^2	ljụ^2	ɣa^2	źjɨr^1	mjii^1	dźjiij^1	njɨɨ^2	ljɨ̣^{1}	njɨɨ^2	
一	切	身	于	实	宫	住。	二	及	二	

也。第二者，诵“此真大智慧，真实住于一切身。二而复

14.2

[illegible]	[illegible]	[illegible]	[illegible]，	[illegible]	[illegible]	[illegible]	[illegible]	[illegible]	[illegible]
mjij^1	·jij^1	tjɨj^2	ŋwu^2	kwər^1	ljɨ̣^{1}	kwər^1	mjij^1	·jij^1	tsjiir^2
无	之	仪	是，	体	及	体	无	自	性
[illegible]。	[illegible]	[illegible]	[illegible]	[illegible]，	[illegible]	[illegible]	[illegible]	[illegible]	[illegible]
phju^2	gjwɨ^1	ljɨ̣^{1}	mju^2	ljɨ̣j^2	zji^2	ɣa^2	njɨ^2	wjɨ̣^{1}	dzji^1
上。	坚	及	动	摇，	皆	于	至	幻	术

无二，有体无体自性尊。坚固与动摇，皆有幻化

14.3

[illegible]	[illegible]	[illegible]	[illegible]	[illegible]	[illegible]	[illegible]	[illegible]	[illegible]，	[illegible]	[illegible]
tsə̣^{1}	lheew^2	·jij^1	tsjiir^2	ŋwu^2	·jɨ^2	njɨ^2	tshjɨɨ^1	zjij^1	·jiw^1	mər^2
色	有	自	性	是	谓	等	诵	时，	因	本
[illegible]	[illegible]	[illegible]	[illegible]	[illegible]	[illegible]	[illegible]，	[illegible]	[illegible]	[illegible]	
twẹ^2	njiij^1	mjor^1	·jij^1	mjii^1	dźjiij^1	śjij^1	ljɨ̣^{1}	sjij^1	nji^2	
续	心	如	之	宫	住	△，	与	今	汝	

自性色”等，言曰：“因本续心之住，与汝今日

14.4

[illegible]	[illegible]	[illegible]	[illegible]	[illegible]	[illegible]	[illegible]	[illegible]	[illegible]	[illegible]。
thjɨ^{2}	dwewr^{2}	lhjịj^{2}	njɨ^{2}	buu^{2}	źju^{2}	mjij^{1}	·jɨ^{2}	tshjiij^{1}	·wji^{1}
此	觉	受	等	殊	异	无	谓	言	为。
[illegible]	[illegible]	[illegible]，	[illegible]	[illegible]	[illegible]	[illegible]	[illegible]	[illegible]，	[illegible]
sọ^{1}	tsew^{2}	tja^{1}	sjij^{1}	dzjɨj^{1}	ɣa^{2}	śjwo^{1}	dzjiij^{2}	gji^{2}	nji^{2}
三	第	者，	今	时	于	起	弟	子，	汝

所觉受者无殊异”。第三者，以“子从今为始，

14.5

[illegible]	[illegible]	[illegible]	[illegible]	[illegible]	[illegible]	[illegible]，	[illegible]	[illegible]	[illegible]	[illegible]
ljij^{2}	rejr^{2}	·jij^{1}	tsjiir^{2}	zow^{2}	·jiij^{1}	lew^{2}	wa^{2}	dzjɨj^{1}	po^{1}	tjɨj^{1}
大	乐	自	性	执	持	所，	何	时	［菩］	［提］
[illegible]	[illegible]	[illegible]，	[illegible]	[illegible]	[illegible]	[illegible]	[illegible]	[illegible]	[illegible]	
ljạ^{1}	ɣa^{2}	njɨ^{2}	tsjij^{1}	mjii^{2}	·wji^{1}	lew^{2}	ɣjị^{1}	njij^{2}	·jiij^{1}	
证	乃	至，	他	饶	为	所	石	王	持	

坚持于大乐，乃至证菩提，饶他金刚持”

14.6

[illegible]	[illegible]	[illegible]	[illegible]，	[illegible]	[illegible]	[illegible]	[illegible]	[illegible]	[illegible]	[illegible]
·jɨ^{2}	njɨ^{2}	tshjɨɨ^{1}	ŋwu^{2}	gu^{2}	tśjɨ̣^{1}	dźiej^{2}	lạ^{1}	tjɨ̣j^{2}	ɣa^{2}	bju^{1}
谓	等	诵	以，	中	围	轮	手	印	于	依
[illegible]	[illegible]	[illegible]	[illegible]，	[illegible]	[illegible]	[illegible]	[illegible]。	[illegible]	[illegible]	
gji^{2}	thjɨ^{2}	tśja^{1}	tja^{1}	mji^{1}	tśhjɨɨ^{2}	tśhjuu^{2}	ŋwu^{2}	bju^{1}	nji^{2}	
靠	此	道	者，	不	颠	倒	是。	依	汝	

等诵，言曰：“此中围轮依手印道，不颠倒也。汝

14.7

[illegible]	[illegible]	[illegible]，	[illegible]	[illegible]	[illegible]	[illegible]	[illegible]	[illegible]，	[illegible]	[illegible]	[illegible]
sjij^{1}	thjɨ^{2}	kụ^{1}	ljij^{2}	mər^{2}	·jur^{1}	dzja^{1}	phji^{1}	nioow^{1}	ljụ^{2}	ŋwuu^{1}	ŋwer^{1}
今	此	后，	见	本	增	长	使	故，	身	语	齐
[illegible]	[illegible]	[illegible]	[illegible]，	[illegible]	[illegible]	[illegible]	[illegible]	[illegible]，	[illegible]	[illegible]	
ka^{2}	njɨ^{2}	śji^{1}	śjɨ^{1}	bju^{1}	·ju^{2}	dzjɨj^{1}	dzjɨj^{1}	mo^{2}	tjij^{1}	·a	
等	等	前	往，	依	常	时	时	乎，	或	一	

从今后，见解增进故，身语齐等以为前导，常当依乎，或一

14.8

[illegible]	[illegible]	[illegible]	[illegible]，	[illegible]	[illegible]	[illegible]	[illegible]	[illegible]	[illegible]，	[illegible]
lhjij^{2}	·u^{2}	·a	tśiẹj^{2}	tjij^{1}	·a	kjiw^{1}	·u^{2}	·a	tśiẹj^{2}	lạ^{1}
月	内	一	次，	或	一	年	内	一	次，	手
[illegible]	[illegible]	[illegible]	[illegible]	[illegible]	[illegible]	[illegible]①	[illegible]	[illegible]。	[illegible]	[illegible]
tjɨ̣j^{2}	ɣa^{2}	bju^{1}	gjị^{2}	tśja^{1}	lə	djɨj^{2}	tshjiij^{1}	·wji^{1}	ljɨɨr^{1}	tsew^{2}
印	与	依	靠	道	念	定	言	为。	四	第

月依一次，或一年依一次，当修依手印之道也。”第四

14.9

[illegible]，	[illegible]	[illegible]	[illegible]	[illegible]	[illegible]	[illegible]	[illegible]	[illegible]	[illegible]	[illegible]
tja^{1}	kiẹj^{2}	śioo^{1}	dzjɨ̣^{2}	mjiij^{2}	dzjɨj^{1}	la^{1}	ɣiwej^{1}	bju^{1}	rjir^{1}	zjɨ̣^{1}
者，	界	集	聚	后	时	记	授	依	得	童
[illegible]	[illegible]	[illegible]	[illegible]，	[illegible]	[illegible]	[illegible]	[illegible]	[illegible]	[illegible]	[illegible]
mjịj^{1}	wjạ^{1}	sej^{1}	lheew^{2}	ɣa^{2}	gjị^{2}	zjịj^{1}	bji^{2}	ŋwu^{2}	gjwɨ^{1}	lwo^{2}
女	花	净	有，	于	依	时	下	以	坚	固

者，言曰：“于后界集时而依授记莲花童女，当得发生下坚

① 4528 号另有“[illegible][illegible]”（为持）二字。

14.10

[illegible]	[illegible]	[illegible]	[illegible]	[illegible]	[illegible]	[illegible]	[illegible]	[illegible]	[illegible]。	[illegible]
ljɨɨr^1	de^2	nji^2	njiij^1	mər^2	ɣa^2	śjwo^1	·jɨ^2	tshjiij^1	·wji^1	ŋwə^1
四	喜	汝	心	本	于	生	谓	言	为。	五
[illegible]	[illegible]，	[illegible]	[illegible]	[illegible]	[illegible][1]，	[illegible]	[illegible]	[illegible]	[illegible]	[illegible]
tsew^2	tja^1	ɣạ^2	njɨɨ^2	ljɨ̣^{2}	khwə^1	·jiw^1	·jij^1	tśhia^1	no^1	lew^1
第	者，	十	二	地	半，	因	之	［刹］	［那］	一
四喜于汝本心。”第五者，言曰：“十二地半地时，因第一刹那										

14.11

[illegible]	[illegible]	[illegible]	[illegible]	[illegible]	[illegible]	[illegible]	[illegible]	[illegible]	[illegible]	[illegible]。
tsew^2	dzjɨj^1	tśhjaa^1	ljɨɨr^1	mə^2	bjiij^2	·o^2	tja^1	ŋwu^2	tshjiij^1	·wji^1
第	时	于	四	种	涉	入	者	是	言	为。
[illegible]	[illegible]	[illegible]	[illegible]	[illegible]	[illegible]，	[illegible]	[illegible]	[illegible]	[illegible]	[illegible]
thjɨ^2	sju^2	ljɨɨr^1	mə^2	dzju^2	tja^1	mjor^1	lạ^1	tjɨj^2	ɣa^2	gjị^2
此	如	四	种	主	者，	现	手	印	于	依
四涉融者也。”如是四灌，依现手印										

14.12

[illegible]	[illegible]，	[illegible]	[illegible]	[illegible]	[illegible]	[illegible]	[illegible]	[illegible]，	[illegible]	[illegible]。
ŋwu^2	rjir^1	ku^1	dwewr^2	lhjij^2	phju^2	tsew^2	śjwo^1	bju^1	phju^2	ŋwu^2
而	得，	则	觉	受	上	第	生	依，	上	是。
[illegible]	[illegible]	[illegible]	[illegible]	[illegible]	[illegible]	[illegible]，	[illegible]	[illegible]	[illegible]	
sjij^2	lạ^1	tjɨj^2	ɣa^2	gjị^2	ŋwu^2	rjir^1	ku^1	dwewr^2	lhjij^2	
智	手	印	于	依	而	得，	则	觉	受	
而获得，则生上觉受，为上也。于智手印而获得，则										

① 4528 号此处另有“[illegible]”（处）字。

14.13

[illegible]	[illegible]	[illegible]	[illegible]，	[illegible]①	[illegible]。	[illegible]	[illegible]	[illegible]	[illegible]
gu^2	tjij^1	śjwo^1	bju^1	gu^2	ŋwu^2	ɣjɨ̣^{1}	njij^2	phju^2	dzjiij^2
中	品	生	依，	中	是。	石	王	上	师
[illegible]	[illegible]	[illegible]	[illegible]，	[illegible]	[illegible]	[illegible]	[illegible]	[illegible]	[illegible]
ljịj^2	wjuu^1	dźjij^2	mjijr^2	lew^1	tjị^1	mjii^1	·a	mə^2	ɣa^2
大	悲	具	者，	只	食	施	一	种	于

生中觉受，为中也。金刚上师具大悲心，只依一施食，

14.14

[illegible]	[illegible]，	[illegible]	[illegible]	[illegible]	[illegible]	[illegible]	[illegible]	[illegible]	[illegible]	[illegible]
gjị^2	ŋwu^2	dźiej^2	dźjij^2	dzjiij^2	gji^2	·jij^1	ljɨɨr^1	mə^2	dzju^2	gjwi^2
依	以，	信	有	弟	子	之	四	种	主	句
[illegible]	[illegible]	[illegible]	[illegible]，	[illegible]	[illegible]	[illegible]	[illegible]	[illegible]	[illegible]	
zjịj^1	ŋwu^2	rjir^1	phji^1	ku^1	dwewr^2	lhjịj^2	mjiij^2	tjij^1	śjwo^1	
略	以	得	使，	则	觉	受	下	品	生	

有信弟子以言句获得四灌，则生下觉受，

14.15

[illegible]，	[illegible]	[illegible]。	[illegible]	[illegible]	[illegible]	[illegible]，	[illegible]	[illegible]	[illegible]	[illegible]，
bju^1	mjiij^2	ŋwu^2	thjɨ^2	tja^1	djọ^2	mjijr^2	njiij^1	mər^2	gji^1	sej^1
依，	下	是。	此	者	修	者，	心	本	清	净，
[illegible]	[illegible]	[illegible]	[illegible]	[illegible]	[illegible]，	[illegible]	[illegible]	[illegible]	[illegible]	
phji^1	zjij^1	tshji^1	ŋwuu^1	kjụ^1	·ju^2	nji^2	lhjɨj^1	gju^2	·jɨj^2	
使	时	要	言	求	寻，	听	闻	器	袋	

为下也。修此下者，清净本心，俾使寻访要门，为堪闻器，

① 4528 号此处另有“[illegible]”（品）字。

14.16

[illegible]	[illegible]，	[illegible]	[illegible]	[illegible]	[illegible]	[illegible]	[illegible]	[illegible]	[illegible]	[illegible]
we²	phji¹	dzju²	ŋwu²	kjụ¹	djọ²	gju²	·jɨj²	we²	phji¹	dzju²
为	使，	主	是	求	修	器	袋	成	使	主
[illegible]	[illegible]	[illegible]。	[illegible]、	[illegible]	[illegible]	[illegible]	[illegible]	[illegible]	[illegible]	
tja¹	njaa²	ljɨ¹	sọ¹	thja¹	dzju²	ŋwu²	wa²	sju²	ror²	
者	非	也。	三、	其	主	以	何	如	垢	
非是可成修要器灌也。三、灌顶净何垢										

译文：

二、所得何灌顶者，有四种灌。一、色末中围三座具足得净瓶灌顶也，大师意趣。净瓶灌自性七种灌，倘若与末灌同受，则成十一种。自性七种灌者，水灌等五种；及第六正觉灌，摄受成第六金刚萨埵[1]也；第七使彼坚固之瓶灌顶也。末灌四种者，一、转法轮等敕许授灌，二、依自密名而授记灌，三、从此以后离于恶趣安慰[2]灌，四、如是发殊胜欢心作庆幸者灌。与前七种纂集成十一种。此依四灌次第渐授，故依色末中围，圆满授十一种瓶灌，后付三上灌。若一夜全付四灌，则色末中围处付授第七金刚师灌，及付第八殊胜听敕，菩提心中围处授以密灌，授殊胜记二种，身中围处付智慧灌，殊胜安慰灌二种，胜义空性中围处付第四灌，及为作殊胜庆幸灌二种也。

二、菩提心中围三座具足得密灌，有五种也。弟子妄念微少下品，则从德王母[3]处得。妄念中品，则从德王父处得。妄念上品，则依自心解脱力得也。此亦三种。弟子妄念重，则将菩提心鱼鳃等授于内。其更重者，则将菩提心混合美香水，置于舌。其极重[4]者，则以和美香水于喉间作明点为得也。菩提心明点置于舌时，喉间“唵”字，四面有“耶啰辣斡”四字，彼字之外，有“哑梨”十六字。菩提心入，充满诸脉。依彼之力，风向内回。

依此自性，八十种妄念从粗渐灭也。

三、身末遏中围三座具足得智慧灌。其慧者，上师天母诵施喜施宫母等，执印手付弟子手内。谓智者，弟子与同入，作上降四喜，渐次觉受同生智也。

四、胜义真空中围三座具足，弟子自心性三解脱门得第四灌。此亦有五种。一、辞句第四灌，二、义理第四灌，三、修道第四灌，四、所依第四灌，五、果位第四灌。第一者，上师以“是智最玄微”[5]等为弟子诵偈，谓“汝今所觉，与佛果位法身之智等无异也”。第三灌时所觉受者，以辞句第四灌训示也。第二者，诵“此真大智慧，真实住于一切身。二而复无二，有体无体自性尊[6]。坚固与动摇，皆有幻化自性色”等，言曰：“因本续心之住，与汝今日所觉受者无殊异。”第三者，以“子从今为始，坚持于大乐，乃至证菩提，饶他金刚持”等诵，言曰：“此中围轮依手印道，不颠倒也。汝从今后，见解增进故，身语齐等以为前导，常当依乎，或一月依一次，或一年依一次，当修依手印之道也。”第四者，言曰：“于后界集时而依授记莲花童女，当得发生下坚四喜于汝本心。”第五者，言曰：“十二地半地时，因第一刹那四涉融者也。”

如是四灌[7]，依现手印而获得，则生上觉受，为上也。于智手印而获得，则生中觉受，为中也。金刚上师具大悲心，只依一施食，有信弟子以言句获得四灌，则生下觉受，下也。修此下者，清净本心，俾使寻访要门，为堪闻器，非是可成修要器灌也。

注释：

［1］西夏文“[illegible]”意思为“金刚胜势”，《延晖集》作“金刚萨埵”，《逐难记》作“金刚勇识”。对应藏文 rdo rje sems dpa’。

［2］“安慰”，西夏文作“[illegible]”，字面意思是“令息力”，

《逐难记》作“令止息”。此译法还见于西夏文译本《大随求》，如西夏本“常令其人得休息”，汉文本作“常安慰其人”。

[3]“德王母”和“德王父”在《延晖集》中分别作“尊宿父”和“尊宿母”，《逐难记》分别作“尊阳”和“阴母”。可见西夏文译本的“父”“母”顺序与汉文本相反。

[4]重、更重、极重三者的程度由轻到重，西夏文意思为“重、胜重、胜重”，后二者相同。

[5]《延晖集》作“是智最玄微，犹空如金刚，离尘生圣静，当认本故父”。

[6]《延晖集》作“今斯大智慧，遍及一切身。二而复无二，有相无相体”。

[7]913 号文献中，此处旁边有小字注释“[illegible]”（净瓶等）。

14.17

[illegible]	[illegible]	[illegible]。	[illegible]	[illegible]	[illegible]	[illegible]	[illegible]	[illegible]	[illegible]
sej¹	śjij¹	tja¹	sej¹	ljɨj²	dzju²	ŋwu²	lju̢²	ror²	gji¹
净	△	者。	净	瓶	主	以	身	垢	清
[illegible]。	[illegible]	[illegible]，	[illegible]	[illegible]	[illegible]	[illegible]	[illegible]	[illegible]，	[illegible]
sej¹	thjɨ²	tja¹	sej¹	ljɨj²	dzju²	djɨ²	rjir¹	zjij¹	·jij¹
净。	此	者，	净	瓶	主	△	得	时，	相
者。以净瓶灌清净身垢。此者，得净瓶灌已，									

14.18

[illegible]	[illegible]	[illegible]	[illegible]	[illegible]	[illegible]	[illegible]，	[illegible]	[illegible]	[illegible]	[illegible]
tśja¹	ljij¹	dzja¹	djɨj²	·wji¹	rjar¹	dju¹	ljij²	śjij¹	so̱¹	mə²
道	增	长	修	成	堪	有，	见	解	三	种
[illegible]	[illegible]	[illegible]	[illegible]	[illegible]	[illegible]，	[illegible]	[illegible]	[illegible]	[illegible]	
·jij¹	kwər¹	śjwo¹	njwi²	dzjar²	bjij²	tshji¹	ŋwuu¹	la¹	gjwi²	
自	体	生	能	终	时，	要	言	记	句	
成堪修相道增，能发生三体性见，堪为训诲誓言，										

14.19

[illegible]	[illegible]	[illegible]	[illegible]，	[illegible]	[illegible]	[illegible]	[illegible]	[illegible]	[illegible]	[illegible]
nji^{2}	neej^{2}	rjar^{1}	dju^{1}	śjɨj^{1}	lew^{2}	mər^{2}	tśhjiw^{1}	tsew^{2}	ljɨ̣^{2}	ɣa^{2}
等	训	堪	有，	成	所	宗	六	第	地	于
[illegible]	[illegible]	[illegible]	[illegible]	[illegible]	[illegible]	[illegible]	[illegible]	[illegible]	[illegible]	[illegible]，
nji^{2}	rar^{2}	io̱^{1}	tsjiir^{1}	phjo^{2}	kar^{2}	mjij^{1}	dźju^{1}	śja^{2}	njwi^{2}	we^{2}
至	流	圆	法	分	别	无	显	现	能	成，
能显现六地轮回圆寂无别宗，										

14.20

[illegible]	[illegible]	[illegible]	[illegible]①	[illegible]	[illegible]	[illegible]	[illegible]	[illegible]	[illegible]	[illegible]
mjaa^{1}	ljṳ^{2}	mjii^{1}	źjɨr^{2}	lej^{2}	bju^{1}	djii^{2}	ljṳ^{2}	mjor^{1}	lja̱^{1}	njwi^{2}
果	身	处	脉	转	依	化	身	实	证	能
[illegible]。	[illegible]	[illegible]	[illegible]	[illegible]	[illegible]	[illegible]	[illegible]	[illegible]。	[illegible]	
lji^{1}	tśjɨɨ^{1}	dwuu^{2}	dzju^{2}	ŋwu^{2}	ŋwuu^{1}	ror^{2}	gji^{1}	sej^{1}	thjɨ^{2}	
也。	次	密	主	以	语	垢	清	净。	此	
能转身脉证化身果。次以密灌清净语垢。此										

14.21

[illegible]，	[illegible]	[illegible]	[illegible]	[illegible]，	[illegible]	[illegible]	[illegible]	[illegible]	[illegible]	[illegible]
tja^{1}	dwuu^{2}	dzju^{2}	rjir^{1}	bju^{1}	·jij^{1}	ɣjiw^{1}	ɣiwej^{1}	tśja^{1}	djɨj^{2}	·wji^{1}
者，	密	主	得	依，	自	摄	受	道	定	成
[illegible]	[illegible]，	[illegible]	[illegible]	[illegible]	[illegible]	[illegible]	[illegible]	[illegible]	[illegible]	
rjar^{1}	dju^{1}	ljij^{2}	śjij^{1}	·jij^{1}	to^{2}	sjij^{2}	ljɨɨr^{1}	mə^{2}	śjwo^{1}	
堪	有，	见	解	自	生	智	四	种	生	
者，得密灌已，成堪修自摄受道，能生四种自生智见，										

① “[illegible]”四字在 4528 号中为“[illegible]”，语序略有不同。

14.22

[illegible]	[illegible]	[illegible]	[illegible]，	[illegible]	[illegible]	[illegible]	[illegible]	[illegible]	[illegible]
njwi^{2}	we^{2}	dzjar^{2}	bjij^{2}	tshji^{1}	ŋwuu^{1}	la^{1}	gjwi^{2}	njɨ^{2}	neej^{2}
能	为	终	时，	要	言	记	句	等	训
[illegible]	[illegible]，	[illegible]	[illegible]	[illegible]	[illegible]	[illegible]	[illegible]	[illegible]	[illegible]
rjar^{1}	dju^{1}	śjɨj^{1}	lew^{2}	mər^{2}	ljɨɨr^{1}	ljɨ̣^{2}	·jij^{1}	·jij^{1}	gu^{2}
堪	有，	成	所	宗	四	地	之	自	共

堪为训诲誓句，能显现四地之互

14.23

[illegible]	[illegible]	[illegible]	[illegible]	[illegible]	[illegible]	[illegible]	[illegible]，	[illegible]	[illegible]	[illegible]
mji^{1}	lwu^{1}	źjɨr^{1}	ɣu^{2}	dźjwa^{1}	dźju^{1}	śja^{2}	njwi^{2}	mjaa^{1}	·jwɨr^{2}	dji^{2}
不	混	实	了	毕	显	现	能，	果	文	字
[illegible]	[illegible]	[illegible]	[illegible]	[illegible]	[illegible]①	[illegible]	[illegible]	[illegible]。	[illegible]	
mjii^{1}	lej^{2}	bju^{1}	tshja^{2}	ljụ^{2}	mjor^{1}	ljạ^{1}	njwi^{2}	ljɨ^{1}	źjɨr^{1}	
处	转	依	报	身	实	证	能	也。	慧	

不涉滥真实圆满宗，能转语字证报身果也。

14.24

[illegible]	[illegible]	[illegible]	[illegible]	[illegible]	[illegible]②	[illegible]。	[illegible]	[illegible]，	[illegible]	[illegible]
sjij^{2}	dzju^{2}	ŋwu^{2}	phji^{1}	·jij^{1}	ror^{2}	sej^{1}	thjɨ^{2}	tja^{1}	źjɨr^{1}	sjij^{2}
智	主	以	意	之	垢	净。	此	者，	慧	智
[illegible]	[illegible]	[illegible]	[illegible]，	[illegible]	[illegible]	[illegible]	[illegible]	[illegible]	[illegible]	
dzju^{2}	djɨ^{2}	rjir^{1}	bju^{1}	gu^{2}	tśjɨ̣^{1}	dźiej^{2}	tśier^{1}	·ju^{2}	tśja^{1}	
主	△	得	依，	中	围	轮	方	便	道	

以智慧灌清净意垢。此者，得智慧灌已，成堪修坛城方便轮道，

① 4528 号此处另有“[illegible]”（得）字。

② 4528 号此处另有“[illegible]”（清）字。

15.1

[illegible]	[illegible]	[illegible]	[illegible]，	[illegible]	[illegible]	[illegible]	[illegible]	[illegible]	[illegible]	[illegible]
djɨj^2	·wji^1	rjar^1	dju^1	ljij^2	śjij^1	ka^2	wee^1	ɣiej^1	sjij^2	phju^2
定	成	堪	有，	见	解	同	生	真	智	上
[illegible]	[illegible]	[illegible]	[illegible]	[illegible]	[illegible]	[illegible]	[illegible]	[illegible]，	[illegible]	
ŋwu^2	gjwɨ^1	lwo^2	ljɨɨr^1	de^2	śjwo^1	njwi^2	dzjar^2	bjij^2	tshji^1	
以	坚	固	四	喜	生	能	终	时，	要	
能生上坚固四喜同生智见，										

15.2

[illegible]	[illegible]	[illegible]	[illegible]	[illegible]	[illegible]	[illegible]	[illegible]	[illegible]，	[illegible]	[illegible]
ŋwuu^1	la^1	gjwi^2	njɨ^2	neej^2	gju^2	·jɨj^2	dźioow^2	we^2	śjɨj^1	lew^2
言	记	句	等	训	器	袋	堪	为，	成	所
[illegible]	[illegible]	[illegible]	[illegible]	[illegible]	[illegible]	[illegible]	[illegible]	[illegible]	[illegible]	[illegible]
mər^2	njɨɨ^2	ljɨ̣^{2}	·jij^1	ŋa^1	rejr^2	zjɨɨr^1	tsəj^1	dźju^1	śja^2	njwi^2
宗	二	地	之	空	乐	略	少	显	现	能
堪为训诲誓句根器，能显现二地少空乐宗，										

15.3

[illegible]，	[illegible]	[illegible]	[illegible]	[illegible]	[illegible]	[illegible]	[illegible]	[illegible]	[illegible]	[illegible]
we^2	mjaa^1	kięj^2	sju^2	tsə^1	mjii^1	dja^2	lej^2	bju^1	tsjiir^1	ljụ^2
成，	果	界	汤	药	处	△	转	依	法	身
[illegible]	[illegible]	[illegible]	[illegible]。	[illegible]	[illegible]	[illegible]①	[illegible]	[illegible]、	[illegible]、	
mjor^1	ljạ^1	njwi^2	ljɨ^1	ljɨɨr^1	tsew^2	dzju^2	ŋwu^2	ljụ^2	ŋwuu^1	
实	证	堪	也。	四	第	主	以	身、	语、	
能转界甘露证法身果。以第四灌悉净身、语、										

① 913 号脱。

15.4

[illegible]	[illegible]	[illegible]	[illegible]	[illegible]	[illegible]。	[illegible]	[illegible]，	[illegible]	[illegible]
phji^{1}	zji^{2}	·jij^{1}	ror^{2}	gji^{1}	sej^{1}	thjɨ^{2}	tja^{1}	ljɨɨr^{1}	tsew^{2}
意	悉	之	垢	清	净。	此	者，	四	第
[illegible]	[illegible]	[illegible]	[illegible]，	[illegible]	[illegible]	[illegible]	[illegible]	[illegible]	[illegible]
dzju^{2}	djɨ^{2}	rjir^{1}	bju^{1}	ɣjɨ̣^{1}	njij^{2}	bju^{1}	pa^{1}	·jij^{1}	tśja^{1}
主	△	得	依，	石	王	依	波	之	道

意三垢。此者，得第四灌已，成堪修金刚波道，

15.5

[illegible]	[illegible]	[illegible]	[illegible]，	[illegible]	[illegible]	[illegible]	[illegible]	[illegible]	[illegible]	[illegible]
djɨj^{2}	·wji^{1}	rjar^{1}	dju^{1}	ljij^{2}	śjij^{1}	ka^{2}	wee^{1}	ɣiej^{1}	sjịj^{2}	bji^{2}
定	成	堪	有，	见	解	同	生	真	智	下
[illegible]	[illegible]	[illegible]	[illegible]	[illegible]	[illegible]	[illegible]	[illegible]	[illegible]，	[illegible]	[illegible]
ŋwu^{2}	gjwɨ^{1}	lwo^{2}	ljɨɨr^{1}	de^{2}	śjwo^{1}	njwi^{2}	dzjar^{2}	bjij^{2}	tshji^{1}	ŋwuu^{1}
以	坚	固	四	喜	生	能	终	时，	要	言

能生下坚固四喜同生智见，

15.6

[illegible]	[illegible]	[illegible]	[illegible]	[illegible]	[illegible]	[illegible]	[illegible]，	[illegible]	[illegible]	[illegible]
la^{1}	gjwi^{2}	njɨ^{2}	neej^{2}	gju^{2}	·jɨj^{2}	dźioow^{2}	we^{2}	śjɨj^{1}	lew^{2}	mər^{2}
记	句	等	训	器	袋	堪	为，	成	所	宗
[illegible]	[illegible]	[illegible]	[illegible]	[illegible]	[illegible]	[illegible]	[illegible]	[illegible]	[illegible]	[illegible]
ɣạ^{2}	njɨɨ^{2}	ljɨ̣^{2}	khwə^{1}	do^{2}	ŋa^{1}	rejr^{2}	wạ^{2}	ljịj^{2}	dźju^{1}	śja^{2}
十	二	地	半	处	空	乐	广	大	显	现

堪为训诲誓句根器，能显现十二地半大空乐宗，

15.7

[illegible]	[illegible]，	[illegible]	[illegible]	[illegible]	[illegible]	[illegible]	[illegible]	[illegible]	[illegible]	[illegible]
njwi^{2}	we^{2}	mjaa^{1}	njiij^{1}	ɣiej^{1}	sjij^{2}	ljɨ^{1}	mjii^{1}	lej^{2}	bju^{1}	·jij^{1}
能	成，	果	心	真	智	风	处	转	依	自
[illegible]	[illegible]	[illegible]	[illegible]	[illegible]	[illegible]	[illegible]。	[illegible]	[illegible]	[illegible]	
tsjiir^{2}	ljụ^{2}	mjor^{1}	ljạ^{1}	njwi^{2}	we^{2}	ljɨ^{1}	thjɨ^{2}	sju^{2}	ljɨɨr^{1}	
性	身	如	证	能	为	也。	此	如	四	

能转藏智风证自性如身果也。如是

15.8

[illegible]	[illegible]	[illegible]	[illegible]，	[illegible]	[illegible]	[illegible]	[illegible]	[illegible]	[illegible]	[illegible]。
dzju^{2}	ŋewr^{2}	djɨj^{2}	tja^{1}	tsjɨ^{1}	sej^{1}	lew^{2}	ljɨɨr^{1}	mə^{2}	bju^{1}	ŋwu^{2}
主	数	定	者，	亦	净	所	四	种	依	是。
[illegible]	[illegible]	[illegible]	[illegible]	[illegible]	[illegible]，	[illegible]	[illegible]	[illegible]	[illegible]	
sej^{1}	lew^{2}	źjɨr^{2}	ljụ^{2}	gu^{2}	tśjị^{1}	·jwɨr^{2}	dji^{2}	bja^{2}	gja^{2}	
净	所	脉	身	中	围，	文	字	［末］	［遏］	

之灌四数者，亦四所净也。所净身脉中围，字末遏

15.9

[illegible]	[illegible]，	[illegible]	[illegible]	[illegible]	[illegible]	[illegible]	[illegible]，	[illegible]	[illegible]	[illegible]
gu^{2}	tśjị^{1}	kięj^{2}	po^{1}	tjɨj^{1}	njiij^{1}	gu^{2}	tśjị^{1}	njiij^{1}	ɣiej^{1}	sjij^{2}
中	围，	界	［菩］	［提］	心	中	围，	心	真	智
[illegible]	[illegible]	[illegible]。	[illegible]	[illegible]	[illegible]	[illegible]	[illegible]	[illegible]	[illegible]	[illegible]
ljɨ^{1}	gu^{2}	tśjị^{1}	ljɨɨr^{1}	bju^{1}	sej^{1}	sji^{2}	dzju^{2}	tsjɨ^{1}	ljɨɨr^{1}	mə^{2}
风	中	围。	四	依	净	能	主	亦	四	种

中围，界菩提心轮中围，藏智风中围。依四所净复有能净四种灌

译文：

三、灌顶净何垢者。以净瓶灌清净身垢。此者，得净瓶灌已，成堪修相道增，能发生三体性见，堪为训诲誓句，能显现六地轮

回圆寂无别宗，能转身脉证化身果。次以密灌清净语垢。此者，得密灌已，成堪修自摄受道，能生四种自生智见，堪为训诲誓句，能显现四地之互不涉滥真实圆满宗，能转语字证报身果也。以智慧灌清净意垢。此者，得智慧灌已，成堪修坛城方便轮道，能生上坚固四喜同生智见，堪为训诲誓句根器，能显现二地少空乐宗，能转界甘露证法身果。以第四灌悉净身、语、意三垢。此者，得第四灌已，成堪修金刚波道，能生下坚固四喜同生智见，堪为训诲誓句根器，能显现十二地半大空乐宗，能转藏智风证自性如身果也。如是之灌四数者，亦四所净也。所净身脉中围，字末遏中围，界菩提心轮中围，藏智风中围。依四所净复有能净四种灌也。

15.10

[illegible]	[illegible]。	[illegible]、	[illegible]	[illegible]	[illegible]	[illegible]	[illegible]	[illegible]	[illegible]	[illegible]
we^{2}	ljɨ^{1}	njɨɨ^{2}	thja^{1}	rjir^{2}	bej^{1}	wəə^{1}	tśja^{1}	njɨ^{2}	njɨɨ^{2}	ɣạ^{2}
为	也。	二、	彼	与	系	属	道	等	二	十
[illegible]	[illegible]	[illegible]，	[illegible]	[illegible]	[illegible]	[illegible]	[illegible]	[illegible]	[illegible]	[illegible]
mə^{2}	tshjiij^{1}	tja^{1}	tśja^{1}	ljịj^{1}	dzja^{1}	tśjɨɨ^{1}	njɨ^{2}	ŋwə^{1}	gji^{2}	ljɨɨr^{1}
种	言	者，	道	增	长	次	等	五	各	四
也。二、与彼系属道等二十法者，“道之增长次第等四五”										

15.11

[illegible]	[illegible]	[illegible]	[illegible]。	[illegible]	[illegible]	[illegible]	[illegible]，	[illegible]	[illegible]	[illegible]
ŋwu^{2}	tshjiij^{1}	·jɨ^{2}	ljɨ^{1}	thja^{1}	kha^{1}	tśja^{1}	tja^{1}	sọ^{1}	mə^{2}	kiẹj^{2}
以	言	谓	也。	其	中	道	者，	三	种	界
[illegible]	[illegible]	[illegible]	[illegible]	[illegible]	[illegible]	[illegible]	[illegible]	[illegible]。	[illegible]	
śioo^{1}	dzjɨ̣^{2}	ɣa^{2}	kjɨ^{1}	njɨ^{2}	rjur^{1}	kha^{1}	tśja^{1}	ŋwu^{2}	ljịj^{1}	
集	聚	于	已	至	世	间	道	是。	增	
谓也。其中“道”者，于三界集至世间道也。“增										

15.12

[illegible]	[illegible]	[illegible]，	[illegible]	[illegible]	[illegible]	[illegible]	[illegible]	[illegible]	[illegible]，	[illegible]
dzja^{1}	tśjɨɨ^{1}	tja^{1}	sej^{1}	ljɨj^{2}	dzju^{2}	·jij^{1}	tśja^{1}	ŋwu^{2}	njɨ^{2}	kha^{1}
长	次	者，	净	瓶	主	之	道	是	等，	中
[illegible]	[illegible]	[illegible]	[illegible]	[illegible]	[illegible]。	[illegible]	[illegible]	[illegible]	[illegible]	
dzjij^{2}	ŋewr^{2}	·jij^{1}	tsjɨ^{1}	ɣjiw^{1}	ljɨ^{1}	ŋwə^{1}	gji^{2}	ljɨɨr^{1}	ŋwu^{2}	
各	数	之	亦	摄	也。	五	各	四	以	

长次第”者，净瓶灌之道等也，亦摄各灌也。以“四五”

15.13

[illegible]	[illegible]，	[illegible]	[illegible]	[illegible]	[illegible]	[illegible]	[illegible]	[illegible]	[illegible]	[illegible]
tshjiij^{1}	tja^{1}	ljɨɨr^{1}	dzju^{2}	ljɨ^{1}	ljɨ^{1}	·jij^{1}	ŋwə^{1}	mə^{2}	gji^{2}	tsjiir^{1}
言	者，	四	主	一	一	之	五	种	各	法
[illegible]。	[illegible]	[illegible]	[illegible]，	[illegible]	[illegible]	[illegible]，	[illegible]	[illegible]	[illegible]	
ŋwu^{2}	lew^{1}	tśja^{1}	tśjɨɨ^{1}	njɨɨ^{2}	ljij^{2}	śjij^{1}	so̠^{1}	śjɨj^{1}	lew^{2}	
是。	一	道	次，	二	见	解，	三	成	所	

言者，四灌每一各有五种法也。一道，二实见，三宗趣，

15.14

[illegible]，	[illegible]	[illegible]	[illegible]，	[illegible]	[illegible]	[illegible]。	[illegible]	[illegible]	[illegible]	[illegible]，
mər^{2}	ljɨɨr^{1}	dzjar^{2}	śjij^{1}	ŋwə^{1}	mjaa^{1}	ŋwu^{2}	lew^{1}	tsew^{2}	tśja^{1}	tja^{1}
宗，	四	终	旨，	五	果	是。	一	第	道	者，
[illegible]	[illegible]	[illegible]	[illegible]	[illegible]	[illegible]，	[illegible]	[illegible]	[illegible]	[illegible]	
ka^{2}	·jiij^{1}	gu^{1}	śjwo^{1}	sji^{2}	·jiw^{1}	we^{2}	bju^{1}	·wu̠^{2}	dźjwij^{2}	
等	持	发	生	能	因，	为	依	资	粮	

四终旨，五果也。第一道者，是生等持因，为资粮

15.15

[illegible]	[illegible]。	[illegible]	[illegible]	[illegible]	[illegible]	[illegible]，	[illegible]	[illegible]	[illegible]	[illegible]
mjii^{1}	ŋwu^{2}	njɨɨ^{2}	tsew^{2}	ljij^{2}	śjij^{1}	tja^{1}	thja^{1}	tśja^{1}	ɣa^{2}	gjị^{2}
位	是。	二	第	见	解	者，	彼	道	而	依
[illegible]	[illegible]	[illegible]	[illegible]	[illegible]	[illegible]	[illegible]	[illegible]	[illegible]	[illegible]	
ŋwu^{2}	rjur^{1}	kha^{1}	tśja^{1}	bju^{1}	njiij^{1}	mər^{2}	ɣa^{2}	dwewr^{2}	lhjịj^{2}	
以	世	间	道	依	心	本	而	觉	受	

位也。第二实见者，依彼道而生世间道以来本心觉受，

15.16

[illegible]，	[illegible]	[illegible]	[illegible]	[illegible]。	[illegible]	[illegible]	[illegible]	[illegible]	[illegible]	[illegible]，
śjwo^{1}	dźjɨ	lhu^{1}	mjii^{1}	ŋwu^{2}	sọ^{1}	tsew^{2}	śjɨj^{1}	lew^{2}	mər^{2}	tja^{1}
生，	行	加	位	是。	三	第	成	所	本	者，
[illegible]	[illegible]	[illegible]	[illegible]	[illegible]	[illegible]①	[illegible]	[illegible]	[illegible]	[illegible]	[illegible]
śji^{1}	ljɨ̣^{2}	ɣa^{2}	śjwo^{1}	ɣạ^{2}	njɨɨ^{2}	ljɨ̣^{2}	khwə^{1}	ɣa^{2}	njɨ^{2}	ljij^{2}
初	地	乃	生	十	二	地	半	△	至	见

为加行位也。第三宗趣者，初地乃至十二地半生见

15.17

[illegible]、	[illegible]	[illegible]、	[illegible]	[illegible]	[illegible]	[illegible]	[illegible]	[illegible]。	[illegible]	[illegible]
tśja^{1}	djọ^{2}	tśja^{1}	njɨ^{2}	dźjwa^{1}	tśja^{1}	sọ^{1}	mə^{2}	ŋwu^{2}	ljɨɨr^{1}	tsew^{2}
道、	修	道、	至	竟	道	三	种	是。	四	第
[illegible]	[illegible]	[illegible]，	[illegible]	[illegible]	[illegible]	[illegible]	[illegible]，	[illegible]	[illegible]	
dzjar^{2}	śjij^{1}	tja^{1}	gu^{2}	tśhji^{2}	dzjwo^{2}	tśja^{1}	we^{2}	thjɨ^{2}	tsjɨ^{1}	
终	旨	者，	中	根	人	道	为，	此	亦	

道、修道、究竟道三种也。第四终旨者，为中根道，此亦是

① 913 号脱。

15.18

[illegible]	[illegible]	[illegible]	[illegible]。	[illegible]	[illegible]	[illegible]	[illegible]，	[illegible]	[illegible]
·wụ²	dźjwij²	mjii¹	ŋwu²	ŋwə¹	tsew²	mjaa¹	tja¹	ɣạ²	sọ¹
资	粮	位	是。	五	第	果	者，	十	三
[illegible]	[illegible]	[illegible]	[illegible]。	[illegible]	[illegible]	[illegible]	[illegible]	[illegible]	[illegible]
tsew²	ljị²	ŋwu²	ljɨ¹	thja¹	kha¹	śji¹	ɣu¹	sej¹	ljɨj²
第	地	是	也。	其	中	前	初	净	瓶

资粮位。第五果者，十三地也。其中前净瓶

15.19

[illegible]	[illegible]	[illegible]	[illegible]	[illegible]	[illegible]，	[illegible]、	[illegible]	[illegible]	[illegible]
dzju²	bju¹	ŋwə¹	mə²	tsjiir¹	tja¹	lew¹	·jwɨr¹	·jij¹	tśja¹
主	依	五	种	法	者，	一、	形	相	道
[illegible]	[illegible]	[illegible]，	[illegible]、	[illegible]	[illegible]	[illegible]	[illegible]	[illegible]	[illegible]，
ljij¹	dzja¹	tśjɨɨ¹	njɨɨ²	ljij²	śjij¹	sọ¹	mə²	·jij¹	kwər¹
增	长	次，	二、	见	解	三	种	自	体，

灌五种法者，一、增次第形相道，二、三体性见，

15.20

[illegible]、	[illegible]	[illegible]	[illegible]	[illegible]	[illegible]	[illegible]	[illegible]	[illegible]，	[illegible]、
sọ¹	śjɨj¹	lew²	mər²	rar²	iọ¹	phjo²	kar²	mjij¹	ljɨɨr¹
三、	成	所	宗	流	圆	分	别	无，	四、
[illegible]	[illegible]	[illegible]	[illegible]	[illegible]	[illegible]	[illegible]，	[illegible]、	[illegible]	
dzjar²	bjij²	sjij²	phju²	rjijr²	bjiij²	śjij¹	ŋwə¹	mjaa¹	
终	时	识	上	向	迁	△，	五、	果	

三、轮圆无别宗，四、临终时迁识，五、

译文：

二、与彼系属道等二十法者，“道之增长次第等四五”谓也。其中“道”者，于三界集至世间道也。“增长次第”者，净瓶灌之道等[1]也，亦摄各灌也。以“四五”言者，四灌每一各有五种法也。一道，二实见，三宗趣，四终旨，五果也。第一道者，是生等持因，为资粮位也。第二实见者，依彼道而生世间道以来本心觉受，为加行位也。第三宗趣者，初地乃至十二地半[2]生见道、修道、究竟道三种也。第四终旨者，为中根道，此亦是资粮位。第五果者，十三地也。其中前净瓶灌五种法者，一、增次第形相道，二、三体性见，三、轮圆无别宗，四、临终时迁识，五、化身自成果。

注释：

［1］密灌、慧灌及第四灌。

［2］“十二地半”，《延晖集》作“十二地”。

15.21

[illegible]	[illegible]	[illegible]	[illegible]	[illegible]	[illegible]。	[illegible]、	[illegible]	[illegible]	[illegible]	[illegible]
djii^{2}	ljụ^{2}	thja^{1}	śjij^{1}	·jij^{1}	śjɨj^{1}	lew^{1}	·jwɨr^{1}	·jij^{1}	tśja^{1}	ljịj^{1}
化	身	其	△	自	成。	一、	形	相	道	增
[illegible]	[illegible]	[illegible]，	[illegible]	[illegible]	[illegible]	[illegible]	[illegible]	[illegible]	[illegible]	
dzja^{1}	tśjɨɨ^{1}	tja^{1}	śji^{1}	phju^{2}	dzjiij^{2}	do^{2}	dzju^{2}	·jij^{1}	dwewr^{2}	
长	次	者，	先	上	师	处	主	之	觉	

化身自成果。一、增次第形相道，先上师处发生觉

15.22

[illegible]	[illegible]	[illegible]，	[illegible]	[illegible]	[illegible]	[illegible]	[illegible]	[illegible]	[illegible]	[illegible]
lhjij^{2}	gu^{1}	śjwo^{1}	kjų^{1}	djọ^{2}	zur^{2}	wją^{1}	rjir^{1}	zjij^{1}	mjij^{1}	sjwɨ^{1}
受	发	生，	求	修	敕	言	得	时	静	虑
[illegible]	[illegible]	[illegible]	[illegible]	[illegible]	[illegible]，	[illegible]①	[illegible]	[illegible]	[illegible]	[illegible]
gjɨɨ^{1}	war^{2}	zji^{2}	ŋowr^{2}	lhə	phji^{1}	·jij^{1}	·jij^{1}	mər^{2}	tha^{1}	·a
九	支	皆	具	足	令，	自	之	本	佛	一

受，得敕言修令静虑九支皆具足，自本佛一

15.23

[illegible]	[illegible]	[illegible]	[illegible]	[illegible]，	[illegible]	[illegible]	[illegible]	[illegible]	[illegible]②
tśhia^{1}	no^{1}	kha^{1}	lə	zjij^{1}	njiij^{1}	gu^{2}	be^{2}	wą^{2}	sjwɨ^{1}
［刹］	［那］	间	念	时，	心	间	日	坛	念
[illegible]	[illegible]	[illegible]	[illegible]	[illegible]	[illegible]	[illegible]	[illegible]，	[illegible]	[illegible]
tśhjaa^{1}	phji^{1}	ɣjɨ^{1}	njij^{2}	mjɨ^{2}	lheew^{2}	mjijr^{2}	ŋwu^{2}	dji^{2}	sjwɨ^{1}
上	意	石	王	默	有	者	是，	字	种

刹那间念，心间日坛上念意金刚瑜伽士，字种

15.24

[illegible]	[illegible]，	[illegible]	[illegible]，	[illegible]	[illegible]	[illegible]③	[illegible]	[illegible]，	[illegible]	[illegible]
xo	dji^{2}	njaa^{1}	ŋwər^{1}	gjɨ^{2}	lə	thja^{2}	·jij^{1}	bji^{1}	ŋwu^{2}	mər^{2}
［吽］	字，	黑	青，	有	念	其	之	光，	以	本
[illegible]	[illegible]	[illegible]	[illegible]	[illegible]	[illegible]	[illegible]	[illegible]	[illegible]，	[illegible]	
tha^{1}	phju^{2}	dzjiij^{2}	mji^{1}	do^{2}	·jij^{1}	ɣju^{1}	·ju^{2}	rjir^{2}	ŋa^{1}	
佛	上	师	无	异	之	请	面	前，	空	

“吽”字，身黑青，念其放光，迎请上师无异之本佛于面前，空

① 913 号脱。

② 4528 号作“[illegible]”，同义。

③ 4528 号为“[illegible]”。

16.1

觮	綖	祇。	豨	豿	覉	蔙	䜿	繊，	豴	絣
gu²	dźjiij¹	phji¹	thja¹	do²	kjų¹	tshwew¹	śjij¹	tja¹	·jij¹	njiij¹
中	住	使。	彼	处	求	供	△	者，	己	心
觮	颯	瓸	翃	緻	蘵	蕤①	豼	豟	赦	豻
gu²	dji²	sjwɨ¹	ɣa²	wją¹	zow²	mja¹	njɨ²	thjwɨ¹	ŋwu²	djɨr²
间	字	种	于	花	持	母	等	△	以	外

中而住。彼处作供者，己心间字种持花天母等作外

16.2

覉	蔙	豨；	兟	緒	綇	豧	豼	禰	禰，	纖
kjų¹	tshwew¹	·wji¹	rjur¹	kha¹	tsə¹	ŋą²	njɨ²	ŋowr²	ŋowr²	ɣjiw¹
求	供	作；	世	间	色	美	等	一	切，	摄
綇	蘢	庯	蕤	豼	綤	祇	豾，	瓬	綅	
tsə¹	ɣjɨ¹	njij²	mja¹	njɨ²	we²	phji¹	zjij¹	ŋwə¹	kięj²	
色	石	王	母	等	成	令	时，	五	欲	

供养；世间一切诸色，成色金刚母等，五欲

16.3

豰	赦	屚	覉	蔙	豨；	瓬	豓	瓬	豵，	豯
rejr²	ŋwu²	·u²	kjų¹	tshwew¹	·wji¹	ŋwə¹	śju²	ŋwə¹	tsə¹	ljų²
乐	以	内	求	供	作；	五	肉	五	药，	头
豜②	豝	蘵，	豱	覉	蔙	豨；	豴	絣	觮	
gju²	sə¹	zow²	dwuu²	kjų¹	tshwew¹	·wji¹	·jij¹	njiij¹	gu²	
器	满	持，	密	求	供	作；	己	心	间	

乐而作内供养；五肉五药，持满头器，作密供养；从己心间

① 4528 号此处另有“豥”（天）字。

② 4528 号此处另有“屚”（内）字。

16.4

[illegible]	[illegible]	[illegible]	[illegible]	[illegible]，	[illegible]	[illegible]	[illegible]	[illegible]	[illegible]	[illegible]
ŋa^{2}	mjij^{1}	mja^{1}	thjwɨ^{1}	zjij^{1}	ŋa^{1}	gu^{2}	tha^{1}	ljɨ̣^{1}	phju^{2}	dzjiij^{2}
我	无	母	化	时，	空	中	佛	及	上	师
[illegible]	[illegible]	[illegible]	[illegible]，	[illegible]	[illegible]	[illegible]	[illegible]	[illegible]	[illegible]	[illegible]
rjir^{2}	ka^{2}	·o^{2}	bju^{1}	rar^{2}	mjij^{1}	ljij^{2}	rejr^{2}	dwewr^{2}	lhjij^{2}	lə
与	等	入	依，	漏	无	大	乐	觉	受	念
化无我母，等入空中佛及上师，无漏大乐觉受念										

16.5

[illegible]	[illegible]	[illegible]	[illegible]	[illegible]	[illegible]	[illegible]。	[illegible]	[illegible]	[illegible]	[illegible]
ŋwu^{2}	mjor^{1}	ɣiej^{1}	bju^{1}	kjụ^{1}	tshwew^{1}	·wji^{1}	zjɨ̣^{1}	mjij^{2}	·jij^{1}	njiij^{1}
以	如	真	依	求	供	作。	何	未	己	心
[illegible]	[illegible]	[illegible]	[illegible]	[illegible]	[illegible]，	[illegible]	[illegible]	[illegible]	[illegible]	[illegible]
gu^{2}	mja^{1}	mja^{1}	kji^{1}	thjwɨ^{1}	zjij^{1}	ŋa^{1}	gu^{2}	tha^{1}	·jij^{1}	dẹ^{1}
间	［麻］	［麻］	［鸡］	化	时，	空	中	佛	之	母
作真如供养。己心间化麻麻鸡，入空中佛母，										

16.6

[illegible]	[illegible]	[illegible]，	[illegible]	[illegible]	[illegible]	[illegible]	[illegible]	[illegible]	[illegible]
ɣa^{2}	·o^{2}	phji^{1}	rar^{2}	mjij^{1}	ljij^{2}	rejr^{2}	dwewr^{2}	lhjij^{2}	lə
于	入	令，	漏	无	大	乐	觉	受	念
[illegible]。	[illegible]	[illegible]	[illegible]	[illegible]	[illegible]	[illegible]	[illegible]	[illegible]，	[illegible]
lew^{2}	thja^{1}	nioow^{1}	ŋa^{1}	gu^{2}	tha^{1}	phju^{2}	dzjiij^{2}	do^{2}	ŋạ^{2}
所。	其	又	空	中	佛	上	师	处，	善
上师佛至起敬心，无漏大乐觉受念。又空中佛上师处，									

16.7

[illegible]	[illegible]	[illegible]	[illegible]	[illegible]	[illegible]	[illegible]，	[illegible]	[illegible]	[illegible]	[illegible]
ŋạ^{2}	bjuu^{1}	dzjwɨ̣^{1}	na^{1}	dźiej^{2}	śjwo^{1}	zjịj^{1}	·jij^{1}	tśjiw^{2}	gu^{2}	·o^{2}
善	恭	敬	深	信	生	时，	自	顶	中	融
[illegible]	[illegible]	[illegible]	[illegible]。	[illegible]	[illegible]、	[illegible]	[illegible]	[illegible]	[illegible]	
phji^{1}	bju^{1}	·jij^{1}	ljụ^{2}	bju^{1}	tjị^{2}	bju^{1}	mjijr^{2}	gu^{2}	tśjɨ̣^{1}	
令	依	自	身。	依	所、	依	者	中	围	
生极善善恭敬心，自顶融于自身。所依、能依中围										

16.8

[illegible]	[illegible]	[illegible]	[illegible]，	[illegible]	[illegible]	[illegible]	[illegible]	[illegible]	[illegible]，	[illegible]
dźju^{1}	sjwij^{1}	lə	tja^{1}	tśjiw^{2}	mə^{2}	tsə̣^{1}	ɣjɨ̣^{1}	njij^{2}	ŋwu^{2}	khjɨ^{1}
显	明	念	者，	顶	众	色	石	王	是，	足
[illegible]	[illegible]	[illegible]	[illegible]	[illegible]，	[illegible]	[illegible]	[illegible]	[illegible]，	[illegible]	
wji^{2}	ɣjɨ̣^{1}	njij^{2}	ljɨ̣^{2}	we^{2}	no^{1}	ɣjɨ̣^{1}	njij^{2}	we^{2}	dźjɨ^{1}	
底	石	王	地	为，	肋	石	王	墙，	皮	
显明念者，顶杂众杵，足底金刚地，肋金刚墙，皮										

16.9

[illegible]	[illegible]	[illegible]，	[illegible]	[illegible]	[illegible]	[illegible]，	[illegible]	[illegible]	[illegible]	[illegible]
ɣjɨ̣^{1}	njij^{2}	·jɨj^{2}	mej^{2}	mjar^{1}	ljị^{1}	rer^{2}	dzjị^{1}	ŋewr^{2}	məə^{1}	ljoor^{1}
石	王	帐，	毛	发	箭	网，	爪	数	火	焰
[illegible]。	[illegible]	[illegible]	[illegible]	[illegible]	[illegible]	[illegible]	[illegible]，	[illegible]	[illegible]	[illegible]
ŋwu^{2}	sjiij^{2}	nioow^{1}	tha^{1}	lhjij	sej^{1}	phji^{1}	nioow^{1}	buu^{2}	thjoo^{1}	pjụ^{2}
是。	思	又	佛	土	净	令	故，	胜	妙	殿
金刚帐，诸毛箭网，指爪火焰也。又思令佛土净故，想胜妙宫殿										

16.10

[illegible]	[illegible]	[illegible]，	[illegible]	[illegible]	[illegible]	[illegible]	[illegible]，	[illegible]	[illegible]	[illegible]	[illegible]
lə	śjij^{1}	tja^{1}	njɨɨ^{2}	khjɨ^{1}	ljɨ^{1}	gu^{2}	tśjɨ̣^{1}	sọ^{1}	djụ^{1}	məə^{1}	gu^{2}
想	法	者，	二	足	风	中	围，	三	聚	火	中
[illegible]，	[illegible]	[illegible]	[illegible]	[illegible]	[illegible]，	[illegible]	[illegible]	[illegible]①	[illegible]	[illegible]	
tśjɨ̣^{1}	·o^{1}	njiij^{1}	zjɨɨr^{2}	gu^{2}	tśjɨ̣^{1}	njiij^{1}	gu^{2}	tjij^{2}	ljɨ̣^{2}	gu^{2}	
围，	腹	中	水	中	围，	心	中	脐	地	中	

者，二足风中围，三聚火中围，肚腹水中围，心间地中

16.11

[illegible]，	[illegible]	[illegible]	[illegible]	[illegible]	[illegible]，	[illegible]	[illegible]	[illegible]	[illegible]	[illegible]
tśjɨ̣^{1}	rjɨr^{1}	ɣạ^{1}	sju^{2}	mji^{1}	ŋər^{1}	ljụ^{2}	zjir^{2}	low^{2}	ka^{2}	ljɨɨr^{1}
围，	骨	节	［须］	［弥］	山，	身	纵	横	等	四
[illegible]	[illegible]	[illegible]，	[illegible]	[illegible]	[illegible]	[illegible]②	[illegible]	[illegible]	[illegible]	[illegible]，
dzjɨj^{2}	·o^{1}	ŋwu^{2}	phju^{2}	bji^{2}	ljɨɨr^{1}	meej^{2}	djɨr^{2}	ljɨɨr^{1}	ɣa^{1}	we^{2}
隅	有	是，	上	下	四	穴	外	四	门	成，

围，脊骨须弥山，身横竖四方各等，上下四穴成外四门，

① “[illegible]”，多译为“脐”，《逐难记》此处作“心胸地”，也与“脐”有别。西夏文译本《吉祥》中，“[illegible]”（脐）也用来对译“中心”，似另有此义项。4528号无此字。

② 4528号作“[illegible]”（gjɨ^{2}），与913号中的“[illegible]”字读音不同，但都可表示“穴”义。下同。

16.12

[illegible]	[illegible]	[illegible]	[illegible]	[illegible]	[illegible]	[illegible]	[illegible]	[illegible]	[illegible]，	[illegible]
njiij^{1}	gu^{2}	ljɨɨr^{1}	rjijr^{2}	ljɨɨr^{1}	źjɨr^{2}	·u^{2}	ljɨɨr^{1}	ɣa^{1}	we^{2}	·jar^{1}
心	间	四	方	四	脉	内	四	门	成，	八
[illegible]	[illegible]	[illegible]，	[illegible]	[illegible]	[illegible]	[illegible]	[illegible]	[illegible]，	[illegible]	
war^{2}	·jar^{1}	dzjị^{2}	njɨɨ^{2}	mej^{1}	ŋwə^{1}	tsə̣^{1}	bji^{1}	sju^{2}	njii^{2}	
支	八	柱，	二	目	五	色	光	如，	鼻	
心间四方四脉成内四门，八支八柱，二目如五色光，鼻										

16.13

[illegible]	[illegible]	[illegible]，	[illegible]	[illegible]	[illegible]	[illegible]	[illegible]	[illegible]	[illegible]	[illegible]
tja^{1}	ljị^{1}	kwə̣^{1}	nju^{1}	tja^{1}	twa^{1}	rjar^{1}	nja^{2}	mo^{2}	rer^{2}	·jwɨɨ^{1}
者	宝	基，	耳	者	［咄］	［啰］	［捺］	或	鬘	栏
[illegible]	[illegible]。	[illegible]	[illegible]，	[illegible]	[illegible]	[illegible]	[illegible]	[illegible]	[illegible]	[illegible]
ŋwu^{2}	ljɨ^{1}	thjɨ^{2}	tja^{1}	tshu^{1}	tsə̣^{1}	bju^{1}	tjị^{2}	gu^{2}	tśjị^{1}	dźju^{1}
是	也。	此	者，	粗	色	依	所	中	围	显
为宝基，耳为咄啰捺或鬘栏也。此者，粗色所依中围显										

译文：

增次第形相道，先上师处发生觉受，得敕言修令静虑九支[1]皆具足，自本佛一刹那间念，心间日坛上念意金刚瑜伽士，字种“吽”字，身黑青，念其放光，迎请上师无异之本佛于面前，空中而住。彼处作供者，己心间字种持花天母等作外供养；世间一切诸色，成色金刚母等，五欲乐而作内供养；五肉[2]五药，持满头器，作密供养；从己心间化无我母，等入空中佛及上师，无漏大乐觉受念作真如供养。己心间化麻麻鸡[3]，入空中佛母，上师佛至起敬心，无漏大乐觉受念。又空中佛上师处，生极善善恭敬心，自顶融于自身。所依、能依中围显明念者，顶杂众杵[4]，足底金刚地，肋金刚墙，皮金刚帐，诸毛箭网，指爪火焰也。又思令佛土净故，想胜妙宫殿者，二足风中围，三聚火中围，肚腹水中围，心胸地中围，脊骨须弥山[5]，身横竖四方各等，上下四穴成外四门，心间四方四脉成内四门，八支八柱，二目如五色光，鼻为宝基，耳为咄啰捺[6]或鬘栏也。此者，粗色所依中围显也。

注释：

［1］“静虑”，西夏文直译作“𗥤𗗚”，对应藏文 bsam gtan，梵文作 Dhyāna。《身中围事相观》作“禅定”，西夏文译本《大随求》中与此同，译作“𗿳𗰢”（禅定）。“静虑九支”，《逐难记》释为“三种调净，三种要门，三种加行”。

［2］“五肉”，《逐难记》释“言五肉者，有四味：象肉涩，马肉辣，牛肉甜，犬肉苦，具五味，故入五肉中”。

［3］“麻麻鸡”，西夏文作“𗼻𗼻𗰖”（mja¹ mja¹ kji¹），音译梵文 Māmakī。义为“我母”，汉译常作“麻麻吉”“忙忙鸡”等，为密教胎藏界三部部母之一。

［4］“顶杂众杵”，西夏文作“𘝯𗏆𘟣𘇂𘃡”，字面意思为“顶种/众色石王”。从文意上看，《偈注》的此部分内容为“观自身顶门种种金刚杵”，《逐难记》有“顶即众色”“众色杵”，《身中围事相观》则译为“顶杂交杵”。实际上，这里的“𘇂𘃡”（金刚）指的是“金刚杵”。“金刚杵”的藏文同为 rdo rje，因此西夏文译作“𘇂𘃡”（金刚）。这种译法也见于西夏文译本《喜金刚》。

［5］“须弥山”，西夏文作“𗇋𗍫𗽈”（sju² mji¹ 山），音译梵文 Sumeru。

［6］“咄啰捺”，西夏文作“𗨻𗧓𗗙”（twa¹ rjar¹ nja²），《身中围事相观》作“怛啰捺”。913 号文献有“𗍫𗧸”（二龟）小字注释，《逐难记》释为“二麟角盾”。

16.14

[illegible]	[illegible]	[illegible]。	[illegible]	[illegible]	[illegible]	[illegible]	[illegible]	[illegible]	[illegible]	[illegible]
phji^{1}	śjij^{1}	ŋwu^{2}	tśjɨɨ^{1}	njiij^{1}	mər^{2}	ɣa^{2}	ka^{2}	·jiij^{1}	gu^{1}	śjwo^{1}
令	△	是。	次	心	本	△	等	持	立	生
[illegible]	[illegible]，	[illegible]	[illegible]	[illegible]	[illegible]	[illegible]	[illegible]	[illegible]	[illegible]	
phji^{1}	nioow^{1}	sjij^{1}	źjɨr^{2}	ŋewr^{2}	·jij^{1}	bju^{1}	mjijr^{2}	tha^{1}	lə	
令	故，	细	脉	数	之	依	者	佛	想	

也。次本心等持生故，想细诸脉能依佛

16.15

[illegible]	[illegible]，	[illegible]	[illegible]	[illegible]	[illegible]	[illegible]	[illegible]	[illegible]	[illegible]	[illegible]	[illegible]，
śjij^{1}	tja^{1}	tjij^{2}	gu^{2}	·ã^{1}	dji^{2}	lej^{2}	bju^{1}	tśhja^{2}	wee^{1}	tha^{1}	śjɨj^{1}
法	者，	脐	间	［吒］	字	化	依	德	生	佛	成，
[illegible]①	[illegible]	[illegible]	[illegible]，	[illegible]	[illegible]	[illegible]②	[illegible]	[illegible]，	[illegible]	[illegible]	
ljų^{2}	kię^{1}	tsə̣^{1}	sju^{2}	tśier^{1}	lạ^{1}	·u^{2}	ljɨ̣^{1}	zow^{2}	źjɨ̣^{1}	lạ^{1}	
身	金	色	如，	右	手	内	宝	持，	左	手	

者，脐间“吒”字化成宝生佛，身如金色，右手持宝，左手

16.16

[illegible]	[illegible]	[illegible]	[illegible]	[illegible]	[illegible]	[illegible]	[illegible]，	[illegible]	[illegible]	[illegible]
·u^{2}	ŋewr^{1}	ɣię^{2}	·jiij^{1}	ljɨ̣^{1}	ŋwu^{2}	lụ^{2}	we^{2}	ljɨ̣^{2}	kięj^{2}	gji^{1}
内	鸣	钟	持	宝	以	柄	成，	地	界	清
[illegible]	[illegible]	[illegible]	[illegible]	[illegible]，	[illegible]	[illegible]	[illegible]	[illegible]，	[illegible]	
sej^{1}	dẹ^{1}	tha^{1}	mej^{1}	mja^{1}	tsə̣^{1}	so^{2}	rjir^{2}	lew^{2}	tśier^{1}	
净	女	佛	眼	母，	色	父	与	同，	右	

持宝柄铃，［抱］净地界佛眼母，［身］色与佛父同，右

① 913 号脱。

② 4528 号此处另有“[illegible]”（大）字。

16.17

[illegible]	[illegible]	[illegible]，	[illegible]	[illegible]	[illegible]	[illegible]，	[illegible]	[illegible]	[illegible]	[illegible]
lạ^{1}	dźjḭ^{1}	bjɨr^{1}	źjɨ̣^{1}	lạ^{1}	ljṳ^{2}	gju^{2}	so^{2}	·jij^{1}	lə^{1}	śjwa^{1}
手	割	刀，	左	手	头	器，	父	之	颈	执
[illegible]	[illegible]，	[illegible]	[illegible]	[illegible]	[illegible]	[illegible]	[illegible]	[illegible]	[illegible]	[illegible]
·wiọ^{1}	tśjɨ̣^{1}	ŋwə^{1}	mja^{1}	zji^{2}	thja^{1}	rjir^{2}	lew^{2}	tśhjiw^{1}	ɣạ^{2}	ljɨɨr^{1}
绕	围，	天	母	皆	彼	与	同	六	十	四

手钺刀，左手头器，与佛父交抱，六十四天母皆共

16.18

[illegible]	[illegible]	[illegible]，	[illegible]	[illegible]	[illegible]	[illegible]	[illegible]	[illegible]	[illegible]	[illegible]，
ŋwu^{2}	·wiọ^{1}	tśjɨ̣^{1}	zji^{2}	tsjɨ^{1}	ŋwə^{1}	mə^{2}	rjɨr^{1}	rer^{2}	ljuu^{2}	tshjij^{2}
以	绕	围，	皆	亦	五	种	骨	饰	庄	严，
[illegible]	[illegible]	[illegible]	[illegible]	[illegible]	[illegible]，	[illegible]	[illegible]	[illegible]	[illegible]	[illegible]
tśier^{1}	ɣor^{2}	źjɨ̣^{1}	·jiir^{2}	ŋwu^{2}	·jar^{1}	zji^{2}	njijr^{2}	gu^{2}	pjṳ^{1}	rjijr^{2}
右	曲	左	伸	以	立，	皆	面	中	尊	向

围绕，皆严骨饰五处，右曲左伸立，皆面向主尊，

16.19

[illegible]，	[illegible]	[illegible]	[illegible]	[illegible]。	[illegible]	[illegible]	[illegible]	[illegible]	[illegible]	[illegible]，
tshwew^{1}	dźju^{1}	sjwij^{1}	thjuu^{1}	lew^{2}	thjɨ^{2}	sju^{2}	lə	bju^{1}	dźjɨɨr^{1}	lew^{2}
趣，	显	明	观	所。	此	如	念	依	断	所，
[illegible]	[illegible]	[illegible]	[illegible]，	[illegible]	[illegible]	[illegible]	[illegible]	[illegible]	[illegible]。	
lẹj^{2}	lhjuu^{1}	gji^{1}	sej^{1}	mjaa^{1}	tśhja^{2}	ka^{2}	sjij^{2}	gu^{1}	śjwo^{1}	
贪	吝	清	净，	果	平	等	智	立	生。	

所观显明。依此念所断［受蕴］，清净悭吝，生平等性智果。

16.20

[illegible]	[illegible]	[illegible]	[illegible]	[illegible]	[illegible]	[illegible]	[illegible]	[illegible]，	[illegible]	[illegible]
thjɨ^{2}	sjij^{2}	tsjiir^{1}	·jiij^{1}	mji^{1}	tśhja^{2}	ka^{2}	do^{2}	pha^{1}	zow^{2}	ŋowr^{2}
此	智	法	持	无	平	等	异	别，	执	一
[illegible]	[illegible]	[illegible]	[illegible]	[illegible]	[illegible]	[illegible]	[illegible]	[illegible]	[illegible]	[illegible]。
ŋowr^{2}	tsjiir^{1}	tsjiir^{2}	ɣiej^{1}	ŋa^{1}	tśhja^{2}	ka^{2}	bju^{1}	nwə^{1}	tsjij^{2}	ljɨ^{1}
切	法	性	真	空	平	等	依	晓	悟	也。
此智持平等无别法，执一切法性真空平等通悟也。										

16.21

[illegible]	[illegible]	[illegible]	[illegible]	[illegible]	[illegible]	[illegible]	[illegible]，	[illegible]	[illegible]	[illegible]
thjɨ^{2}	tha^{1}	ŋowr^{2}	ŋowr^{2}	źjɨr^{2}	ɣjiw^{1}	ɣiwej^{1}	bju^{1}	ljų^{2}	·jwɨr^{1}	·jij^{1}
此	佛	一	切	脉	摄	受	依，	身	形	相
[illegible]；	[illegible]	[illegible]	[illegible]	[illegible]	[illegible]	[illegible]，	[illegible]	[illegible]	[illegible]	[illegible]；
śjɨj^{1}	kięj^{2}	gji^{1}	sej^{1}	ɣjiw^{1}	ɣiwej^{1}	bju^{1}	mə^{2}	·jij^{1}	no^{2}	rejr^{2}
成；	界	清	净	摄	受	依，	种	相	安	乐；
此佛摄受诸脉，成［佛］身形相；摄受界清净，当安乐相；										

16.22

[illegible]	[illegible]	[illegible]	[illegible]	[illegible]	[illegible]，	[illegible]	[illegible]	[illegible]	[illegible]；	[illegible]
·jwɨr^{2}	dji^{2}	ŋewr^{2}	ɣjiw^{1}	ɣiwej^{1}	bju^{1}	·jij^{1}	tsjiir^{2}	swew^{1}	ŋa^{1}	ljɨ^{1}
文	字	数	摄	受	依，	自	性	照	空；	风
[illegible]	[illegible]	[illegible]，	[illegible]	[illegible]	[illegible]	[illegible]。	[illegible]	[illegible]	[illegible]	
ɣjiw^{1}	ɣiwej^{1}	bju^{1}	·jij^{1}	kwər^{1}	lọ^{2}	·o^{2}	thjɨ^{2}	tja^{1}	ljị^{1}	
摄	受	依，	自	体	双	融。	此	者	宝	
摄受字，自性照空；摄受风，体性双融。此即										

16.23

[illegible]	[illegible]	[illegible]	[illegible]	[illegible]，	[illegible]	[illegible]	[illegible]	[illegible]	[illegible]	[illegible]
ljij²	ŋa¹	dźjij¹	pjụ²	ŋwu²	lew¹	tsew²	pjụ²	ɣjiw¹	ɣiwej¹	śjij¹
大	空	行	宫	是，	一	第	宫	摄	受	
[illegible]	[illegible]。	[illegible]	[illegible]	[illegible]	[illegible]	[illegible]	[illegible]	[illegible]	[illegible]	
ŋwu²	ljɨ¹	tśjɨɨ¹	dwuu²	mjii¹	do²	xa	dji²	lej²	bju¹	
是	也。	次	密	宫	处	［曷］	字	化	依	
大宝空行宫，摄受第一宫殿也。次密处“曷”字化										

16.24

[illegible]	[illegible]	[illegible]	[illegible]	[illegible]	[illegible]	[illegible]	[illegible]，	[illegible]	[illegible]，
dźiəj²	dźjɨ	·wọ²	dju¹	śjɨj¹	·jiw²	tha¹	we²	tsə¹	ŋwər²
作	行	义	有	成	就	佛	成，	色	青，
[illegible]	[illegible]	[illegible]	[illegible]，	[illegible]	[illegible]	[illegible]	[illegible]	[illegible]	[illegible]
tśier¹	lạ¹	ɣạ¹	zow²	źjɨ¹	lạ¹	ɣạ¹	ŋwu²	lụ²	we²
右	手	剑	持，	左	手	剑	以	柄	成
作不空成就佛，［身］青色，右手持剑，左手持剑柄									

17.1

[illegible]	[illegible]	[illegible]	[illegible]，	[illegible]	[illegible]	[illegible]	[illegible]	[illegible]	[illegible]
ŋewr¹	ɣię²	·jij¹	zow²	ljɨ¹	kięj²	gji¹	sej¹	dẹ¹	gju¹
鸣	钟	之	持，	风	界	清	净	母	亥
[illegible]	[illegible]，	[illegible]	[illegible]	[illegible]	[illegible]，	[illegible]	[illegible]	[illegible]	[illegible]，
la²	mja¹	tsə¹	so²	rjir²	lew²	tśier¹	lạ¹	dźjị¹	bjɨr¹
度	母，	色	父	与	同，	右	手	割	刀，
铃，［抱］净风界亥度母佛母，［身］色与佛父同，右手钺刀，									

17.2

[illegible]	[illegible]	[illegible]	[illegible]，	[illegible]	[illegible]	[illegible]	[illegible]	[illegible]	[illegible]，	[illegible]	[illegible]
źjɨ^{1}	lạ^{1}	ljụ^{2}	gju^{2}	so^{2}	·jij^{1}	lə^{1}	śjwa^{1}	·wiọ^{1}	tśjɨ̣^{1}	ŋwə^{1}	mja^{1}
左	手	头	器，	父	之	颈	执	绕	围，	天	母
[illegible]	[illegible]	[illegible]	[illegible]	[illegible]	[illegible]	[illegible]	[illegible]	[illegible]	[illegible]，	[illegible]	
zji^{2}	thja^{1}	rjir^{2}	lew^{2}	sọ^{1}	ɣạ^{2}	njɨɨ^{2}	ŋwu^{2}	·wiọ^{1}	tśjɨ̣^{1}	zji^{2}	
皆	彼	与	同	三	十	二	以	绕	围，	皆	

左手头器，与佛父交抱，三十二天母皆共围绕，

17.3

[illegible]	[illegible]	[illegible]	[illegible]	[illegible]	[illegible]	[illegible]	[illegible]	[illegible]，	[illegible]	[illegible]	[illegible]
tsjɨ^{1}	dźjwu^{1}	low^{2}	rer^{2}	ŋwə^{1}	mə^{2}	ŋwu^{2}	ljuu^{2}	tshjij^{2}	dźju^{1}	sjwij^{1}	bioo^{1}
亦	圣	骨	饰	五	种	以	庄	严，	显	明	观
[illegible]。	[illegible]	[illegible]	[illegible]	[illegible]	[illegible]	[illegible]，	[illegible]	[illegible]	[illegible]	[illegible]，	
lew^{2}	thjɨ^{2}	sju^{2}	lə	bju^{1}	dźjɨɨr^{1}	lew^{2}	zjɨ̣^{1}	sew^{1}	gji^{1}	sej^{1}	
所。	此	如	念	依	断	所，	嫉	妒	清	净，	

众圣皆严骨饰五处，所观显明。依此念所断［行蕴］，清净嫉妒，

17.4

[illegible]	[illegible]	[illegible]	[illegible]	[illegible]①	[illegible]	[illegible]②。	[illegible]	[illegible]	[illegible]	[illegible]	[illegible]
mjaa^{1}	·wji^{1}	lew^{2}	śjɨj^{1}	tjɨ̣^{2}	sjij^{2}	rjir^{1}	thjɨ^{2}	sjij^{2}	ljụ^{2}	ŋwuu^{1}	phji^{1}
果	为	所	成	作	智	得。	此	智	身	语	意
[illegible]	[illegible]	[illegible]	[illegible]	[illegible]，	[illegible]	[illegible]	[illegible]	[illegible]	[illegible]	[illegible]。	
ŋwu^{2}	sjij^{2}	dju^{1}	mjii^{2}	ɣa^{2}	zjij^{1}	mjij^{1}	ɣię^{2}	mjij^{1}	ŋwu^{2}	·wji^{1}	
以	情	有	饶	于，	著	无	害	无	以	做。	

得成所作智果。此智以身语意饶益有情，做无著无害。

① 4528 号无此字。

② 4528 号无此字。

17.5

[illegible]	[illegible]	[illegible]	[illegible]	[illegible]	[illegible]	[illegible]	[illegible]	[illegible]	[illegible]
thjɨ^{2}	·jij^{1}	ljụ^{2}	·jij^{1}	njɨ^{2}	ɣjiw^{1}	ɣiwej^{1}	śjij^{1}	śji^{1}	sju^{2}
此	之	身	相	等	摄	受	△	前	如
[illegible]	[illegible]，	[illegible]	[illegible]	[illegible]	[illegible]	[illegible]	[illegible]	[illegible]	[illegible]。
nwə^{1}	lew^{2}	njɨɨ^{2}	tsew^{2}	pjụ^{2}	ɣjiw^{1}	ɣiwej^{1}	śjij^{1}	ŋwu^{2}	ljɨ^{1}
知	所，	二	第	殿	摄	受	△	是	也。

此之摄受身相等如前所知，摄受第二宫殿。

17.6

[illegible]	[illegible]	[illegible]	[illegible]	[illegible]	[illegible]	[illegible]	[illegible]	[illegible]	[illegible]	[illegible]
tśjɨɨ^{1}	njiij^{1}	gu^{2}	xo	dji^{2}	lej^{2}	tśjɨ^{1}	dju^{1}	dzjij^{1}	phji^{1}	ɣjɨ̣^{1}
次	心	间	［吽］	字	化	坏	有	出	意	石
[illegible]	[illegible]	[illegible]	[illegible]	[illegible]，	[illegible]	[illegible]，	[illegible]	[illegible]	[illegible]	[illegible]，
njij^{2}	mji^{1}	mju^{2}	tha^{1}	śjɨj^{1}	tsə̣^{1}	ŋwər^{1}	tśier^{1}	lạ^{1}	ɣjɨ̣^{1}	njij^{2}
王	不	动	佛	成，	色	青，	右	手	石	王，

次心间“吽”字化成意金刚不动佛，［身］青色，右手杵，

17.7

[illegible]	[illegible]	[illegible]	[illegible]	[illegible]	[illegible]	[illegible]	[illegible]	[illegible]	[illegible]，	[illegible]	[illegible]
źjɨ̣^{1}	lạ^{1}	ɣjɨ̣^{1}	njij^{2}	lụ^{2}	we^{2}	ŋewr^{1}	ɣię^{2}	·jij^{1}	zow^{2}	zjɨɨr^{2}	kięj^{2}
左	手	石	王	柄	成	鸣	钟	之	持，	水	界
[illegible]	[illegible]	[illegible]	[illegible]	[illegible]	[illegible]，	[illegible]	[illegible]	[illegible]	[illegible]，	[illegible]	
gji^{1}	sej^{1}	dẹ^{1}	mja^{1}	mja^{1}	kji^{1}	tsə̣^{1}	so^{2}	rjir^{2}	lew^{2}	tśier^{1}	
清	净	母	［麻］	［麻］	［鸡］，	色	父	与	同，	右	

左手持杵柄铃，［抱］净水界麻麻鸡母，［身］色与佛父同，右

17.8

[illegible]	[illegible]	[illegible]，	[illegible]	[illegible]	[illegible]	[illegible]，	[illegible]	[illegible]	[illegible]	[illegible]
lạ^{1}	dźjị^{1}	bjɨr^{1}	źjɨ̣^{1}	lạ^{1}	ljụ^{2}	gju^{2}	so^{2}	·jij^{1}	lə^{1}	śjwa^{1}
手	割	刀，	左	手	头	器，	父	之	颈	执
[illegible]	[illegible]	[illegible]，	[illegible]	[illegible]	[illegible]①	[illegible]	[illegible]，	[illegible]	[illegible]	[illegible]
thja^{1}	rjir^{2}	lew^{2}	·jar^{1}	ŋwə^{1}	mja^{1}	·wiọ^{1}	tśjɨ̣^{1}	ŋwə^{1}	mə^{2}	rjɨr^{1}
其	与	同，	八	天	母	绕	围，	五	种	骨

手钺刀，左手头器，与佛父交抱，八大天母围绕，严以骨

17.9

[illegible]	[illegible]	[illegible]	[illegible]	[illegible]，	[illegible]	[illegible]	[illegible]	[illegible]。	[illegible]	[illegible]
·jɨr^{2}	rer^{2}	ŋwu^{2}	ljuu^{2}	tshjij^{2}	dźju^{1}	sjwij^{1}	thjuu^{1}	lew^{2}	thjɨ^{2}	sju^{2}
璎	珞	以	庄	严，	显	明	观	所。	此	如
[illegible]	[illegible]	[illegible]	[illegible]，	[illegible]	[illegible]	[illegible]	[illegible]，	[illegible]	[illegible]	[illegible]
lə	bju^{1}	dźjɨɨr^{1}	lew^{2}	tshjạ^{1}	kwow^{2}	gji^{1}	sej^{1}	mjaa^{1}	ljịj^{2}	iọ^{1}
念	依	断	所，	怒	嗔	清	净，	果	大	圆

饰五处，所观显明。依此念所断［识蕴］，清净嗔怒，得大圆

17.10

[illegible]	[illegible]	[illegible]	[illegible]。	[illegible]	[illegible]	[illegible]	[illegible]	[illegible]	[illegible]	[illegible]
tjɨj^{2}	sjij^{2}	lhjụ^{2}	rjir^{1}	thjɨ^{2}	sjij^{2}	rar^{2}	iọ^{1}	·jij^{1}	tsjiir^{1}	ŋowr^{2}
镜	智	获	得。	此	智	流	圆	之	法	一
[illegible]，	[illegible]	[illegible]	[illegible]	[illegible]，	[illegible]	[illegible]	[illegible]	[illegible]	[illegible]	[illegible]，
ŋowr^{2}	tjɨj^{2}	gu^{2}	rər^{2}	sju^{2}	·jij^{1}	sjij^{2}	ɣa^{2}	śja^{2}	·jij^{1}	sjij^{2}
切，	镜	中	形	如，	自	智	于	现	自	智，

镜智果。此智轮圆之一切法，如镜中形，自智现自智，

① 913 号此处为“[illegible]”（天母八）。

17.11

[illegible]	[illegible]	[illegible]	[illegible]	[illegible]	[illegible]。	[illegible]	[illegible]	[illegible]	[illegible]
phjo^{2}	kar^{2}	tjḭ^{2}	mjij^{1}	tsjij^{2}	ljɨ^{1}	thjɨ^{2}	·jij^{1}	ɣjiw^{1}	ɣiwej^{1}
分	别	△	无	悟	也。	此	之	摄	受
[illegible]	[illegible]	[illegible]	[illegible]	[illegible]	[illegible]，	[illegible]	[illegible]	[illegible]	[illegible]
śjij^{1}	tsjɨ^{1}	śji^{1}	rjir^{2}	·a	tjɨ̣j^{2}	sọ^{1}	tsew^{2}	pjụ^{2}	ɣjiw^{1}
△	亦	前	与	一	样，	三	第	殿	摄
无分别智也。此之摄受［身相］等亦与前同，摄受第三宫殿。									

译文：

次本心等持生故，想细诸脉能依佛者，脐间“吒”字化成宝生佛[1]，身如金色，右手持宝，左手持宝柄铃[2]，［抱］净地界佛眼母[3]，［身］色与佛父同，右手钺刀，左手头器，与佛父交抱，六十四天母皆共围绕，皆严骨饰五处，右曲左伸立，皆面向主尊，所观显明。依此念所断［受蕴］，清净悭吝，生平等性智果。此智持平等无别法，执一切法性真空平等通悟也。此佛摄受诸脉，成［佛］身形相；摄受界清净，当安乐相；摄受字，自性照空；摄受风，体性双融。此即大宝空行宫，摄受第一宫殿也。

次密处“曷”字化作不空成就佛[4]，［身］青色，右手持剑，左手持剑柄铃，［抱］净风界亥度母佛母，［身］色与佛父同，右手钺刀，左手头器，与佛父交抱，三十二天母皆共围绕，众圣皆严骨饰五处，所观显明。依此念所断［行蕴］，清净嫉妒，得成所作智果。此智以身语意饶益有情，做无著无害。此之摄受身相等如前所知，摄受第二宫殿。

次心间“吽”字化成意金刚不动佛[5]，［身］青色，右手杵，左手持杵柄铃，［抱］净水界麻麻鸡母，［身］色与佛父同，右手钺刀，左手头器，与佛父交抱，八大天母围绕，严以骨饰五处，所观显明。依此念所断［识蕴］，清净嗔怒，得大圆镜智果。此智轮圆之一切法，如镜中形，自智现自智，无分别智也。此之摄受［身相］等亦与前同，摄受第三宫殿。

注释：

［1］“宝生佛”，西夏文作“[illegible]”，字面意思是“德生佛”，或为“功德宝生佛”之省。对应藏文 rin chen ’byung ldan。宝生佛为五方如来之中的南方佛，代表密教五智中的“平等性智”。梵文作 Ratna Saṃbhava。

［2］“铃”，西夏文作“[illegible]”，字面意思是“鸣钟”。对应藏文 dril bu（铃），《番汉合时掌中珠》亦对译“铃”。

［3］“佛眼母”，西夏文直译为“[illegible]”，对应藏文 sangs rgyas spyan ma，梵文作 Buddha Locanā。佛眼母为密教胎藏界三部部母之一。

［4］“不空成就佛”，西夏文作“[illegible]”，字面意思是“有义成就”，《逐难记》同。对应藏文 don yod grub pa。不空成就佛为五方如来中的北方佛，代表密教五智中的“成所作智”。梵文作 Amogha Siddhi。

［5］“不动佛”，西夏文直译为“[illegible]”，对应藏文 mi bskyod pa。不动佛为五方如来之中的东方佛，代表密教五智中的“大圆镜智”。梵文为 Akṣobhya，汉文诸本中常译为阿閦佛、阿閦如来。

17.12

[illegible]	[illegible]	[illegible]	[illegible]。	[illegible]	[illegible]	[illegible]	[illegible]	[illegible]	[illegible]
ɣiwej¹	śjij¹	ŋwu²	ljɨ¹	tśjɨɨ¹	kor¹	gu²	·a	dji²	lej²
受	△	是	也。	次	喉	间	［唵］	字	化
[illegible]	[illegible]	[illegible]	[illegible]	[illegible]	[illegible]	[illegible]	[illegible]，	[illegible]	
ŋwuu¹	ɣjɨ¹	njij²	bji¹	mjɨ¹	pju̱¹	tha¹	śjɨj¹	tsə¹	
语	石	王	光	无	量	佛	成，	色	
次喉间“唵”字化成语金刚无量光佛，［身］色									

17.13

[illegible]，	[illegible]	[illegible]	[illegible]	[illegible]，	[illegible]	[illegible]	[illegible]	[illegible]	[illegible]
njij^{1}	tśier^{1}	lạ^{1}	wją^{1}	sej^{1}	źjɨ̣^{1}	lạ^{1}	wją^{1}	sej^{1}	ŋwu^{2}
红，	右	手	莲	净，	左	手	莲	净	以
[illegible]	[illegible]	[illegible]	[illegible]	[illegible]，	[illegible]	[illegible]	[illegible]	[illegible]	[illegible]
lụ^{2}	we^{2}	ŋewr^{1}	ɣię^{2}	·jiij^{1}	məə^{1}	kięj^{2}	gji^{1}	sej^{1}	dę^{1}
柄	成	鸣	钟	持，	火	界	清	净	母
红，右手持莲，左手持莲柄铃，［抱］净火界									

17.14

[illegible]	[illegible]①	[illegible]，	[illegible]	[illegible]	[illegible]	[illegible]，	[illegible]	[illegible]	[illegible]	[illegible]
phiow^{1}	gjwi^{2}	mja^{1}	tsə^{1}	so^{2}	rjir^{2}	lew^{2}	tśier^{1}	lạ^{1}	dźjị^{1}	bjɨr^{1}
白	衣	母，	色	父	与	同，	右	手	割	刀
[illegible]	[illegible]	[illegible]	[illegible]，	[illegible]	[illegible]	[illegible]	[illegible]	[illegible]	[illegible]	
źjɨ̣^{1}	lạ^{1}	ljụ^{2}	gju^{2}	so^{2}	·jij^{1}	lə^{1}	śjwa^{1}	thja^{1}	rjir^{2}	
左	手	头	器，	父	之	颈	执	其	与	
白衣母，［身］色与佛父同，右手钺刀，左手头器，与佛父交抱，										

17.15

[illegible]	[illegible]	[illegible]	[illegible]，	[illegible]	[illegible]	[illegible]	[illegible]	[illegible]	[illegible]，	[illegible]	[illegible]
lew^{2}	swu^{2}	·wio̧^{1}	tśjɨ̣^{1}	ŋwə^{1}	mja^{1}	ɣạ^{2}	tśhjiw^{1}	ŋwu^{2}	tśjɨ̣^{1}	ŋowr^{2}	ŋowr^{2}
同	样	绕	围，	天	母	十	六	以	围，	一	切
[illegible]	[illegible]	[illegible]	[illegible]	[illegible]	[illegible]	[illegible]	[illegible]，	[illegible]	[illegible]	[illegible]	
rjɨr^{1}	·jɨr^{2}	rer^{2}	ŋwə^{1}	mə^{2}	ŋwu^{2}	ljuu^{2}	tshjịj^{2}	dźju^{1}	sjwij^{1}	thjuu^{1}	
骨	璎	珞	五	种	以	庄	严，	显	明	观	
十六天母围绕，一切严以骨饰五处，所观显明。											

① 913 号作“[illegible]”，与“[illegible]”同音同义。西夏文译本《喜金刚》《吉祥》都为“[illegible]”字。

17.16

[illegible]。	[illegible]	[illegible]	[illegible]	[illegible]	[illegible]	[illegible]，	[illegible]	[illegible]	[illegible]
lew^{2}	thjɨ^{2}	sju^{2}	lə	bju^{1}	dźjɨɨr^{1}	lew^{2}	lẹj^{2}	kięj^{2}	gji^{1}
所。	此	如	念	依	断	所，	贪	欲	清
[illegible]，	[illegible]	[illegible]	[illegible]	[illegible]	[illegible]	[illegible]。	[illegible]	[illegible]	[illegible]
sej^{1}	mjaa^{1}	thjoo^{1}	bioo^{1}	thjuu^{1}	sjij^{2}	śjwo^{1}	thjɨ^{2}	sjij^{2}	rar^{2}
净，	果	妙	观	察	智	生。	此	智	流
依此念所断［想蕴］，清净贪欲，生妙观察智果。此智轮									

17.17

[illegible]	[illegible]	[illegible]	[illegible]，	[illegible]	[illegible]	[illegible]	[illegible]	[illegible]	[illegible]	[illegible]，
iọ^{1}	tsjiir^{1}	ŋowr^{2}	ŋowr^{2}	·jij^{1}	·jiw^{1}	ljɨ̣^{1}	mjaa^{1}	ljɨ̣^{1}	·jij^{1}	kwər^{1}
圆	法	一	切，	之	因	及	果	及	自	体，
[illegible]	[illegible]	[illegible]	[illegible]	[illegible]	[illegible]	[illegible]	[illegible]	[illegible]	[illegible]	
thjij^{2}	sjo^{2}	tjɨ̣j^{2}	bju^{1}	·a	tśhia^{1}	no^{1}	kha^{1}	mji^{1}	lwu^{1}	
故	云	法	依	一	［刹］	［那］	中	不	混	
圆一切法，因之与果自体，故云依法一刹那中不混										

17.18

[illegible]	[illegible]	[illegible]	[illegible]。	[illegible]	[illegible]	[illegible]	[illegible]	[illegible]	[illegible]
ŋwu^{2}	do^{2}	do^{2}	tsjij^{2}	ljụ^{2}	·jij^{1}	njɨ^{2}	ɣjiw^{1}	ɣiwej^{1}	śjij^{1}
以	异	异	悟。	身	相	等	摄	受	△
[illegible]	[illegible]	[illegible]	[illegible]，	[illegible]	[illegible]	[illegible]	[illegible]	[illegible]	[illegible]①
śji^{1}	sju^{2}	nwə^{1}	lew^{2}	ljɨɨr^{1}	tsew^{2}	pjụ^{2}	ɣjiw^{1}	ɣiwej^{1}	śjij^{1}
前	如	知	所，	四	第	殿	摄	受	△
不同悟。摄受身相等如前所知，摄受第四宫殿									

① 此后 913 号重复抄写“[illegible]”，衍。4528 号无。

17.19

[illegible]	[illegible]。	[illegible]	[illegible]	[illegible]	[illegible]	[illegible]	[illegible]	[illegible]	[illegible]	[illegible]	[illegible]	[illegible]	[illegible]
ŋwu^{2}	ljɨ^{1}	tśjɨɨ^{1}	tśjiw^{2}	gu^{2}	xã^{1}	dji^{2}	lej^{2}	ljṳ^{2}	ɣjɨ̣^{1}	njij^{2}	mə^{2}	swew^{1}	dzju^{2}
是	也。	次	顶	中	［唅］	字	化	身	石	王	众	明	主
也。次顶中“唅”字化成身金刚大日如来													

17.20

[illegible]	[illegible]，	[illegible]	[illegible]，	[illegible]	[illegible]	[illegible]	[illegible]，	[illegible]	[illegible]	[illegible]
tha^{1}	śjɨ̣j^{1}	tsə̣^{1}	phiow^{1}	tśier^{1}	lạ^{1}	dźiej^{2}	zow^{2}	źjɨ̣^{1}	lạ^{1}	thja^{1}
佛	成，	色	白，	右	手	轮	持，	左	手	彼
[illegible]	[illegible]	[illegible]	[illegible]	[illegible]	[illegible]	[illegible]，	[illegible]	[illegible]	[illegible]	
ŋwu^{2}	lṳ^{2}	we^{2}	ŋewr^{1}	ɣiẹ^{2}	·jij^{1}	·jiij^{1}	ŋa^{1}	kięj^{2}	gji^{1}	
以	柄	成	鸣	钟	之	持，	空	界	清	
佛，［身］色白，右手持轮，左手持轮柄铃，［抱］净空界										

17.21

[illegible]	[illegible]	[illegible]①	[illegible]	[illegible]	[illegible]	[illegible]，	[illegible]	[illegible]	[illegible]	[illegible]，
sej^{1}	dẹ^{1}	ŋa^{1}	kięj^{2}	·jij^{1}	dzju^{2}	mja^{1}	tsə̣^{1}	so^{2}	rjir^{2}	lew^{2}
净	母	空	界	自	在	母，	色	父	与	同，
[illegible]	[illegible]	[illegible]	[illegible]，	[illegible]	[illegible]	[illegible]	[illegible]，	[illegible]	[illegible]	[illegible]
tśier^{1}	lạ^{1}	dźjị^{1}	bjɨr^{1}	źjɨ̣^{1}	lạ^{1}	ljṳ^{2}	gju^{2}	so^{2}	·jij^{1}	lə^{1}
右	手	割	刀，	左	手	头	器，	父	之	颈
法界自在母，［身］色与佛父同，右手钺刀，左手头器，与佛父交抱，										

① 此处当为“[illegible]”（法）字，疑西夏本误；抑或是对“虚空法界”之省译。

17.22

[illegible]	[illegible]	[illegible]，	[illegible]	[illegible]	[illegible]	[illegible]	[illegible]	[illegible]	[illegible]	[illegible]
śjwa^{1}	·wiọ^{1}	tśjị^{1}	ŋwə^{1}	mja^{1}	zji^{2}	thja^{1}	rjir^{2}	lew^{2}	sọ^{1}	ɣạ^{2}
执	绕	围，	天	母	皆	其	与	同	三	十
[illegible]	[illegible]	[illegible]	[illegible]，	[illegible]	[illegible]	[illegible]	[illegible]	[illegible]	[illegible]	[illegible]
njɨɨ^{2}	ŋwu^{2}	·wiọ^{1}	tśjị^{1}	ŋowr^{2}	ŋowr^{2}	rjɨr^{1}	·jɨr^{2}	rer^{2}	ŋwə^{1}	mə^{2}
二	以	绕	围，	一	切	骨	璎	珞	五	种

三十二天母皆共围绕，一切严以骨饰五处，

17.23

[illegible]	[illegible]	[illegible]，	[illegible]	[illegible]	[illegible]	[illegible]。	[illegible]	[illegible]	[illegible]	[illegible]
ŋwu^{2}	ljuu^{2}	tshjịj^{2}	dźju^{1}	sjwij^{1}	thjuu^{1}	lew^{2}	thjɨ^{2}	sju^{2}	lə	bju^{1}
以	庄	严，	显	明	观	所。	此	如	念	依
[illegible]	[illegible]	[illegible]	[illegible]	[illegible]	[illegible]，	[illegible]	[illegible]	[illegible]	[illegible]	
dźjɨɨr^{1}	lew^{2}	wę^{1}	lə	gji^{1}	sej^{1}	mjaa^{1}	tsjiir^{1}	kięj^{2}	sjij^{2}	
断	所	愚	痴	清	净，	果	法	界	智	

所观显明。依此念所断［色蕴］，清净愚痴，显现法界智果。

17.24

[illegible]	[illegible]。	[illegible]	[illegible]	[illegible]	[illegible]，	[illegible]	[illegible]	[illegible]	[illegible]
dźju^{1}	śja^{2}	thja^{1}	kha^{1}	tsjiir^{1}	tja^{1}	tha^{1}	·jij^{1}	tśhja^{2}	·ioow^{1}
显	现。	其	中	法	者，	佛	之	德	功
[illegible]	[illegible]	[illegible]	[illegible]	[illegible]	[illegible]；	[illegible]	[illegible]，	[illegible]	[illegible]
rar^{2}	mjij^{1}	ŋwə^{1}	ŋur^{1}	njɨ^{2}	ŋwu^{2}	kięj^{2}	tja^{1}	thja^{1}	·jij^{1}
漏	无	五	蕴	等	是；	界	者，	其	之

其中法者，佛之功德无漏五蕴等也；界者，即其

18.1

[illegible]	[illegible]；	[illegible]	[illegible]，	[illegible]	[illegible]	[illegible]	[illegible]	[illegible]	[illegible]。	[illegible]
·jiw^{1}	ŋwu^{2}	sjịj^{2}	tja^{1}	thja^{1}	sju^{2}	tsjij^{2}	ljạ^{1}	njwi^{2}	ljɨ^{1}	ljụ^{2}
因	是；	智	者，	彼	如	悟	证	能	也。	身
[illegible]	[illegible]	[illegible]	[illegible]	[illegible]	[illegible]	[illegible]	[illegible]	[illegible]，	[illegible]	
·jij^{1}	njɨ^{2}	ɣjiw^{1}	ɣiwej^{1}	śjij^{1}	śji^{1}	sju^{2}	nwə^{1}	lew^{2}	ŋwə^{1}	
相	等	摄	受	△	前	如	知	所，	五	

因也；智者，如彼能证悟也。[此之]摄受身相等如前所知，

18.2

[illegible]	[illegible]	[illegible]	[illegible]	[illegible]	[illegible]	[illegible]。	[illegible]	[illegible]	[illegible]
tsew^{2}	pjụ^{2}	ɣjiw^{1}	ɣiwej^{1}	śjij^{1}	ŋwu^{2}	ljɨ^{1}	tśhjiw^{1}	dźiej^{2}	ŋwu^{2}
第	殿	摄	受	△	是	也。	六	轮	是
[illegible]	[illegible]	[illegible]	[illegible]	[illegible]	[illegible]	[illegible]	[illegible]	[illegible]，	[illegible]
kha^{1}	thju^{2}	bee^{2}	źjạ^{1}	dźiej^{2}	mjɨ^{1}	tśhjɨ^{1}	tshjiij^{1}	tja^{1}	tśjiw^{2}
中	此	眉	间	轮	不	尔	言	者，	顶

摄受第五宫殿。六轮中眉间轮不言者，顶

18.3

[illegible]	[illegible]	[illegible]	[illegible]	[illegible]，	[illegible]	[illegible]	[illegible]	[illegible]	[illegible]	[illegible]
dźiej^{2}	rjir^{2}	sej^{1}	phji^{1}	lew^{2}	tjịj^{1}	bju^{1}	tśjiw^{2}	dźiej^{2}	dja^{2}	gji^{1}
轮	相	净	令	所，	独	依	顶	轮	△	清
[illegible]	[illegible]，	[illegible]	[illegible]	[illegible]	[illegible]。	[illegible]	[illegible]	[illegible]	[illegible]	
sej^{1}	ku^{1}	lew^{1}	·jɨ^{2}	gjii^{2}	ljɨ^{1}	thja^{1}	sju^{2}	ŋwə^{1}	ŋa^{1}	
净	故，	满	谓	求	也。	其	如	五	空	

轮相净，独清净顶轮故，谓满也。其如摄受五空

18.4

[illegible]	[illegible]	[illegible]	[illegible]	[illegible]	[illegible]。	[illegible]	[illegible]	[illegible]	[illegible]，	[illegible]
dźjij^{1}	mjii^{1}	pjụ^{2}	njɨ^{2}	ɣjiw^{1}	ɣiwej^{1}	dźju^{1}	sjwij^{1}	lə	tja^{1}	·jij^{1}
行	宫	殿	等	摄	受。	显	明	念	者，	自
[illegible]	[illegible]	[illegible]	[illegible]	[illegible]	[illegible]，	[illegible]	[illegible]	[illegible]	[illegible]	
tsjiir^{2}	bju^{1}	dju^{1}	gu^{2}	tśjɨ̣^{1}	ŋwu^{2}	bju^{1}	ŋwə^{1}	po^{1}	tjɨj^{1}	
性	依	有	中	围	是，	依	五	［菩］	［提］	

行宫殿等。显明念者，自性有中围，依五菩提

18.5

[illegible]	[illegible]	[illegible]	[illegible]，	[illegible]	[illegible]	[illegible]	[illegible]	[illegible]	[illegible]	[illegible]
ŋwu^{2}	ljij^{1}	dzja^{1}	phji^{1}	ljɨ̣^{1}	sjij^{2}	ɣjiw^{1}	·o^{2}	njɨ^{2}	thju^{2}	mji^{1}
以	增	长	令，	及	智	摄	入	等	此	不
[illegible]	[illegible]。	[illegible]	[illegible]	[illegible]	[illegible]①	[illegible]	[illegible]	[illegible]	[illegible]，	[illegible]
·jow^{2}	ljɨ^{1}	thja^{1}	sju^{2}	·jij^{1}	tśja^{1}	dźju^{1}	sjwij^{1}	lə	zjij^{1}	rjɨr^{2}
样	也。	彼	如	相	道	显	明	念	时，	以

增长，及不摄入此智等也。如彼相道显明念，以

18.6

[illegible]	[illegible]	[illegible]	[illegible]	[illegible]，	[illegible]、	[illegible]、	[illegible]	[illegible]	[illegible]	[illegible]
khju^{1}	tshjiij^{1}	sju^{2}	tśja^{1}	dzju^{2}	wạ^{2}	gu^{2}	ljow^{2}	sọ^{1}	mə^{2}	kha^{1}
下	言	如	道	主，	广、	中、	略	三	种	中
[illegible]	[illegible]	[illegible]	[illegible]	[illegible]	[illegible]	[illegible]	[illegible]，	[illegible]	[illegible]	
·a	tjɨj^{2}	·a	mə^{2}	bju^{1}	dzju^{2}	lhjij^{2}	lew^{2}	thjɨ^{2}	tja^{1}	
一	法	一	种	依	主	受	所，	此	者	

下所说道灌，广、中、略三种择一法灌顶，此者

① 913 号脱。

18.7

[illegible]	[illegible]	[illegible]	[illegible]	[illegible]	[illegible]	[illegible]	[illegible]。	[illegible]、	[illegible]	[illegible]
sej^{1}	ljɨj^{2}	dzju^{2}	·jij^{1}	tśja^{1}	rjɨr^{2}	tshjiij^{1}	ŋwu^{2}	njɨɨ^{2}	ljij^{2}	śjij^{1}
净	瓶	主	之	道	乃	言	是。	二、	见	解
[illegible]	[illegible]	[illegible]	[illegible]	[illegible],	[illegible]	[illegible]	[illegible]	[illegible],	[illegible]、	
sọ^{1}	mə^{2}	·jij^{1}	kwər^{1}	tja^{1}	njɨɨ^{2}	mə^{2}	ŋwu^{2}	dzjɨɨ^{2}	lew^{1}	
三	种	自	体	者,	二	种	以	习,	一、	

乃言瓶灌之道。二、三体性见者,二种习。一、

译文:

次喉间“唵”字化成语金刚无量光佛[1],[身]色红,右手持莲,左手持莲柄铃,[抱]净火界白衣母[2],[身]色与佛父同,右手钺刀,左手头器,与佛父交抱,十六天母围绕,一切严以骨饰五处,所观显明。依此念所断[想蕴],清净贪欲,生妙观察智果。此智轮圆一切法,因之与果自体,故云依法一刹那中不混不同悟。摄受身相等如前所知,摄受第四宫殿也。

次顶中“唅”字化成身金刚大日如来佛[3],[身]色白,右手持轮,左手持轮柄铃,[抱]净空界法界自在母,[身]色与佛父同,右手钺刀,左手头器,与佛父交抱,三十二天母皆共围绕,一切严以骨饰五处,所观显明。依此念所断[色蕴],清净愚痴,显现法界智果。其中法者,佛之功德无漏五蕴等也;界者,即其因也;智者,如彼能证悟也。[此之]摄受身相等如前所知,摄受第五宫殿。

六轮中眉间轮不言者,顶轮相净,独清净顶轮故,谓满也。其如摄受五空行宫殿等。显明念者,自性有中围,依五菩提增长,及不摄入此智等也。如彼相道显明念,以下所说道灌,广、中、略三种择一法灌顶,此者乃言瓶灌之道。

注释：

［1］“无量光佛”，西夏文直译为“[illegible]”，对应藏文’od dpag tu med pa。无量光佛为五方如来中的西方佛，代表密教五智中的“妙观察智”。梵文作 Amitābha（无量光），又作 Amitāyus（无量寿），又名阿弥陀佛。

［2］“白衣母”，西夏文直译为“[illegible]”，对应藏文 gos dkar mo。白衣母为密教胎藏界三部部母之一。

［3］“大日如来佛”，西夏文作“[illegible]”，字面意思是“众明主佛”，对应藏文 rnam par snang mdzad。大日如来为五方如来之一，位居中央，代表密教五智中的“法界体性智”。梵文作 Vairocana，又名毗卢遮那佛、卢舍那佛等。

18.8

[illegible]	[illegible]	[illegible]	[illegible]	[illegible]	[illegible]	[illegible]，	[illegible]、	[illegible]	[illegible]	[illegible]
·u²	djɨj²	·o²	tjɨj²	ŋwu²	dzjɨɨ²	śjij¹	njɨɨ²	djɨj²	lho	la¹
内	定	入	仪	以	习	△，	二、	定	出	记
[illegible]	[illegible]	[illegible]	[illegible]。	[illegible]、	[illegible]	[illegible]	[illegible]	[illegible]	[illegible]	
gjwi²	bju¹	·wejr²	śjij¹	lew¹	·u²	djɨj²	·o²	tjɨj²	ŋwu²	
句	依	护	△。	一、	内	定	入	仪	以	

入定习仪，二、依出定守护三昧耶。一、入定习仪

18.9

[illegible]	[illegible]	[illegible]，	[illegible]	[illegible]	[illegible]	[illegible]	[illegible]	[illegible]	[illegible]	[illegible]，
dzjɨɨ²	śjij¹	tja¹	śji¹	śja²	phiaa²	·jij¹	kwər¹	ɣa²	dzjɨɨ²	ku¹
习	△	者，	先	现	分	自	体	于	习	故，
[illegible]	[illegible]	[illegible]	[illegible]	[illegible]	[illegible]	[illegible]	[illegible]	[illegible]	[illegible]	
śji¹	ljụ²	gu²	tśjị¹	ŋwə¹	ŋa¹	dźjij¹	pjụ²	tjij²	dźiej²	
前	身	中	围	五	空	行	宫	脐	轮	

者，先习现分体性故，前身中围五空行宫脐轮

18.10

[illegible]	[illegible]，	[illegible]	[illegible]	[illegible]	[illegible]	[illegible]	[illegible]	[illegible]	[illegible]	[illegible]，
ɣa^{2}	śjwo^{1}	tśjɨɨ^{1}	bju^{1}	dzjɨr^{1}	ljị^{2}	ŋwu^{2}	dźju^{1}	sjwij^{1}	thjuu^{1}	lew^{2}
于	起，	次	依	疾	速	以	显	明	观	所，
[illegible]	[illegible]	[illegible]	[illegible]	[illegible]	[illegible]	[illegible]	[illegible]	[illegible]，	[illegible]	
rjɨr^{2}	djọ^{2}	ɣie^{1}	bju^{1}	ŋwə^{1}	mə^{2}	pjụ^{2}	zji^{2}	ɣa^{2}	mo^{2}	
所	修	力	依	五	种	宫	皆	于，	或	
起，次第速疾所观显明，所修力皆依五宫，或										

18.11

[illegible]	[illegible]	[illegible]	[illegible]	[illegible]，	[illegible]	[illegible]	[illegible]	[illegible]，	[illegible]	[illegible]
·a	tjɨj^{2}	gji^{2}	lew^{1}	ɣa^{2}	mo^{2}	tjij^{1}	gu^{2}	pjụ^{1}	tjij^{1}	·wiọ^{1}
一	仪	各	一	于，	或	或	中	尊，	或	绕
[illegible]，	[illegible]	[illegible]	[illegible]	[illegible]。	[illegible]	[illegible]	[illegible]	[illegible]	[illegible]	[illegible]
tśjɨ̣^{1}	tjij^{1}	njijr^{2}	tjij^{1}	mej^{1}	·a	tjɨj^{2}	·a	mə^{2}	ɣa^{2}	bioo^{1}
围，	或	面	或	目。	一	仪	一	种	于	观
一仪各一，或主尊，或眷属，或面或目。一仪一种观										

18.12

[illegible]	[illegible]，	[illegible]	[illegible]	[illegible]	[illegible]	[illegible]	[illegible]	[illegible]	[illegible]，	[illegible]
thjuu^{1}	zjij^{1}	dzjọ^{1}	tew^{1}	low^{1}	ɣa^{2}	lạ^{1}	tjị^{1}	njii^{2}	sju^{2}	njiij^{1}
察	时，	犹	胶	圆	于	手	置	触	如，	心
[illegible]	[illegible]	[illegible]	[illegible]	[illegible]，	[illegible]	[illegible]	[illegible]	[illegible]，	[illegible]	[illegible]
dzjij^{2}	do^{2}	mji^{1}	ŋewr^{1}	khiee^{1}	zow^{2}	·jiij^{1}	njwi^{2}	we^{2}	thja^{1}	ŋwu^{2}
各	处	不	杂	乱，	持	执	能	成，	其	以
想时，犹似以手触于糯胶，心不散乱各处，能得持心，其										

18.13

[illegible]	[illegible]	[illegible]	[illegible]	[illegible]	[illegible]，	[illegible]	[illegible]	[illegible]	[illegible]	[illegible]
ljɨ^{1}	tsjɨ^{1}	·u^{2}	rjijr^{2}	lhjwo^{1}	bju^{1}	sjij^{2}	tsjɨ^{1}	·jij^{1}	tsjij^{1}	njɨ^{2}
风	亦	内	向	回	依，	识	亦	自	他	等
[illegible]	[illegible]	[illegible]	[illegible]	[illegible]	[illegible]	[illegible]。	[illegible]	[illegible]	[illegible]	[illegible]
ɣa^{2}	·ju^{2}	mur^{1}	·jij^{1}	lạ^{1}	seew^{2}	rjijr^{2}	nioow^{1}	thja^{1}	dzjɨj^{1}	tśhjaa^{1}
于	民	俗	之	妄	念	向。	又	彼	时	于

风亦内回，心识亦于自他等向凡夫之妄念。又彼时

18.14

[illegible]	[illegible]	[illegible]	[illegible]	[illegible]	[illegible]	[illegible]	[illegible]	[illegible]	[illegible]，	[illegible]
·jij^{1}	tśjɨ^{1}	sjij^{2}	ŋwu^{2}	mjɨɨ^{2}	kięj^{2}	dźju^{1}	swew^{1}	śjwo^{1}	ljɨ^{1}	thjɨ^{2}
自	觉	智	以	境	界	明	照	生	也，	此
[illegible]	[illegible]	[illegible]	[illegible]	[illegible]	[illegible]	[illegible]，	[illegible]	[illegible]	[illegible]	[illegible]
tsjɨ^{1}	mej^{1}	·a	mə^{2}	dźju^{1}	sjwij^{1}	tja^{1}	bju^{1}	mjij^{1}	dźju^{1}	śja^{2}
亦	目	一	种	明	显	者，	明	无	显	现

自觉智境界明照生也，此亦一种目显明者，无明

18.15

[illegible]	[illegible]	[illegible]	[illegible]	[illegible]，	[illegible]	[illegible]	[illegible]。	[illegible]	[illegible]	[illegible]
ɣa^{2}	lhjwo^{1}	·jij^{1}	tśjɨ^{1}	tja^{1}	tsjiir^{1}	·jiij^{1}	ŋwu^{2}	dźju^{1}	swew^{1}	dźju^{1}
于	隐	自	觉	者，	法	持	是。	明	照	显
[illegible]，	[illegible]	[illegible]	[illegible]	[illegible]	[illegible]	[illegible]	[illegible]	[illegible]，	[illegible]	
śja^{2}	thja^{1}	mjor^{1}	seew^{2}	mjij^{1}	bju^{1}	mjii^{1}	dźjiij^{1}	dzjɨj^{1}	·jij^{1}	
现，	彼	如	妄	无	依	宫	住	时，	自	

自觉隐，法持也。明照现分，如彼无妄依止而住时，自

18.16

[illegible]	[illegible]	[illegible]	[illegible]	[illegible]	[illegible]	[illegible]	[illegible]	[illegible]	[illegible]	[illegible]
tsjij^{1}	njɨ^{2}	·ju^{2}	mur^{1}	seew^{2}	phji^{1}	ŋwu^{2}	njɨ^{2}	dza^{2}	rjir^{2}	wjɨ^{2}
他	等	民	俗	妄	念	以	遍	计	相	△
[illegible]	[illegible]，	[illegible]	[illegible]	[illegible]	[illegible]。	[illegible]	[illegible]	[illegible]	[illegible]	
ka^{2}	tja^{1}	tsjiir^{1}	tsjiir^{2}	ŋwu^{2}	ljɨ^{1}	thjɨ^{2}	tja^{1}	t-	phiaa^{2}	
离	者，	法	性	是	也。	此	者	遮	分	

他等凡夫、遍计之妄念相离者，法性也。此者依遮诠

18.17

[illegible]	[illegible]	[illegible]	[illegible]。	[illegible]	[illegible]	[illegible]	[illegible]	[illegible]	[illegible]	[illegible]
bju^{1}	rjɨr^{2}	tshjiij^{1}	ŋwu^{2}	nioow^{1}	bju^{1}	tsjij^{2}	ŋwu^{2}	zow^{2}	·jiij^{1}	phiaa^{2}
依	所	言	是。	又	明	晓	以	持	执	分
[illegible]	[illegible]	[illegible]	[illegible]，	[illegible]	[illegible]	[illegible]	[illegible]	[illegible]	[illegible]	
bju^{1}	tsjiir^{1}	·jiij^{1}	ŋwu^{2}	seew^{2}	mjij^{1}	gu^{1}	śjwo^{1}	phiaa^{2}	bju^{1}	
依	法	持	是，	妄	无	立	生	分	依	

所言。又执持明了之分是法持，生无妄之分

18.18

[illegible]	[illegible]	[illegible]。	[illegible]	[illegible]	[illegible]	[illegible]	[illegible]	[illegible]	[illegible]
tsjiir^{1}	tsjiir^{2}	ŋwu^{2}	thjɨ^{2}	tja^{1}	śjɨj^{1}	phiaa^{2}	bju^{1}	rjɨr^{2}	tshjiij^{1}
法	性	是。	此	者	成	分	依	所	言
[illegible]。	[illegible]	[illegible]	[illegible]	[illegible]，	[illegible]	[illegible]	[illegible]	[illegible]。	
ŋwu^{2}	thjɨ^{2}	njɨɨ^{2}	kwər^{1}	tjij^{1}	lhjwo^{1}	phiaa^{2}	do^{2}	we^{2}	
是。	此	二	体	一，	归	分	异	为。	

是法性也。此者依表诠所言。此二者体一，归分异也。

18.19

[illegible]	[illegible]	[illegible]①	[illegible]	[illegible]	[illegible]	[illegible]	[illegible]	[illegible]	[illegible]，	[illegible]
bju^{1}	tsjij^{2}	ŋwu^{2}	zow^{2}	·jiij^{1}	tja^{1}	·jij^{1}	seew^{2}	mjij^{1}	ŋwu^{2}	thja^{1}
明	晓	以	持	执	者，	自	妄	无	是，	其
[illegible]	[illegible]	[illegible]	[illegible]	[illegible]	[illegible]	[illegible]②	[illegible]	[illegible]	[illegible]。	
seew^{2}	mjij^{1}	tsjɨ^{1}	bju^{1}	tsjij^{2}	ŋwu^{2}	zow^{2}	·jiij^{1}	ŋwu^{2}	bju^{1}	
妄	无	亦	明	晓	以	持	执	是	依。	
执持明了者自无妄，其无妄亦执持明了。										

18.20

[illegible]③	[illegible]	[illegible]	[illegible]	[illegible]	[illegible]	[illegible]	[illegible]④	[illegible]	[illegible]	[illegible]
ljịj^{2}	dzjiij^{2}	mjɨ^{2}	lheew^{2}	·jij^{1}	dzju^{2}	thjɨ^{2}	·jij^{1}	tsjiir^{1}	·jiij^{1}	tsjiir^{1}
大	师	默	有	自	在	此	之	法	持	法
[illegible]	[illegible]	[illegible]	[illegible]	[illegible]，	[illegible]	[illegible]	[illegible]	[illegible]	[illegible]	[illegible]。
tsjiir^{2}	tjịj^{1}	do^{2}	pha^{1}	mjij^{1}	lhjwo^{1}	phiaa^{2}	mji^{1}	lew^{2}	gjii^{2}	ljɨ^{1}
性	独	异	别	无，	归	分	不	同	求	也。
瑜伽自在大师不以此之作法持法性分别，归分不同也。										

18.21

[illegible]	[illegible]	[illegible]	[illegible]	[illegible]	[illegible]	[illegible]，	[illegible]	[illegible]	[illegible]	[illegible]
tśjɨɨ^{1}	ŋa^{1}	phiaa^{2}	·jij^{1}	kwər^{1}	ɣa^{2}	dzjɨɨ^{2}	ku^{1}	śji^{1}	dźju^{1}	phiaa^{2}
次	空	分	自	体	于	习，	则	前	现	分
[illegible]	[illegible]	[illegible]	[illegible]	[illegible]	[illegible]	[illegible]	[illegible]	[illegible]，	[illegible]	
·jij^{1}	kwər^{1}	·jij^{1}	dwewr^{2}	lhjịj^{2}	to^{2}	śjwo^{1}	śjij^{1}	bju^{1}	kụ^{1}	
自	体	之	觉	受	生	起	△	依，	任	
次习空分体性，则依前现分体性觉受生起，任										

① 4528 号无此字。

② 4528 号无此字。

③ 4528 号前另有“[illegible]”（此）字。

④ “[illegible][illegible]”二字在 4528 号中作“[illegible]”（者）。

18.22

[illegible]	[illegible]	[illegible]	[illegible]	[illegible]。	[illegible]	[illegible]	[illegible]	[illegible]	[illegible]，	[illegible]
wją^{2}	ŋwu^{2}	kjṵ^{1}	djo̜^{2}	bju^{1}	thja^{1}	dźju^{1}	phiaa^{2}	tsjɨ^{1}	dzjar^{2}	mo^{2}
运	以	求	修	依。	其	现	分	亦	灭，	或
[illegible]	[illegible]	[illegible]	[illegible]	[illegible]	[illegible]	[illegible]	[illegible]	[illegible]	[illegible]，	
dja^{2}	lə	sju^{2}	we^{2}	ŋa^{1}	phiaa^{2}	dwewr^{2}	lhjij^{2}	śjwo^{1}	zjij^{1}	
已	念	如	成	空	分	觉	受	生	时，	

运修也。其现分亦灭，或如妄念而生空分觉受，

18.23

[illegible]	[illegible]	[illegible]	[illegible]	[illegible]	[illegible]	[illegible]	[illegible]	[illegible]	[illegible]，	[illegible]
thja^{1}	ɣa^{2}	bju^{1}	sjij^{2}	dźju^{1}	swew^{1}	mjii^{1}	dźjiij^{1}	we^{2}	bju^{1}	bju^{1}
其	于	明	识	现	照	宫	住	成	依，	明
[illegible]	[illegible]	[illegible]	[illegible]	[illegible]	[illegible]	[illegible]，	[illegible]	[illegible]	[illegible]	
mjij^{1}	·jij^{1}	dźju^{1}	śja^{2}	ɣa^{2}	wjɨ^{2}	lhjwo^{1}	bju^{1}	tsjij^{2}	sjij^{2}	
无	之	显	现	于	△	隐，	明	晓	智	

其心识明照依止而住，则无明隐，明了智

18.24

[illegible]	[illegible]	[illegible]	[illegible]	[illegible]。	[illegible]	[illegible]	[illegible]	[illegible]	[illegible]	[illegible]
tja^{1}	tsjiir^{1}	·jiij^{1}	ŋwu^{2}	ljɨ^{1}	thja^{1}	mjor^{1}	·jij^{1}	tsjij^{1}	njɨ^{2}	·jij^{1}
者	法	持	是	也。	其	如	自	他	等	之
[illegible]	[illegible]	[illegible]	[illegible]，	[illegible]	[illegible]	[illegible]	[illegible]，	[illegible]	[illegible]	
seew^{2}	rjir^{2}	wjɨ^{2}	ka^{2}	seew^{2}	mjij^{1}	śjwo^{1}	tja^{1}	tsjiir^{1}	tsjiir^{2}	
妄	相	△	离，	妄	无	生	者，	法	性	

者是法持也。其离自他等之妄念，生无妄者，为法性

19.1

[illegible]	[illegible]。	[illegible]	[illegible]	[illegible]	[illegible]	[illegible]	[illegible]	[illegible]	[illegible]	[illegible]
mjiij^{1}	we^{2}	thjɨ^{2}	njɨɨ^{2}	tsjɨ^{1}	·a	dzjɨj^{1}	tśhjaa^{1}	tsjiir^{1}	·jiij^{1}	ljɨ̣^{1}
名	为。	此	二	亦	一	时	于	法	持	及
[illegible]	[illegible]	[illegible]。	[illegible]	[illegible]	[illegible]	[illegible]	[illegible]	[illegible]	[illegible]	[illegible]
tsjiir^{1}	tsjiir^{2}	ŋwu^{2}	thjɨ^{2}	·jij^{1}	tsjɨ^{1}	t-	dźju^{1}	njɨɨ^{2}	mə^{2}	bju^{1}
法	性	是。	此	之	亦	遮	表	二	种	依
名。此二为一时法持及法性也。此之亦依前所知二种遮表。										

19.2

[illegible]	[illegible]	[illegible]	[illegible]。	[illegible]	[illegible]	[illegible]	[illegible]	[illegible]	[illegible]	[illegible]，
śji^{1}	sju^{2}	nwə^{1}	lew^{2}	kụ^{1}	lọ^{2}	·o^{2}	·jij^{1}	kwər^{1}	ɣa^{2}	dzjɨɨ^{2}
前	如	知	所。	后	双	融	自	体	于	习，
[illegible]	[illegible]	[illegible]	[illegible]	[illegible]	[illegible]	[illegible]	[illegible]	[illegible]	[illegible]	
ku^{1}	mjɨ^{2}	lheew^{2}	mjijr^{2}	lə	djɨj^{2}	lew^{2}	tha^{1}	·jij^{1}	mej^{1}	
则	默	有	者	念	定	所	佛	之	眼	
后习双融体性，则瑜伽士念定佛之眼										

19.3

[illegible]	[illegible]	[illegible]	[illegible]。	[illegible]	[illegible]	[illegible]	[illegible]	[illegible]	[illegible]
njɨ^{2}	·a	mə^{2}	ŋwu^{2}	tsjɨ^{1}	mjɨ^{2}	lheew^{2}	mjijr^{2}	·jij^{1}	njiij^{1}
等	一	种	是。	亦	默	有	者	之	心
[illegible]	[illegible]	[illegible]	[illegible]	[illegible]	[illegible]	[illegible]	[illegible]	[illegible]	[illegible]
dwewr^{2}	lhjij^{2}	ɣa^{2}	mej^{1}	·u^{2}	ɣju^{1}	ljɨ̣^{1}	so^{2}	lwew^{1}	njɨ^{2}
觉	受	于	眼	内	烟	及	阳	焰	等
等一种。瑜伽士之心觉受于眼内见烟及阳焰等生									

19.4

[illegible]	[illegible]，	[illegible]	[illegible]	[illegible]	[illegible]	[illegible]	[illegible]	[illegible]	[illegible]	[illegible]。
śjwo^{1}	ljij^{2}	mo^{2}	sji^{1}	phu^{2}	ljɨ̣^{1}	ljụ^{2}	rer^{2}	njɨ^{2}	to^{2}	śjwo^{1}
起	见，	或	树	木	及	头	珞	等	生	起。
[illegible]	[illegible]	[illegible]	[illegible]，	[illegible]	[illegible]	[illegible]	[illegible]	[illegible]	[illegible]	
dźju^{1}	śja^{2}	śjwo^{1}	dzjɨj^{1}	thja^{1}	tja^{1}	kwər^{1}	tsjiir^{2}	ɣa^{2}	mji^{1}	
显	现	生	时，	彼	者	体	性	于	不	

起，或树木及头鬘等生。现分生时，彼者依无物，

19.5

[illegible]	[illegible]，	[illegible]	[illegible]；	[illegible]	[illegible]	[illegible]	[illegible]	[illegible]	[illegible]
dju^{1}	bju^{1}	mjij^{1}	ŋwu^{2}	mjɨ^{2}	lheew^{2}	mjijr^{2}	·jij^{1}	sjij^{2}	ɣa^{2}
有	依，	无	是；	默	有	者	之	识	△
[illegible]	[illegible]，	[illegible]	[illegible]	[illegible]	[illegible]。	[illegible]	[illegible]	[illegible]	[illegible]
śja^{2}	bju^{1}	mjij^{1}	tsjɨ^{1}	njaa^{2}	nioow^{1}	thjɨ^{2}	sju^{2}	ka^{2}	·jiij^{1}
现	依，	无	亦	非	故。	此	如	等	持

是无；瑜伽士之识现，故亦非无。生如此等持

19.6

[illegible]	[illegible]，	[illegible]	[illegible]	[illegible]	[illegible]	[illegible]	[illegible]	[illegible]	[illegible]	[illegible]
śjwo^{1}	tja^{1}	śja^{2}	ŋa^{1}	lọ^{2}	·o^{2}	ljij^{2}	po^{1}	tjɨj^{1}	tśja^{1}	phju^{2}
生	者，	现	空	双	融	大	［菩］	［提］	道	上
[illegible]	[illegible]	[illegible]。	[illegible]	[illegible]	[illegible]	[illegible]	[illegible]	[illegible]	[illegible]	
tsew^{2}	ŋwu^{2}	ljɨ^{1}	thja^{1}	ɣa^{2}	njiij^{1}	zow^{2}	·jiij^{1}	bju^{1}	dźju^{1}	
第	是	也。	其	于	心	持	执	依	显	

者，现空双融大菩提道最上［觉受］。于彼执持心显

19.7

[illegible]	[illegible]	[illegible]	[illegible]	[illegible]，	[illegible]	[illegible]	[illegible]	[illegible]	[illegible]
sjwij^{1}	bju^{1}	mjii^{1}	dźjiij^{1}	tja^{1}	bju^{1}	mjij^{1}	dźju^{1}	śja^{2}	ɣa^{2}
明	依	宫	住	者，	明	无	显	现	△
[illegible]，	[illegible]	[illegible]	[illegible]	[illegible]	[illegible]	[illegible]。	[illegible]	[illegible]	[illegible]
lhjwo^{1}	bju^{1}	tsjij^{2}	sjij^{2}	tsjiir^{1}	·jiij^{1}	ŋwu^{2}	thja^{1}	dzjɨj^{1}	·jij^{1}
隐，	明	晓	智	法	持	是。	彼	时	自

明住者，则无明隐，明了智是法持。彼时自

19.8

[illegible]	[illegible]	[illegible]	[illegible]	[illegible]	[illegible]	[illegible]	[illegible]，	[illegible]	[illegible]	[illegible]
tsjij^{1}	njɨ^{2}	ɣa^{2}	phji^{1}	ŋwu^{2}	njɨ^{2}	dza^{2}	ka^{2}	seew^{2}	mjij^{1}	śjwo^{1}
他	等	于	意	以	遍	计	离，	妄	无	生
[illegible]	[illegible]	[illegible]	[illegible]	[illegible]。	[illegible]	[illegible]	[illegible]	[illegible]	[illegible]	
tja^{1}	tsjiir^{1}	tsjiir^{2}	ŋwu^{2}	ljɨ^{1}	thjɨ^{2}	sju^{2}	so̧^{1}	mə^{2}	ka^{2}	
者	法	性	是	也。	此	如	三	种	等	

他等、遍计之意远离，生无妄者是法性也。如此三种等持

19.9

[illegible]	[illegible]	[illegible]	[illegible]，	[illegible]	[illegible]	[illegible]	[illegible]	[illegible]	[illegible]
·jiij^{1}	ljɨ^{1}	kjɨ^{1}	śjwo^{1}	tsjɨ^{1}	to^{2}	śjwo^{1}	bju^{1}	śjij^{1}	ku̧^{1}
持	何	已	生，	亦	生	起	依	△	任
[illegible]	[illegible]，	[illegible]	[illegible]	[illegible]	[illegible]	[illegible]	[illegible]	[illegible]	[illegible]①
wją^{2}	djo̧^{2}	ku^{1}	dźjɨɨr^{1}	lew^{2}	ljɨ^{1}	tśhja^{2}	·ioow^{1}	to^{2}	dzja^{1}
运	修，	故	离	所	及	德	功	生	长

何时生，生起以任运修，所离及功德生长

① 4528 号作“[illegible]”，与“[illegible]”同义。

19.10

[illegible]	[illegible]	[illegible]	[illegible]	[illegible]	[illegible]	[illegible]	[illegible]	[illegible]	[illegible]。	[illegible]
tśja¹	mjiij²	mjiij²	phju²	bjiij²	do²	buu²	źju²	mjij¹	ljɨ¹	thjɨ²
道	下	下	上	升	处	殊	异	无	也。	此
[illegible]	[illegible]	[illegible]	[illegible]	[illegible]	[illegible]	[illegible]	[illegible]	[illegible]	[illegible]，	[illegible]
sọ¹	mə²	ka²	·jiij¹	tsjɨ¹	bju¹	tsjij²	rjir²	wjɨ²	ka²	ku¹
三	种	等	持	亦	明	晓	相	△	离，	则
渐升道无殊异也。此三种等持明了相离，则										

19.11

[illegible]	[illegible]	[illegible]	[illegible]，	[illegible]	[illegible]	[illegible]	[illegible]	[illegible]	[illegible]。	[illegible]
tśja¹	mjɨ¹	tśhjɨ¹	we²	mji¹	mju²	mjij¹	sjwɨ¹	we²	ljɨ¹	thja¹
道	匪	彼	成，	不	动	静	虑	成	也。	其
[illegible]	[illegible]	[illegible]	[illegible]	[illegible]	[illegible]	[illegible]	[illegible]	[illegible]	[illegible]	
bju¹	ɣiẹ¹	tjɨ¹	rjar¹	po¹	tjɨj¹	dzjiij²	ɣiej¹	sjij²	śjɨj¹	
依	[因]	[得]	[啰]	[菩]	[提]	师	真	智	成	
匪成彼道，成不动静虑也。依《因得啰菩提成就智》										

19.12

[illegible]	[illegible]	[illegible]	[illegible]	[illegible]	[illegible]	[illegible]	[illegible]	[illegible]	[illegible]	[illegible]
kha¹	tshjiij¹	wẹ¹	lə	djɨj²	ŋwu²	wẹ¹	lə	tsjiir²	rjur¹	tjɨj²
中	言	愚	痴	定	以	愚	痴	性	诸	仪
[illegible]	[illegible]	[illegible]	[illegible]	[illegible]	[illegible]	[illegible]。	[illegible]、	[illegible]	[illegible]	[illegible]
niow²	·jij¹	rjir¹	lew²	we²	·jɨ²	ljɨ¹	njɨɨ²	djɨj²	lho	la¹
恶	之	得	所	成	谓	也。	二、	定	出	记
中言“愚痴定得成愚痴诸性恶仪”也。二、依出定守护										

译文：

二、三体性见者，二种习。一、入定习仪，二、依出定守护三昧耶。一、入定习仪者，先习现分体性故，前身中围五空行宫脐轮起，次第速疾所观显明，所修力皆依五宫，或一仪各一，或主尊，或眷属，或面或目。一仪一种观想时，犹似以手触于糩胶[1]，心不散乱各处，能得持心，其风亦内回，心识亦于自他等向凡夫之妄念。又彼时自觉智境界明照生也，此亦一种目显明者，无明自觉隐，法持[2]也。明照现分，如彼无妄依止而住时，自他等凡夫、遍计之妄念相离者，法性也。此者依遮诠[3]所言。又执持明了之分是法持，生无妄之分是法性也。此者依表诠[4]所言。此二者体一，归分异也。执持明了者自无妄，其无妄亦执持明了。瑜伽自在大师不以此之作法持法性分别，归分不同也。

次习空分体性，则依前现分体性觉受生起，任运修也。其现分亦灭，或如妄念而生空分觉受，其心识明照依止而住，则无明隐，明了智者是法持也。其离自他等之妄念，生无妄者，为法性名。此二为一时法持及法性也。此之亦依前所知二种遮表。

后习双融体性，则瑜伽士念定佛之眼等一种。瑜伽士之心觉受于眼内见烟及阳焰等生起，或树木及头鬘[5]等生。现分生时，彼者依无物[6]，是无；默有者之识现，故亦非无。生如此等持者，现空双融大菩提道最上［觉受］。于彼执持心显明住者，则无明隐，明了智是法持。彼时自他等、遍计之意远离，生无妄者是法性也。如此三种等持何时生，生起以任运修，所离及功德生长渐升道无殊异也。此三种等持明了相离，则匪成彼道，成不动静虑也。依《因得啰菩提[7]成就智》中言“愚痴定得成愚痴诸性恶仪”也。

注释：

［1］“糩胶”，西夏文作“𗴂𘏞”，字面意思是“圆胶”，《延晖集》作“糩胶”。糩，米煮坏。

［2］“法持”，《延晖集》作“法相”，《偈注》作“有法”。

［3］“遮诠”，指从反面来说明事理。西夏文作“[illegible][illegible]”，字面意思是“遮分”。

［4］“表诠”，指从正面来说明事理，与“遮诠”共称“二诠”。西夏文作“[illegible][illegible]”，字面意思是“成分”。

［5］“头鬘”，西夏文作“[illegible][illegible]”，字面意思是“头珞”，当为“头璎珞”之简省。“[illegible][illegible]”（璎珞），对应藏文 phreng ba，义为“鬘”。梵文作 Keyūra，汉文佛经常译为璎珞，或音译为枳由罗。

［6］“物”，西夏文作“[illegible][illegible]”，字面意思是“体性”。此种译法还见于西夏文译本《喜金刚》《吉祥》。如西夏文译本《喜金刚》中“[illegible][illegible][illegible]”（外体性）对应藏文 phyi rol gyi dngos po rnams（外诸器物），《吉祥》中“[illegible][illegible][illegible][illegible]”（有体无体）对应藏文 dngos dang dngos med（有物无物），其中“[illegible]”（体）对应藏文 dngos（实体、事物）。

［7］“因得啰菩提”，西夏文作“[illegible][illegible][illegible][illegible][illegible]”（ɣiẹ^{1} tjɨ^{1} rjar^{1} po^{1} tjɨj^{1}），音译梵文 Indrabhūti。

19.13

[illegible]	[illegible]	[illegible]	[illegible]	[illegible]，	[illegible]	[illegible]	[illegible]	[illegible]	[illegible]	[illegible]
gjwi^{2}	bju^{1}	·wejr^{2}	śjij^{1}	tja^{1}	·jij^{1}	kwər^{1}	sọ^{1}	kha^{1}	śji^{1}	śja^{2}
句	依	护	△	者，	自	体	三	中	前	现
[illegible]	[illegible]	[illegible]	[illegible]，	[illegible]	[illegible]	[illegible]	[illegible]	[illegible]	[illegible]	
phiaa^{2}	·jij^{1}	kwər^{1}	tja^{1}	wją^{1}	njɨ^{2}	tsə̣^{1}	mo^{2}	zjɨɨr^{2}	ɣiẹ^{2}	
分	自	体	者，	花	等	色	或	水	声	

三昧耶者，三体性中前现分体性者，花色水声等，

19.14

[illegible]，	[illegible]	[illegible]	[illegible]	[illegible]	[illegible]	[illegible]	[illegible]	[illegible]	[illegible]，	[illegible]
nji^{2}	mjɨɨ^{2}	·a	tjɨj^{2}	·a	mə^{2}	ɣa^{2}	bju^{1}	gjị^{2}	zjịj^{1}	dźju^{1}
等，	境	一	仪	一	种	△	依	靠	时，	显
[illegible]	[illegible]	[illegible]，	[illegible]	[illegible]	[illegible]	[illegible]	[illegible]	[illegible]，	[illegible]	[illegible]
śja^{2}	mji^{1}	t-	bju^{1}	tśjɨ^{1}	ljow^{2}	zjij^{1}	kụ^{1}	wją^{2}	mji^{1}	dzjwɨ^{2}
现	不	遮，	明	觉	稍	略	纵	放，	不	修

依境用一种，显现不遮，稍纵觉知，不修

19.15

[illegible]	[illegible]	[illegible]	[illegible]，	[illegible]	[illegible]	[illegible]	[illegible]	[illegible]	[illegible]
djị^{2}	·jij^{1}	śjij^{1}	bju^{1}	njiij^{1}	zow^{2}	·jiij^{1}	ku^{1}	dźju^{1}	swew^{1}
造	己	△	依，	心	持	执	则	显	照
[illegible]	[illegible]	[illegible]	[illegible]。	[illegible]	[illegible]	[illegible]	[illegible]	[illegible]	[illegible]，
seew^{2}	mjij^{1}	śjwo^{1}	ljɨ^{1}	thjɨ^{2}	tsjɨ^{1}	mjɨɨ^{2}	dźju^{1}	sjwij^{1}	tja^{1}
妄	无	生	也。	此	亦	境	显	明	者，

造己，执持心则生明照无妄也。此亦于境显明者，

19.16

[illegible]	[illegible]	[illegible]	[illegible]	[illegible]	[illegible]，	[illegible]	[illegible]	[illegible]	[illegible]
sjij^{2}	ɣa^{2}	dźju^{1}	sjwij^{1}	ŋwu^{2}	bju^{1}	bju^{1}	mjij^{1}	dźju^{1}	śja^{2}
识	于	显	明	是	依，	明	无	显	现
[illegible]	[illegible]，	[illegible]	[illegible]	[illegible]	[illegible]	[illegible]	[illegible]。	[illegible]	[illegible]
ɣa^{2}	lhjwo^{1}	bju^{1}	tśjɨ^{1}	tja^{1}	tsjiir^{1}	·jiij^{1}	ŋwu^{2}	thja^{1}	bju^{1}
于	隐，	明	觉	者	法	持	是。	彼	明

依识显明，则无明隐，觉知者是法持也。彼

19.17

[illegible]	[illegible]	[illegible]	[illegible]	[illegible]	[illegible]，	[illegible]	[illegible]	[illegible]	[illegible]	[illegible]
tśjɨ^{1}	mjor^{1}	seew^{2}	mjij^{1}	śjwo^{1}	bju^{1}	phji^{1}	njɨ^{2}	dza^{2}	rjir^{2}	wjɨ^{2}
觉	如	妄	无	生	依，	意	遍	计	相	△
[illegible]	[illegible]	[illegible]	[illegible]	[illegible]。	[illegible]	[illegible]	[illegible]	[illegible]	[illegible]	[illegible]，
ka^{2}	tja^{1}	tsjiir^{1}	tsjiir^{2}	ŋwu^{2}	thjɨ^{2}	tja^{1}	ka^{2}	śjɨj^{1}	kwər^{1}	tjij^{1}
离	者	法	性	是。	此	者	等	成	体	一，

觉知生无妄，意离遍计者是法性也。此者成等一体，

19.18

[illegible]	[illegible]	[illegible]	[illegible]	[illegible]	[illegible]。	[illegible]	[illegible]	[illegible]	[illegible]	[illegible]
lhjwo^{1}	śjij^{1}	do^{2}	pha^{1}	ŋwu^{2}	ljɨ^{1}	thja^{1}	mjor^{1}	dźjɨɨr^{1}	lew^{2}	·jij^{1}
归	△	异	别	是	也。	彼	如	断	所	之
[illegible]	[illegible]	[illegible]	[illegible]	[illegible]	[illegible]。	[illegible]	[illegible]	[illegible]		
ŋwer^{1}	djị^{2}	sji^{2}	tsjiir^{1}	tsjiir^{2}	ŋwu^{2}	tśjɨɨ^{1}	ŋa^{1}	phiaa^{2}		
等	修	能	法	性	是。	次	空	分		

归有异别。如彼所断之等修法性也。次空分

19.19

[illegible]	[illegible]	[illegible]，	[illegible]	[illegible]	[illegible]	[illegible]	[illegible]	[illegible]	[illegible]	[illegible]
·jij^{1}	kwər^{1}	tja^{1}	tshọ^{2}	ŋa^{1}	mo^{2}	ŋa^{1}	wją^{1}	njɨ^{2}	·a	mə^{2}
自	体	者，	虚	空	或	空	花	等	一	种
[illegible]	[illegible]	[illegible]	[illegible]	[illegible]，	[illegible]	[illegible]	[illegible]	[illegible]	[illegible]	[illegible]
sjij^{2}	ŋwu^{2}	mjɨɨ^{2}	kięj^{2}	·wji^{1}	zjij^{1}	thja^{1}	ɣa^{2}	njiij^{1}	sjij^{2}	dźju^{1}
识	以	境	界	为，	时	其	于	心	识	明

体性者，虚空或空花等一种为意境，时于其心识明

19.20

[illegible]	[illegible]	[illegible]	[illegible]	[illegible]	[illegible]	[illegible]。	[illegible]	[illegible]	[illegible]	[illegible]
swew^{1}	mjij^{2}	dzjar^{2}	tja^{1}	tsjiir^{1}	·jiij^{1}	ŋwu^{2}	·jɨr^{2}	kụ^{1}	wją^{2}	bju^{1}
照	不	灭	者	法	持	是。	勤	纵	放	依
[illegible]	[illegible]	[illegible]	[illegible]，	[illegible]	[illegible]	[illegible]	[illegible]	[illegible]	[illegible]	[illegible]
seew^{2}	mjij^{1}	śjwo^{1}	tja^{1}	kjụ^{1}	djọ^{2}	dzjɨj^{1}	rjir^{2}	bej^{1}	wəə^{1}	tsjiir^{1}
妄	无	生	者，	求	修	时	相	系	属	法

照不灭者是法持。纵放殷勤生无妄者，正修时相属是法

19.21

[illegible]	[illegible]	[illegible]。	[illegible]	[illegible]	[illegible]	[illegible]，	[illegible]	[illegible]	[illegible]	[illegible]。
tsjiir^{2}	ŋwu^{2}	ljɨ^{1}	thjɨ^{2}	tsjɨ^{1}	kwər^{1}	tjij^{1}	lhjwo^{1}	do^{2}	śji^{1}	sju^{2}
性	是	也。	此	亦	体	一，	归	异	前	如。
[illegible]	[illegible]	[illegible]	[illegible]	[illegible]	[illegible]	[illegible]	[illegible]	[illegible]	[illegible]	
thja^{1}	dạ^{2}	zur^{2}	kha^{1}	ŋa^{1}	mji^{1}	phjɨ^{1}	dźjɨɨr^{1}	mjɨ^{2}	lheew^{2}	
其	语	敕	中	空	不	弃	舍	默	有	

性。此亦一体，归异如前。其《圣教》中言“默有者不舍空，

19.22

[illegible]，	[illegible]	[illegible]	[illegible]	[illegible]	[illegible]	[illegible]	[illegible]	[illegible]。	[illegible]
mjijr^{2}	ŋa^{1}	njaa^{2}	źjɨr^{1}	ɣiej^{1}	mji^{1}	dźjɨɨr^{1}	ljɨ^{1}	·jɨ^{2}	kụ^{1}
者，	空	不	实	真	不	舍	也	谓。	后
[illegible]	[illegible]	[illegible]	[illegible]	[illegible]，	[illegible]	[illegible]	[illegible]	[illegible]	[illegible]
lọ^{2}	·o^{2}	·jij^{1}	kwər^{1}	tja^{1}	wjị^{1}	dzji^{1}	ɣạ^{2}	njɨɨ^{2}	dzjọ^{1}
双	融	自	体	者，	幻	术	十	二	喻

不空亦实不舍”也。后双融体性者，十二种幻化喻

19.23

[illegible]	[illegible]	[illegible]	[illegible]	[illegible]	[illegible]	[illegible]	[illegible]	[illegible]	[illegible]。
kha^{1}	·a	tjɨ̣j^{2}	·a	mə^{2}	sjij^{2}	ŋwu^{2}	mjɨɨ^{2}	kię̣j^{2}	·wji^{1}
中	一	仪	一	种	识	以	境	界	为。
[illegible]	[illegible]	[illegible]	[illegible]	[illegible]	[illegible]	[illegible]	[illegible]，	[illegible]	[illegible]
zjij^{1}	sjij^{2}	do^{2}	dźju^{1}	sjwij^{1}	wjɨ^{2}	śja^{2}	tja^{1}	tsjiir^{1}	·jiij^{1}
时	知	处	显	明	△	现	者，	法	持

中一仪一喻以为境界。当时于知所现显明，是法持。

19.24

[illegible]。	[illegible]	[illegible]	[illegible]	[illegible]	[illegible]	[illegible]	[illegible]	[illegible]	[illegible]
ŋwu^{2}	thja^{1}	dzjɨ̣j^{1}	·jɨr^{2}	kụ^{1}	wją^{2}	ŋwu^{2}	seew^{2}	mjij^{1}	gu^{1}
是。	彼	时	勤	纵	放	以	妄	无	立
[illegible]	[illegible]，	[illegible]	[illegible]	[illegible]。	[illegible]	[illegible]	[illegible]	[illegible]	[illegible]
śjwo^{1}	tja^{1}	tsjiir^{1}	tsjiir^{2}	ŋwu^{2}	t-	dźju^{1}	zjɨ̣^{2}	·jij^{1}	phiaa^{2}
生	者，	法	性	是。	遮	表	二	之	分

彼时纵放殷勤生无妄者，是法性。依遮表分二

20.1

[illegible]	[illegible]	[illegible]，	[illegible]	[illegible]	[illegible]	[illegible]。	[illegible]	[illegible]	[illegible]
bju^{1}	kwər^{1}	tjij^{1}	lhjwo^{1}	do^{2}	ŋwu^{2}	ljɨ^{1}	zur^{2}	kha^{1}	njɨɨ^{2}
依	体	一，	归	异	是	也。	敕	中	二
[illegible]	[illegible]	[illegible]	[illegible]	[illegible]	[illegible]，	[illegible]	[illegible]	[illegible]	
ŋwu^{2}	zow^{2}	tja^{1}	zji^{2}	phjɨ^{1}	dźjɨɨr^{1}	bie^{2}	lhew^{2}	mjii^{1}	
以	执	者	皆	弃	舍，	解	脱	位	

而体一，归异也。《圣教》中云“二边执者皆舍弃，则安住于解脱位”，

20.2

[illegible]	[illegible]	[illegible]	[illegible]	[illegible]，	[illegible]	[illegible]	[illegible]	[illegible]	[illegible]	[illegible]
ɣa^{2}	ku^{1}	źiejr^{2}	dźjiij^{1}	·jɨ^{2}	ljɨ̣^{1}	źjɨr^{1}	njaa^{2}	ljɨ̣^{1}	nioow^{1}	dź-
于	则	安	住	谓，	及	实	非	及	又	假
[illegible]	[illegible]，	[illegible]	[illegible]	[illegible]	[illegible]	[illegible]	[illegible]	[illegible]。	[illegible]	
tsjɨ^{1}	njaa^{2}	ŋowr^{2}	ŋowr^{2}	zjɨɨr^{2}	kha^{1}	lhjij^{2}	rjir^{2}	lew^{2}	gjii^{2}	
亦	非，	一	切	水	中	月	与	同。	求	
及“既非真实亦非假，一切如同水中月。										

20.3

[illegible]	[illegible]	[illegible]	[illegible]	[illegible]	[illegible]	[illegible]。	[illegible]	[illegible]	[illegible]
bju^{1}	mjɨ^{2}	lheew^{2}	mja^{1}	tsjij^{2}	lew^{2}	·jɨ^{2}	thjɨ^{2}	sju^{2}	djɨj^{2}
依	默	有	母	知	所	谓。	此	如	定
[illegible]	[illegible]，	[illegible]	[illegible]	[illegible]	[illegible]	[illegible]	[illegible]	[illegible]	
lho	zjij^{1}	sọ^{1}	mə^{2}	·jij^{1}	kwər^{1}	tja^{1}	·jɨr^{2}	ŋwu^{2}	
出	时，	三	种	自	体	者	勤	以	
瑜伽母当知”。谓如是出定时，三种体性者勤									

20.4

[illegible]	[illegible]	[illegible]①。	[illegible]，	[illegible]	[illegible]	[illegible]	[illegible]	[illegible]	[illegible]	[illegible]
djọ^{2}	lew^{2}	·jɨ^{2}	bjuu^{2}	ku^{1}	rar^{2}	iọ^{1}	tsjiir^{1}	wa^{2}	dju^{1}	ljɨ̣^{1}
修	所	谓。	缩，	则	流	圆	法	何	有	及
[illegible]	[illegible]	[illegible]	[illegible]	[illegible]	[illegible]	[illegible]	[illegible]，	[illegible]	[illegible]	[illegible]
dźju^{1}	śja^{2}	kwər^{1}	tsjiir^{2}	wa^{2}	dju^{1}	ŋowr^{2}	ŋowr^{2}	kjụ^{1}	djọ^{2}	mjijr^{2}
显	现	体	性	何	有	一	切，	求	修	者
修。举要言，则轮圆所有法及一切体性相，修行人										

① 4528 号脱。

20.5

[illegible]	[illegible]	[illegible]	[illegible]	[illegible]	[illegible]	[illegible]	[illegible]	[illegible]	[illegible]	[illegible]
mji^{1}	sjwɨ^{1}	ŋwu^{2}	ŋwej^{2}	lhu^{1}	phja^{1}	zjịj^{1}	tsjiir^{1}	·jiij^{1}	ljɨ̣^{1}	tsjiir^{1}
闻	思	以	绮	增	断	时	法	持	及	法
[illegible]	[illegible]	[illegible]	[illegible]。	[illegible]	[illegible]	[illegible]	[illegible]	[illegible]	[illegible]	
tsjiir^{2}	sju^{2}	ŋwu^{2}	djij^{2}	djọ^{2}	mjijr^{2}	·jij^{1}	njiij^{1}	mər^{2}	ɣa^{2}	
性	如	是	△。	修	者	之	心	本	于	

以闻思断增绮法持及法性如是。于修行人之本心

20.6

[illegible]	[illegible]	[illegible]，	[illegible]	[illegible]	[illegible]	[illegible]	[illegible]	[illegible]	[illegible]	[illegible]	[illegible]，
ka^{2}	·jiij^{1}	śjwo^{1}	ɣa^{2}	dza^{2}	ku^{1}	śji^{1}	tja^{1}	njiij^{1}	mjij^{2}	sa^{2}	nioow^{1}
等	持	生，	于	度	则	前	者	心	未	系	故，
[illegible]	[illegible]	[illegible]	[illegible]	[illegible]	[illegible]，	[illegible]	[illegible]	[illegible]	[illegible]	[illegible]	
tsjiir^{1}	·jiij^{1}	ljɨ̣^{1}	tsjiir^{1}	tsjiir^{2}	njaa^{2}	bju^{1}	mjij^{1}	·jij^{1}	dźju^{1}	śja^{2}	
法	持	及	法	性	非，	明	无	之	显	现	

生定，盖其心未得认持故，非法持及法性，无明

20.7

[illegible]	[illegible]	[illegible]，	[illegible]	[illegible]	[illegible]	[illegible]	[illegible]	[illegible]	[illegible]
ɣa^{2}	mjij^{2}	lhjwo^{1}	phji^{1}	ŋwu^{2}	njɨ^{2}	dza^{2}	mjij^{2}	ka^{2}	nioow^{1}
于	未	遣，	意	以	遍	计	未	离	故
[illegible]。	[illegible]、	[illegible]	[illegible]	[illegible]	[illegible]	[illegible]	[illegible]	[illegible]	[illegible]
ljɨ^{1}	sọ^{1}	śjɨj^{1}	lew^{2}	mər^{2}	rar^{2}	iọ^{1}	phjo^{2}	kar^{2}	mjij^{1}
也。	三、	成	所	宗	流	圆	分	别	无

未遣，遍计之意未离故也。三、轮圆无别宗

译文：

二、依出定守护三昧耶者，三体性中前现分体性者，花色水声等，依境用一种，显现不遮，稍纵觉知，不修造已，执持心则生明照无妄也。此亦于境显明者，依识显明，则无明隐，觉知者是法持也。彼觉知生无妄，意离遍计者是法性也。此者成等一体，归有异别。如彼所断之等修法性也。

次空分体性者，虚空或空花等一种为意境，时于其心识明照不灭者是法持。纵放殷勤生无妄者，正修时相属是法性。此亦一体，归异如前。其《圣教》[1]中言“默有者不舍空，不空亦实不舍”也。

后双融体性者，十二种幻化喻中一仪一喻以为境界。当时于知所现显明，是法持。彼时纵放殷勤生无妄者，是法性。依遮表分二而体一，归异也。

《圣教》中云“二边执者皆舍弃，则安住于解脱位”，及“既非真实亦非假，一切如同水中月。瑜伽母当知”。谓如是出定时，三种体性者勤修。举要言，则轮圆所有法及一切体性相，修行人以闻思断增绮法持及法性如是。于修行人之本心生定，盖其心未得认持故，非法持及法性，无明未遣，遍计之意未离故也。

注释：

［1］据汉文本《四字空行母记文》“凡演法有敕教二种。敕则佛所说，故具无成就；教则后人所集，具五因”，可知“敕”为佛说，“教”为后人所集之著作。但多有西夏文作“[illegible]”（敕），而相应汉文本译作“教”的。①

① 孙伯君、聂鸿音：《西夏文藏传佛教史料——“大手印”法经典研究》，中国藏学出版社 2018 年版，第 262 页。

20.8

[illegible]，	[illegible]	[illegible]	[illegible]	[illegible]	[illegible]	[illegible]	[illegible]	[illegible]	[illegible]	[illegible][1]	[illegible]
tja^{1}	rar^{2}	deej^{1}	gju^{2}	sjij^{2}	dźju^{1}	śja^{2}	ŋowr^{2}	ŋowr^{2}	iọ^{1}	mjij^{1}	wjɨ̣^{1}
者，	流	传	器	情	显	现	一	切	圆	寂	幻
[illegible]	[illegible]	[illegible]，	[illegible]	[illegible]	[illegible]	[illegible]	[illegible]	[illegible]	[illegible]	[illegible]。	[illegible]
dzji^{1}	wjɨ^{2}	sju^{2}	buu^{2}	thjoo^{1}	pjụ^{2}	ljɨ̣^{1}	tha^{1}	ljụ^{2}	dju^{1}	śja^{2}	thja^{1}
术	△	如，	胜	妙	殿	及	佛	身	有	现。	其
者，情器轮回显现圆寂一切有如幻化，佛身现胜妙宫殿。其											

20.9

[illegible]	[illegible]	[illegible]	[illegible]	[illegible]	[illegible]	[illegible]，	[illegible]	[illegible]	[illegible]	[illegible]
bju^{1}	rjur^{1}	lho	tśja^{1}	tśhjiw^{1}	ljɨ̣^{2}	njɨ^{2}	·jir^{2}	djii^{2}	ljụ^{2}	tha^{1}
依	世	出	道	六	地	至，	百	化	身	佛
[illegible]	[illegible]	[illegible]	[illegible]，	[illegible]	[illegible]	[illegible]	[illegible]	[illegible]	[illegible]	
njijr^{2}	ljij^{2}	njɨ^{2}	njwi^{2}	sọ^{1}	tụ^{1}	rjur^{1}	kięj^{2}	naa^{2}	mjaa^{1}	
面	见	等	能，	三	千	世	界	芥	果	
依出世道至六地，能见百化身佛，三千世界纳芥子										

20.10

[illegible]	[illegible]	[illegible]	[illegible]	[illegible]	[illegible]，	[illegible]	[illegible]	[illegible]	[illegible]
ljwị^{1}	tsjɨ^{1}	tsəj^{1}	khwej^{2}	lew^{2}	mjij^{1}	ŋər^{1}	rar^{1}	bjị^{1}	ɣa^{2}
纳	亦	小	大	所	无，	岳	山	壁	于
[illegible]	[illegible]	[illegible]	[illegible]，	[illegible]	[illegible]	[illegible]	[illegible]	[illegible]	[illegible]，
ɣię^{2}	lụ^{2}	mjij^{1}	we^{2}	mja^{1}	śjwa^{1}	zjɨɨr^{2}	phju^{2}	ljɨɨ^{1}	njwi^{2}
穿	碍	无	成，	河	江	水	上	逆	能，
而无大小，穿山透壁无留碍，能令江河逆流，									

① 913 号脱。

20.11

[illegible]	[illegible]	[illegible]	[illegible]	[illegible]	[illegible]，	[illegible]	[illegible]	[illegible]	[illegible]，	[illegible]
ŋa^{1}	gu^{2}	be^{2}	lhjij^{2}	zow^{2}	njwi^{2}	lew^{1}	ɣa^{2}	rejr^{2}	djii^{2}	rejr^{2}
空	中	日	月	执	能，	一	于	多	化，	多
[illegible]	[illegible]	[illegible]	[illegible]	[illegible]	[illegible]	[illegible]。	[illegible]	[illegible]	[illegible]	
śioo^{1}	lew^{1}	we^{2}	phji^{1}	njɨ^{2}	njwi^{2}	we^{2}	djii^{2}	ljụ^{2}	tha^{1}	
集	一	为	令	等	能	为。	化	身	佛	

能执空中日月，能一化为多，又能令多集为一。化身佛

20.12

[illegible]	[illegible]	[illegible]	[illegible]	[illegible]，	[illegible]	[illegible]	[illegible]	[illegible]	[illegible]
·jij^{1}	lhjij	ɣa^{2}	·jij^{1}	dzju^{2}	tśhjwo^{1}	zur^{2}	kha^{1}	tsjɨ^{1}	rar^{2}
之	国	于	自	主，	故	敕	中	亦	流
[illegible]	[illegible]	[illegible]	[illegible]	[illegible]	[illegible]，	[illegible]	[illegible]	[illegible]	[illegible]
deej^{1}	wjɨ^{2}	dźjɨɨr^{1}	dzjij^{2}	pha^{1}	do^{2}	iọ^{1}	mjij^{1}	ljạ^{1}	tja^{1}
传	△	舍	各	别	处，	圆	寂	证	者

国自主，故敕中轮回各舍别处，圆寂证者

20.13

[illegible]	[illegible]	[illegible]，	[illegible]	[illegible]	[illegible]	[illegible]	[illegible]	[illegible]	[illegible]
mjɨ^{1}	njwi^{2}	ljɨ^{1}	·jɨ^{2}	bju^{1}	rar^{2}	deej^{1}	iọ^{1}	mjij^{1}	phjo^{2}
无	能	也，	谓	依	流	传	圆	寂	分
[illegible]	[illegible]	[illegible]	[illegible]	[illegible]。	[illegible]	[illegible]	[illegible]	[illegible]	[illegible]
kar^{2}	mjij^{1}	nwə^{1}	tsjij^{2}	ljɨ^{1}	thjɨ^{2}	tja^{1}	·jɨr^{2}	dźjij^{1}	phju^{2}
别	无	晓	悟	也。	此	者	进	精	上

无能也，谓轮回圆寂无分别晓悟也。此者是精进上

20.14

[illegible]	[illegible]	[illegible]	[illegible]	[illegible]。	[illegible]、	[illegible]	[illegible]	[illegible]	[illegible]
tśhji^{2}	dzjwo^{2}	·jij^{1}	tśja^{1}	ŋwu^{2}	ljɨɨr^{1}	dzjar^{2}	bjij^{2}	sjij^{2}	phju^{2}
根	人	之	道	是。	四、	终	时	识	上
[illegible]	[illegible]	[illegible]，	[illegible]	[illegible][1]	[illegible]	[illegible]	[illegible]	[illegible]	[illegible]
rjijr^{2}	bjiij^{2}	tja^{1}	tjij^{1}	thjɨ^{2}	mjor^{1}	zjọ^{2}	ɣa^{2}	śjɨj^{1}	lew^{2}
向	迁	者，	若	此	现	生	于	成	所

根道。四、临终时迁识者，若今生不得

20.15

[illegible]	[illegible]	[illegible]，	[illegible]	[illegible]	[illegible]	[illegible]	[illegible]	[illegible]	[illegible]	[illegible]。
mər^{2}	mji^{1}	rjir^{1}	ku^{1}	njwo^{2}	sjwɨj^{1}	ɣie^{1}	bju^{1}	kụ^{1}	wee^{1}	lhjij^{2}
宗	不	得，	则	昔	业	力	依	后	生	受。
[illegible]	[illegible]	[illegible]	[illegible]	[illegible]，	[illegible]	[illegible]	[illegible]	[illegible]	[illegible]	
nioow^{1}	gu^{2}	tśhji^{2}	dzjwo^{2}	tja^{1}	dzjar^{2}	bjij^{2}	sjij^{2}	phju^{2}	rjijr^{2}	
又	中	根	人	者，	终	时	识	上	向	

宗趣，则依昔业力生觉受。又中根者，临终时迁识。

20.16

[illegible]	[illegible]	[illegible]。	[illegible]	[illegible]	[illegible]	[illegible]：	[illegible]、	[illegible]	[illegible]	[illegible]
bjiij^{2}	phji^{1}	lew^{2}	thjɨ^{2}	tsjɨ^{1}	sọ^{1}	mə^{2}	lew^{1}	dźju^{1}	śja^{2}	lhej^{2}
迁	令	所。	此	亦	三	种：	一、	显	现	转
[illegible]	[illegible]，	[illegible]、	[illegible]	[illegible]	[illegible]	[illegible]	[illegible]，	[illegible]、	[illegible]	
dzjar^{2}	śjij^{1}	njɨɨ^{2}	bji^{1}	low^{1}	bjiij^{2}	dzjar^{2}	śjij^{1}	sọ^{1}	ɣiẹ^{2}	
终	临，	二、	光	圆	迁	终	临，	三、	音	

此亦三种：一、临终转相，二、临终光蕴迁［识］，三、临终音声

① 4528 号无此字。

20.17

[illegible]	[illegible]	[illegible]	[illegible]。	[illegible]、	[illegible]	[illegible]	[illegible]	[illegible]	[illegible]	[illegible]，
ŋwu^2	bjiij^2	dzjar^2	śjij^1	lew^1	dźju^1	śja^2	lhej^2	dzjar^2	śjij^1	tja^1
以	迁	终	临。	一、	显	现	转	终	临	者，
[illegible]	[illegible]	[illegible]	[illegible]	[illegible]	[illegible]，	[illegible]	[illegible]	[illegible]	[illegible]	
thju^1	thju^1	sjɨ^1	·jij^1	śja^2	dzjɨj^1	mər^2	tha^1	phju^2	dzjiij^2	
决	定	死	相	现	时，	本	佛	上	师	
迁［识］。一、临终转相者，定死相现时，迎请本佛上师										

20.18

[illegible]	[illegible]	[illegible]	[illegible]	[illegible]	[illegible]	[illegible]	[illegible]，	[illegible]	[illegible]
mji^1	do^2	·ju^2	rjir^2	ŋa^1	gu^2	ɣju^1	zjij^1	·u^2	djɨr^2
无	异	面	前	空	中	请	时，	内	外
[illegible]	[illegible]	[illegible]	[illegible]	[illegible]	[illegible]	[illegible]	[illegible]①	[illegible]	[illegible]
kjụ^1	tshwew^1	wa^2	tjɨ^2	bju^1	khu^1	·jij^1	wa^2	dźjij^2	dźjij^2
求	供	何	作	依	供	自	何	有	有
无异于面前虚空，依自有何或意作内外供养									

20.19

[illegible]	[illegible]	[illegible]	[illegible]	[illegible]	[illegible]	[illegible]	[illegible]	[illegible]	[illegible]，	[illegible]	[illegible]
phji^1	ŋwu^2	phju^2	dzjiij^2	ljɨ^1	sọ^1	ljɨ^1	njɨ^2	do^2	tja^1	dwewr^2	ljɨ^1
意	以	上	师	及	三	宝	等	处	者，	觉	与
[illegible]	[illegible]，	[illegible]	[illegible]	[illegible]	[illegible]，	[illegible]	[illegible]	[illegible]	[illegible]	[illegible]	
mji^1	dwewr^2	la^1	gjwi^2	ŋwo^2	ljiij^2	ŋowr^2	ŋowr^2	źjɨr^1	ɣiej^1	rewr^2	
不	觉，	记	句	犯	损，	一	切	实	真	忏	
上师及三宝等，觉与未觉，所犯三昧耶，悉真实忏											

① 4528 号无此字。

20.20

[illegible]。	[illegible]	[illegible]	[illegible]	[illegible]	[illegible]	[illegible]	[illegible]	[illegible]	[illegible]
lhjii1	tśjɨɨ1	·jij1	mej1	·ju2	rjir2	mo2	phji1	ɣa2	kụ1
悔。	次	自	目	面	前	或	意	于	后
[illegible]	[illegible]	[illegible]	[illegible]	[illegible]	[illegible]	[illegible]	[illegible]	[illegible]①，	[illegible]
ljụ2	lhjịj2	lew2	khwej2	njɨ2	mjɨɨ2	kięj2	śja2	dzjɨj1	·jij1
身	受	所	大	等	境	界	现	时，	自
悔。次于自面前或意后现受身种种相时，									

20.21

[illegible]	[illegible]	[illegible]	[illegible]	[illegible]	[illegible]	[illegible]，	[illegible]	[illegible]	[illegible]
śji1	mər2	tha1	lə	tja1	dźjɨɨr1	zjij1	khwej2	njɨ2	mjɨɨ2
前	本	佛	念	者	舍	时，	大	等	境
[illegible]	[illegible]	[illegible]	[illegible]	[illegible]，	[illegible]	[illegible]	[illegible]	[illegible]	[illegible]
kięj2	wa2	dźju1	śja2	tja1	phji1	ɣjɨ̣1	njij2	njɨ2	tha1
界	何	显	现	者，	意	石	王	等	佛
舍自本佛，显现前相，忆念意金刚等佛，									

20.22

[illegible]，	[illegible]	[illegible]	[illegible]	[illegible]	[illegible]	[illegible]	[illegible]	[illegible]	[illegible]	[illegible]
lə	thja1	dźju1	śja2	ljɨ̣1	·jij1	·jij1	sjij2	njɨɨ2	lew1	wjị1
念，	彼	显	现	及	自	之	识	二	一	味
[illegible]	[illegible]，	[illegible]	[illegible]	[illegible]	[illegible]	[illegible]	[illegible]，	[illegible]	[illegible]	
we2	bju1	bji2	dźju2	mjɨɨ2	kięj2	mji1	śja2	sjwɨ1	·jiij1	
成	依，	下	苦	境	界	不	现，	种	持	
则彼［佛］相及自之识二者成一味，下苦相不现，持明										

① 913 号此处另有"[illegible]"（者）。

20.23

[illegible]	[illegible]	[illegible]	[illegible]，	[illegible]	[illegible]	[illegible]①	[illegible]	[illegible]	[illegible]。	[illegible]
njɨ^{2}	dźju^{1}	śja^{2}	we^{2}	dzjọ^{1}	tjɨj^{2}	rjar^{2}	sju^{2}	we^{2}	ljɨ^{1}	thjɨ^{2}
等	显	现	成，	犹	印	迹	如	成	也。	此
[illegible]，	[illegible]	[illegible]	[illegible]	[illegible]	[illegible]	[illegible]	[illegible]	[illegible]	[illegible]	[illegible]
tja^{1}	ljij^{1}	dzja^{1}	ɣa^{2}	dja^{2}	gjwɨ^{1}	lwo^{2}	dzjwo^{2}	do^{2}	kjɨ^{1}	djɨj^{2}
者，	增	长	于	已	坚	固	人	处	已	定

等相成，犹如印迹也。此者，于坚固处增长定

20.24

[illegible]	[illegible]。	[illegible]、	[illegible]	[illegible]	[illegible]	[illegible]	[illegible]	[illegible]，	[illegible]
śjɨj^{1}	ljɨ^{1}	njɨɨ^{2}	bji^{1}	low^{1}	bjiij^{2}	dzjar^{2}	śjij^{1}	tja^{1}	śji^{1}
成	也。	二、	光	圆	迁	终	临	者，	前
[illegible]	[illegible]	[illegible]	[illegible]	[illegible]，	[illegible]	[illegible]	[illegible]	[illegible]	[illegible]
ɣu^{1}	lju̱^{2}	dzuu^{2}	tswee^{1}	·wji^{1}	njɨɨ^{2}	la̱^{1}	lə^{1}	tśhjaa^{1}	phəə^{1}
初	身	坐	蹲	为，	双	手	颈	于	结

成就也。二、临终光蕴迁［识］者，起先身直蹲坐，双手结交于颈，

21.1

[illegible]，	[illegible]	[illegible]	[illegible]	[illegible]	[illegible]，	[illegible]	[illegible]	[illegible]	[illegible]	[illegible]，
tśja^{1}	lju̱^{2}	gji̱^{2}	zji^{1}	ljij^{2}	zjij^{1}	tha^{2}	·wji^{1}	tji̱^{2}	tji̱^{1}	zjij^{1}
交，	身	后	够	足	约，	倚	为	可	置	时，
[illegible]	[illegible]	[illegible]	[illegible]	[illegible]	[illegible]	[illegible]	[illegible]，	[illegible]	[illegible]	
·a	tśjii^{2}	zjij^{1}	mji^{1}	tsju̱^{1}	ŋwu^{2}	dzuu^{2}	lew^{2}	njɨɨ^{2}	ŋwer^{2}	
一	指	约	不	触	以	坐	所，	双	膝	

身后斟量，置一倚背，约一指不触坐，双膝

① “[illegible]”（印迹），4528 号作“[illegible]”（印及印迹）。

21.2

[illegible]	[illegible]，	[illegible]	[illegible]	[illegible]	[illegible]	[illegible]	[illegible]	[illegible]	[illegible]，	[illegible]
tsjɨ^{1}	gjụ^{1}	njɨɨ^{2}	khjɨ^{1}	sjwɨj^{2}	ŋwu^{2}	njii^{2}	ɣa^{1}	·jij^{1}	tjɨj^{1}	śji^{1}
亦	撑，	二	足	踵	以	肛	门	之	抵，	前
[illegible]	[illegible]	[illegible]	[illegible]	[illegible]。	[illegible]	[illegible]	[illegible]	[illegible]	[illegible]	[illegible]
śjɨ^{1}	ŋewr^{2}	śji^{1}	sju^{2}	·wji^{1}	thja^{1}	nioow^{1}	·jij^{1}	njiij^{1}	gu^{2}	bji^{1}
行	数	前	如	为。	其	又	自	心	间	光

亦撑，二踵抵肛门，前行如前。其又观想自心间一光

21.3

[illegible]	[illegible]	[illegible]	[illegible]	[illegible]	[illegible]	[illegible]	[illegible]，	[illegible]	[illegible]	[illegible]
bə^{2}	low^{1}	noo^{1}	khwej^{2}	ɣu^{1}	zjịj^{1}	gjɨ^{2}	lə	thja^{1}	ɣa^{2}	bji^{1}
明	圆	指	大	头	许	一	想，	其	于	光
[illegible]	[illegible]	[illegible]	[illegible]	[illegible]	[illegible]	[illegible]	[illegible]	[illegible]。	[illegible]	
low^{1}	gjwɨ^{1}	ŋwu^{2}	tśhjiw^{1}	tshwew^{1}	·jij^{1}	ɣa^{1}	tjɨj^{1}	tja^{1}	njii^{2}	
圆	分	以	六	趣	之	门	塞	者。	粪	

明蕴大指许，以此光蕴分塞六趣之门。

21.4

[illegible]	[illegible]	[illegible]	[illegible]，	[illegible]	[illegible]	[illegible]	[illegible]	[illegible]；	[illegible]	[illegible]
ɣa^{1}	ljɨ^{1}	sjij^{2}	rar^{2}	ku^{1}	djị^{1}	·jɨj^{2}	·u^{2}	wee^{1}	bjị^{1}	ɣa^{1}
门	风	识	流，	则	地	狱	内	生；	尿	门
[illegible]，	[illegible]	[illegible]	[illegible]	[illegible]	[illegible]；	[illegible]	[illegible]	[illegible]，	[illegible]	
rar^{2}	ku^{1}	sju^{2}	dzju^{2}	kha^{1}	wee^{1}	ljaa^{2}	·u^{2}	rar^{2}	ku^{1}	
流，	则	牲	畜	中	生；	口	内	流，	则	

风识于粪门流，则生地狱内；尿门流，则生畜牲中；口内流，则

21.5

[illegible]	[illegible]	[illegible]	[illegible]；	[illegible]	[illegible]	[illegible]	[illegible]，	[illegible]	[illegible]	[illegible]
śjụ¹	·ju¹	kha¹	wee¹	njɨɨ²	mej¹	·u²	rar²	ku¹	dzjwo²	kha¹
魔	鬼	中	生；	双	眼	内	流，	则	人	中
[illegible]①；	[illegible]	[illegible]	[illegible]	[illegible]，	[illegible]	[illegible]	[illegible]	[illegible]	[illegible]；	[illegible]
wee¹	njɨɨ²	njii²	·u²	rar²	ku¹	ɣię²	mjii¹	kha¹	wee¹	njɨɨ²
生；	二	鼻	内	流，	则	碍	施	中	生；	双
生饿鬼中；双眼内流，则生人中；二鼻［孔］内流，则生施碍中；双										

21.6

[illegible]	[illegible]	[illegible]，	[illegible]	[illegible]	[illegible]	[illegible]	[illegible]；	[illegible]	[illegible]
nju¹	·u²	rar²	ku¹	ŋwə¹	njaa²	kha¹	wee¹	tjij²	gu²
耳	内	流，	则	天	非	中	生；	脐	中
[illegible]，	[illegible]	[illegible]	[illegible]	[illegible]	[illegible]；	[illegible]	[illegible]	[illegible]，	[illegible]
rar²	ku¹	kiej²	kięj²	mə¹	wee¹	bee²	źją¹	rar²	ku¹
流，	则	欲	界	天	生；	眉	间	流，	则
耳内流，则生非天中；脐中流，则生欲界天；眉间流，则									

21.7

[illegible]	[illegible]	[illegible]	[illegible]；	[illegible]	[illegible]	[illegible]②	[illegible]	[illegible]，	[illegible]	[illegible]
tsə¹	kięj²	mə¹	wee¹	sej¹	xiwã¹	meej²	·u²	rar²	ku¹	tsə¹
色	界	天	生；	净	梵	穴	内	流，	则	色
[illegible]	[illegible]	[illegible]	[illegible]。	[illegible]	[illegible]	[illegible]	[illegible]	[illegible]	[illegible]	
mjij¹	kięj²	mə¹	wee¹	bju¹	gjɨɨ¹	ɣa¹	twụ¹	bji¹	low¹	
无	界	天	生。	依	九	门	处	光	圆	
生色界天；净梵穴内流，则生无色界天。以光蕴塞九门。										

① 4528 号脱。

② “[illegible]”（净梵穴），4528 号作“[illegible]”（顶门内）。

21.8

[illegible]	[illegible]	[illegible]。	[illegible]	[illegible]	[illegible]	[illegible]	[illegible]	[illegible]	[illegible]	[illegible]，
ŋwu^{2}	tjɨ̣j^{1}	lew^{2}	tśjɨɨ^{1}	tjij^{2}	bjɨ^{1}	bji^{2}	ljɨɨr^{1}	dzjiw^{2}	rjar^{1}	tśhjaa^{1}
以	塞	所。	次	脐	下	低	四	指	△	于，
[illegible]	[illegible]	[illegible]	[illegible]	[illegible]	[illegible]，	[illegible]	[illegible]	[illegible]	[illegible]	[illegible]，
ljɨ^{1}	gu^{2}	tśjɨ̣^{1}	lhjịj^{2}	pha^{1}	sju^{2}	tsəj^{1}	khwej^{2}	wa^{2}	ŋwe^{1}	bju^{1}
风	中	围	月	半	如，	小	大	何	意	任，

次于脐下四指处，半月风轮，大小任意，

21.9

[illegible]	[illegible]	[illegible]	[illegible]，	[illegible]	[illegible]	[illegible]	[illegible]	[illegible]	[illegible]	[illegible]
thja^{1}	tśhjaa^{1}	lhjịj^{2}	wạ^{2}	lə	gu^{2}	sjij^{2}	·jij^{1}	gjɨ̣^{2}	tjɨ̣^{2}	xo
其	上	月	坛，	想	中	识	之	依	所	［吽］
[illegible]	[illegible]	[illegible]，	[illegible]	[illegible]	[illegible]	[illegible]	[illegible]	[illegible]。	[illegible]	[illegible]
dji^{2}	njaa^{1}	ŋwər^{1}	tsəj^{1}	khwej^{2}	wa^{2}	ŋwe^{1}	bju^{1}	lə	tśjɨɨ^{1}	xo
字	黑	青，	小	大	何	意	任	想。	次	［吽］

其上月坛，想识之所依青黑“吽”字，大小任意。次以“吽”

21.10

[illegible]	[illegible]	[illegible]	[illegible]	[illegible]	[illegible]，	[illegible]	[illegible]	[illegible]	[illegible]	[illegible]	[illegible]
dji^{2}	ŋwu^{2}	phju^{2}	rjijr^{2}	la^{2}	tja^{1}	ɣie^{1}	·jij^{1}	xo	dji^{2}	ɣar^{1}	ljɨ̣^{1}
字	以	上	向	升	者，	力	之	［吽］	字	具	及
[illegible]	[illegible]，	[illegible]	[illegible]	[illegible]	[illegible]，	[illegible]	[illegible]	[illegible]	[illegible]	[illegible]	
?	·wji^{1}	njɨɨ^{2}	ɣạ^{2}	dźjow^{1}	tshjɨɨ^{1}	ljɨ^{1}	ljɨ̣^{1}	lhjịj^{2}	wạ^{2}	xo	
引	为，	二	十	遍	诵，	风	及	月	坛	［吽］	

字向上升者，具力“吽”字，风及月坛与“吽”一同升，诵二十遍，

21.11

[illegible]	[illegible]	[illegible]，	[illegible]	[illegible]	[illegible]	[illegible]	[illegible]	[illegible]	[illegible]	[illegible]
rjir^{2}	·a	śjij^{1}	tśjɨɨ^{1}	bju^{1}	tjij^{2}	njiij^{1}	kor^{1}	gu^{2}	ɣa^{2}	njɨ^{2}
与	一	△，	次	依	脐	心	喉	间	于	至
[illegible]	[illegible]。	[illegible]	[illegible]	[illegible]	[illegible]	[illegible]	[illegible]	[illegible]	[illegible]	[illegible]
la^{2}	lew^{2}	thja^{1}	nioow^{1}	njɨɨ^{2}	ɣạ^{2}	lew^{1}	tsew^{2}	dźjow^{1}	tśhjaa^{1}	ljụ^{2}
升	所。	其	后	二	十	一	第	遍	于	身
依次升至脐心喉间。其后第二十一遍身										

21.12

[illegible]	[illegible]	[illegible]，	[illegible]	[illegible]	[illegible]	[illegible]	[illegible]	[illegible]，	[illegible]	[illegible]
sjij^{2}	dźjow^{1}	ka^{2}	sej^{1}	xiwã^{1}	ɣa^{1}	·u^{2}	lho	zjij^{1}	tshọ^{2}	ŋa^{1}
识	分	离，	净	梵	门	内	出	时，	虚	空
[illegible]	[illegible]	[illegible]	[illegible]	[illegible]	[illegible]	[illegible]	[illegible]，	[illegible]	[illegible]	
gu^{2}	buu^{2}	gjij^{1}	tha^{1}	njiij^{1}	gu^{2}	·o^{2}	phji^{1}	dzjọ^{1}	phio^{2}	
中	胜	殊	佛	心	间	入	令，	犹	炮	
识分离，从净梵门内出时，虚空中殊胜佛入心间，犹										

21.13

[illegible]	[illegible]，	[illegible]	[illegible]	[illegible]	[illegible]，	[illegible]	[illegible]	[illegible]	[illegible]，	[illegible]	[illegible]
lụ^{1}	wją^{2}	tha^{2}	dźiej^{2}	wjɨ^{2}	sju^{2}	gu^{2}	dju^{1}	mjij^{1}	ŋwu^{2}	sjwɨ^{1}	·jiij^{1}
石	掷，	梏	轮	△	如，	中	有	无	以，	种	持
[illegible]①	[illegible]	[illegible]	[illegible]	[illegible]	[illegible]	[illegible]	[illegible]	[illegible]	[illegible]。	[illegible]	[illegible]
mjii^{1}	mo^{2}	śjɨj^{1}	lew^{2}	mər^{2}	do^{2}	njɨ^{2}	śjɨ^{1}	njwi^{2}	ljɨ^{1}	thjɨ^{2}	tja^{1}
位	或	成	所	宗	处	至	往	能	也。	此	者
如掷炮石，作幻轮，无中有，能到至持明位或宗趣处也。此者											

① 913 号脱。

21.14

[illegible]	[illegible]	[illegible]	[illegible]	[illegible]	[illegible]	[illegible]	[illegible]	[illegible]	[illegible]。	[illegible]、
rejr^{2}	dwewr^{2}	lhjij^{2}	dju^{1}	dzjwo^{2}	do^{2}	kjɨ^{1}	djɨj^{2}	śjɨj^{1}	ljɨ^{1}	sọ^{1}
乐	觉	受	有	人	处	已	定	成	也。	三、
[illegible]	[illegible]	[illegible]	[illegible]	[illegible]	[illegible]，	[illegible]	[illegible]	[illegible]	[illegible]	[illegible]
ɣiẹ^{2}	ŋwu^{2}	bjiij^{2}	dzjar^{2}	śjij^{1}	tja^{1}	śji^{1}	śjɨ^{1}	ljị^{1}	ljụ^{2}	tha^{2}
音	以	迁	终	临	者，	前	行	及	身	梏

有乐觉受处成定也。三、临终音声迁［识］者，前行及身幻

21.15

[illegible]	[illegible]	[illegible]	[illegible]	[illegible]，	[illegible]	[illegible]	[illegible]	[illegible]	[illegible]	[illegible]	[illegible]
dźiej^{2}	śji^{1}	sju^{2}	·wji^{1}	zjij^{1}	śji^{1}	bji^{1}	low^{1}	ŋwu^{2}	tjɨj^{1}	gjɨɨ^{1}	ɣa^{1}
轮	前	如	为	时，	初	光	圆	以	塞	九	门
[illegible]，	[illegible]	[illegible]	[illegible]	[illegible]	[illegible]	[illegible]	[illegible]	[illegible]	[illegible]	[illegible]	
gjị^{2}	kụ^{1}	ljɨɨr^{1}	tsew^{2}	dzju^{2}	·jij^{1}	dzjar^{2}	śjij^{1}	kha^{1}	tshjiij^{1}	sju^{2}	
依，	后	四	第	主	之	终	临	中	言	如	

轮如前所为，初以光蕴塞九门，后如第四灌之临终中言

21.16

[illegible]	[illegible]	[illegible]	[illegible]	[illegible]	[illegible]，	[illegible]	[illegible]	[illegible]	[illegible]	[illegible]	[illegible]
twụ^{1}	·jwɨr^{2}	dji^{2}	ŋwu^{2}	tjɨj^{1}	zjịj^{1}	njiij^{1}	gu^{2}	ljɨ^{1}	dźiej^{2}	lhjịj^{2}	pha^{1}
各	文	字	以	塞	时，	心	间	风	轮	月	半
[illegible]	[illegible]	[illegible]	[illegible]	[illegible]	[illegible]	[illegible]	[illegible]，	[illegible]	[illegible]	[illegible]	
·jij^{1}	sju^{2}	noo^{1}	khwej^{2}	ɣu^{1}	zjịj^{1}	gjɨ^{2}	lə	thja^{1}	tśhjaa^{1}	lhjịj^{2}	
形	如	指	大	头	许	一	想，	其	上	月	

以各字塞之，心间观想半月风轮形如一大指许，其上月

21.17

[illegible]，	[illegible]	[illegible]	[illegible]	[illegible]	[illegible]	[illegible]	[illegible]	[illegible]	[illegible]	[illegible]	[illegible]	[illegible]，
wạ^{2}	lə	gu^{2}	sjij^{2}	·jij^{1}	gjị^{2}	tjị^{2}	xo	dji^{2}	njaa^{1}	ŋwər^{1}	gjɨ^{2}	lə
坛，	想	中	识	之	依	所	［吽］	字	黑	青	一	想，
[illegible]	[illegible]	[illegible]	[illegible]	[illegible]	[illegible]	[illegible]	[illegible]	[illegible]	[illegible]	[illegible]	[illegible]	
thja^{1}	nioow^{1}	xji^{1}	kə^{1}	kjaa^{1}	njɨɨ^{2}	ɣạ^{2}	dźjow^{1}	tshjɨɨ^{1}	ŋwu^{2}	sjij^{2}	·jij^{1}	
其	后	hik		ki	二	十	遍	诵	以	识	之	

坛，想识之所依青黑“吽”字，后以 hik ki 二十遍诵识之

21.18

[illegible]	[illegible]	[illegible]	[illegible]	[illegible]	[illegible]	[illegible]	[illegible]	[illegible]。	[illegible]	[illegible]	[illegible]
gjị^{2}	tjị^{2}	tja^{1}	kor^{1}	gu^{2}	ɣa^{2}	njɨ^{2}	la^{2}	lew^{2}	kjaa^{1}	xji^{1}	kə^{1}
依	所	者	喉	间	于	至	升	所。	ki	hik	
[illegible]	[illegible]	[illegible]	[illegible]	[illegible]	[illegible]。	[illegible]	[illegible]	[illegible]	[illegible]	[illegible]	[illegible]
njɨɨ^{2}	ɣạ^{2}	dźjow^{1}	ŋwu^{2}	ɣie^{1}	śjwu^{1}	tśjɨɨ^{1}	xji^{1}	kə^{1}	kjaa^{1}	njɨɨ^{2}	ɣạ^{2}
二	十	遍	以	力	息。	次	hik		ki	二	十

所依升至喉间。以 ki hik 二十遍息力。次诵 hik ki 二十

21.19

[illegible]	[illegible]	[illegible]，	[illegible]	[illegible]	[illegible]	[illegible]	[illegible]	[illegible]，	[illegible]	[illegible]	[illegible]
lew^{1}	dźjow^{1}	tshjɨɨ^{1}	tśjiw^{2}	sej^{1}	xiwã^{1}	meej^{2}	phie^{2}	zjij^{1}	sjij^{2}	·jij^{1}	gjị^{2}
一	遍	诵，	顶	净	梵	穴	开	时，	识	之	依
[illegible]	[illegible]	[illegible]，	[illegible]	[illegible]	[illegible]	[illegible]	[illegible]	[illegible]	[illegible]	[illegible]	
tjị^{2}	rar^{2}	ŋwu^{2}	ŋa^{1}	gu^{2}	buu^{2}	gjij^{1}	tha^{1}	·jij^{1}	njiij^{1}	gu^{2}	
所	流	以，	空	中	胜	殊	佛	之	心	间	

一遍，顶净梵穴开，识之所依喷出，空中殊胜佛入心间，

21.20

[illegible]	[illegible]，	[illegible]	[illegible]	[illegible]，	[illegible]	[illegible]	[illegible]，	[illegible]	[illegible]	[illegible]	[illegible]，
·o^2	phji^1	phio^2	lụ^1	wją^2	tha^2	dźiej^2	sju^2	gu^2	dju^1	mjij^1	ŋwu^2
入	令，	炮	石	掷，	梏	轮	如，	中	有	无	以，
[illegible]	[illegible]	[illegible]	[illegible]	[illegible]	[illegible]	[illegible]	[illegible]	[illegible]	[illegible]	[illegible]	[illegible]。
śiaa^2	lew^2	sjwɨ^1	·jiij^1	mjii^1	mo^2	śjɨj^1	lew^2	mər^2	do^2	njɨ^2	ljɨ^1
随	所	种	持	位	或	成	所	宗	处	至	也。

如掷炮石，作幻轮，无中有，至持明位或宗趣处也。

21.21

[illegible]	[illegible]	[illegible]	[illegible]	[illegible]	[illegible]	[illegible]	[illegible]	[illegible]	[illegible]	[illegible]
thjɨ^2	tja^1	mər^2	tha^1	ŋwəə^1	ŋwuu^1	rejr^2	wjɨ^2	tshjɨɨ^1	mjijr^2	do^2
此	者	本	佛	咒	颂	多	△	诵	者	处
[illegible]	[illegible]	[illegible]。	[illegible]	[illegible]	[illegible]	[illegible]	[illegible]	[illegible]	[illegible]	[illegible]。
śjɨj^1	·jiw^2	ljɨ^1	thjɨ^2	·jij^1	śji^1	ɣu^1	dzjɨɨ^2	zjij^2	śjwo^1	ljɨ^1
成	就	也。	此	之	前	初	习	调	需	也。

此为本佛颂咒诵多者成就也。初前调习需之。

21.22

[illegible]、	[illegible]	[illegible]	[illegible]	[illegible]	[illegible]	[illegible]	[illegible]	[illegible]，	[illegible]	[illegible]
ŋwə^1	mjaa^1	djii^2	ljụ^2	thja^1	śjij^1	·jij^1	śjɨj^1	tja^1	ɣạ^2	sọ^1
五、	果	化	身	其	△	自	成	者，	十	三
[illegible]	[illegible]	[illegible]	[illegible]	[illegible]	[illegible]	[illegible]	[illegible]，	[illegible]	[illegible]	[illegible]
tsew^2	ljɨ^2	mjaa^1	dzjɨj^1	tshjiij^1	lew^2	ŋwu^2	bju^1	thju^2	mji^1	tshjiij^1
第	地	果	时	言	所	是	依，	此	不	言

五、化身自成之果者，十三地果时言，此处不言。

21.23

[illegible]。	[illegible]	[illegible]	[illegible]	[illegible]	[illegible]	[illegible]，	[illegible]	[illegible]	[illegible]①	[illegible]，
ljɨ^1	thjɨ^2	ŋewr^2	tja^1	tsjɨ^1	·jiw^1	dzjɨj^1	mjii^1	dźjiij^1	dzju^2	dzjɨj^1
也。	此	数	者	亦	因	时，	宫	住	主	时，
[illegible]	[illegible]	[illegible]	[illegible]，	[illegible]	[illegible]	[illegible]	[illegible]	[illegible]，	[illegible]	[illegible]
dźju^1	rjir^1	tśja^1	dzjɨj^1	dzjɨɨ^2	zjij^2	ljij^2	śjij^1	dzjɨj^1	dwewr^2	lhjij^2
显	得	道	时，	习	调	见	解	时，	觉	受
此数者亦因时，住灌顶时，得显道时，调习见解时，生觉受										

21.24

[illegible]	[illegible]	[illegible]	[illegible]，	[illegible]	[illegible]	[illegible]	[illegible]	[illegible]，	[illegible]	[illegible]
śjwo^1	śjɨj^1	lew^2	dzjɨj^1	dźju^1	sjwij^1	śja^2	mjaa^1	dzjɨj^1	ku^1	ljạ^1
起	成	所	时，	显	明	现	果	时，	故	证
[illegible]	[illegible]	[illegible]	[illegible]	[illegible]	[illegible]。	[illegible]	[illegible]	[illegible]	[illegible]	[illegible]
tśhjiw^1	mə^2	ŋwu^2	nwə^1	tsjij^2	lew^2	thjɨ^2	ɣa^2	kjɨ^1	njɨ^2	sej^1
六	种	以	晓	悟	所。	此	于	已	至	净
宗趣时，显明果时，故证六种晓悟。至此										

21.25

[illegible]	[illegible]	[illegible]	[illegible]	[illegible]	[illegible]	[illegible]	[illegible]	[illegible]。		
ljɨj^2	dzju^2	·jij^1	tśja^1	thjɨ^2	ŋwə^1	mə^2	rjɨr^2	tshjiij^1		
瓶	主	之	道	此	五	种	乃	言。		
乃言瓶灌之道五种。										

① 4528 号此处另有“[illegible]”（受）字。

21.26

[illegible]	[illegible]	[illegible]	[illegible]	[illegible]	[illegible]	[illegible]	[illegible]	[illegible]	[illegible]	[illegible]
tśja¹	mjaa¹	dzjụ¹	śioo¹	ɣjị¹	njij²	gjwi²	·jij¹	phie²	sji²	la¹
道	果	语	集	石	王	句	之	解	能	记
[illegible]	[illegible]	[illegible]		[illegible]	[illegible]	[illegible]	[illegible]①			
lew¹	tsew²	dźjwa¹		lew¹	dźjow¹	njar¹	lew²			
一	第	竟		一	遍	校	同			

《解释道果语录金刚句记》第一竟　一遍校同

译文：

三、轮圆无别宗者，情器[1]轮回显现圆寂一切有如幻化，佛身现胜妙宫殿。其依出世道至六地，能见百化身佛，三千世界纳芥子[2]而无大小，穿山透壁无留碍，能令江河逆流，能执空中日月，能一化为多，又能令多集为一。化身佛国自主，故敕中轮回各舍别处，圆寂证者无能也，谓轮回圆寂无分别晓悟也。此者是精进上根道。

四、临终时迁识者，若今生不得宗趣，则依昔业力生觉受。又中根者，临终时迁识。此亦三种：一、临终转相，二、临终光蕴迁［识］，三、临终音声迁［识］。一、临终转相者，定死相现时，迎请本佛上师无异于面前虚空，依自有何或意作内外供养上师及三宝等，觉与未觉，所犯三昧耶，悉真实忏悔。次于自面前或意后现受身种种相时，舍自本佛，显现前相，忆念意金刚等佛，则彼［佛］相及自之识二者成一味，下苦相不现，持明等相成，犹如印迹也。此者，于坚固处增长定成就也。二、临终光蕴迁［识］者，起先身直蹲坐，双手结交于颈，身后斟量，置一倚背，约一指不触坐，双膝亦撑，二踵抵肛门，前行如前。其又观

① 4528 号无“一遍校同”（[illegible][illegible][illegible][illegible]）。

想自心间一光明蕴大指许，以此光蕴分塞六趣之门。风识于粪门[3]流，则生地狱内；尿门流，则生畜牲中；口内流，则生饿鬼中；双眼内流，则生人中；二鼻［孔］内流，则生施碍中；双耳内流，则生非天[4]中；脐中流，则生欲界天；眉间流，则生色界天；净梵穴[5]内流，则生无色界天。以光蕴塞九门。次于脐下四指处，半月风轮，大小任意，其上月坛，想识之所依青黑“吽”字，大小任意。次以“吽”字向上升者，具力“吽”字，风及月坛与“吽”一同升，诵二十遍，依次升至脐心喉间。其后第二十一遍身识分离，从净梵门内出时，虚空中殊胜佛入心间，犹如掷炮石，作幻轮[6]，无中有，能到至持明位或宗趣处也。此者有乐觉受处成定也。三、临终音声迁［识］者，前行及身幻轮如前所为，初以光蕴塞九门，后如第四灌之临终中言以各字塞之，心间观想半月风轮形如一大指许，其上月坛，想识之所依青黑“吽”字，后以 hik ki 二十遍诵识之所依升至喉间。以 ki hik 二十遍息力。次诵 hik ki 二十一遍，顶净梵穴开，识之所依喷出，空中殊胜佛入心间，如掷炮石，作幻轮，无中有，至持明位或宗趣处也。此为本佛颂咒诵多者成就也。初前调习需之。

五、化身自成之果者，十三地果时言，此处不言。此数者亦因时，住灌顶时，得显道时，调习见解时，生觉受宗趣时，显明果时，故证六种晓悟。至此乃言瓶灌之道五种。

《道果语录金刚句记》第一竟。

一遍校同。

注释：

［1］“情器”，西夏文直译为“[illegible]”，对应藏文 snod bcud。“情”指众生、有情，“器”指物质世界。

［2］“芥子”，西夏文作“[illegible]”，字面意思是“芥果”，

藏文作 yungs dkar。西夏文"㷒",本义指果实,在水果中常译成"子",如李子作"李果",柿子作"柿果"等[①]。

［3］《逐难记》作"谷道"。

［4］"非天",西夏文直译为"𗼃𘋨"。梵文作 Asura,一般音译为阿修罗、阿素罗、阿须罗、阿须轮等,意译为非天、非同类、不端正等。《转相临终要门》译作"非人王"。

［5］"净梵穴",又作"净梵",即梵眼,居顶门正中囟门百会。

［6］"幻轮",西夏文作"𗹦𗏁",字面意思是"梏轮"。该词还出现于西夏文译本《吉祥》和《喜金刚》中,都用来对译'phrul 'khor(幻轮),我们依此译为"幻轮"。《逐难记》作"机轮"。

① 孙昌盛:《西夏文〈吉祥遍至口合本续〉整理研究》,社会科学文献出版社2015年版,第64页。

结　语

现存西夏文本《解释道果语录金刚句记》及《大乘要道密集》中所收汉文本《解释道果语录金刚句记》都是对“道果”法根本所依之《道果语录金刚句》（*Lam 'bras bu dang bcas pa'i rtsa ba rdo rje'i tshig rkang*）的释论。《大乘要道密集》中的另一长篇《解释道果逐难记》，则是对《解释道果语录金刚句记》的进一步诠释。《逐难记》中的个别音译用字表明其译者一定生活或曾生活在河西地区，其诠释的内容又与西夏文译本《解释道果语录金刚句记》（卷一）刚好对应，或为同时译出。俄藏西夏文本中“大字+小字”的译音方式则意味着其译写年代不会早于1149年。然而并没有十分确切的证据说明其下限也一定在西夏时期，即存在西夏遗僧译于元代的可能。

从俄藏西夏文本的科判来看，其完整内容应十分丰富，加上现另存有西夏文译本“第六卷”，西夏或西夏遗僧，当完整翻译了成体系的《解释道果语录金刚句记》及《解释道果逐难记》，包括西夏文本和汉文本。只是我们目前所见的西夏文译本《解释道果语录金刚句记》（包括卷一和卷六）及《大乘要道密集》中的《解释道果语录金刚句记》《解释道果逐难记》仅为其中的一部分。

毋庸置疑，萨迦派“道果”法曾在西夏广为流传。除上述所涉文本外，同样出土于黑水城的西夏文文献，如《菩提萨埵与所学道果一并上法》（[illegible]）、《菩提萨埵与所学道果一并明解宝炬》（[illegible]）等，也在一定程度上反映出“道果”法在西夏的盛行。

对俄藏西夏文本的释读，还帮助我们弄清了《大乘要道密集》所收《含藏因续记文》《身中围事相观》等多篇文本的内容及其与《道果语录金刚句》之关系。实际上，《大乘要道密集》与黑水城出土的汉文、西夏文藏传密教文献在内容上有许多可以勘同或相似之处，已有学者将二者结合起来进行综合研究。诚如沈卫荣先生所说，黑水城出土藏传密教文献与《大乘要道密集》应当视作一个整体，共同成为研究西夏、元代藏传密教传播历史的最直接和重要的宗教文献。一些译于西夏时期的藏传佛教经续和仪轨，甚至一直流传至明代。因此，想要全面和准确地把握西夏、元、明时代藏传密教的传播历史和宗教面貌，必须借助对西夏时期汉文、西夏文文献的解读和考证。换言之，黑水城出土藏传密教文献对考知藏传密教在西夏的传行情况、厘清元明所传藏传密教与西夏的传承关系，以及弄清西夏、中原、蒙古所信仰的藏传佛教之交互关系都具有重要价值。

最后，本书也有明显的不足。由于笔者尚未勘同出西夏译本所据的底本，且对文本中所涉的密法教义等缺乏系统、深入的专业知识，对其佛教史研究价值挖掘不够。加上此类经典尚未获得充分解读，其传承脉络不甚清晰，只能有待今后进一步研究。

参考文献

安海燕：《明代汉译藏传密教文献研究》，中国藏学出版社 2019 年版。

安娅：《西夏文藏传〈守护大千国土经〉研究》，花木兰文化出版社 2017 年版。

安娅：《从西夏文〈守护大千国土经〉看西夏人译藏传佛经》，《宁夏社会科学》2016 年第 4 期。

毕瓦巴原著，萨嘉班智达讲释，法护汉译：《道果本颂金刚句偈注》，大藏文化出版 1992 年版。

陈健民：《萨迦道果新编》，慧海书斋 1992 年版。

陈庆英：《西夏及元代藏传佛教经典的汉译本——简论〈大乘要道密集〉（〈萨迦道果新编〉）》，《西藏大学学报》2000 年第 2 期。

陈庆英：《西夏大乘玄密帝师的生平》，《西藏大学学报》（汉文版）2000 年第 3 期。

陈庆英：《〈大乘要道密集〉与西夏王朝的藏传佛教》，《中国藏学》2003 年第 3 期。

崔红芬：《文化融合与延续：11—13 世纪藏传佛教在西夏的传播与发展》，民族出版社 2014 年版。

戴忠沛：《西夏文佛经残片的藏文对音研究》，博士学位论文，中国社会科学院研究生院，2008 年。

邓如萍（Ruth Dunnell）：《西夏佛典中的翻译史料》，《中华文史论丛》2009 年第 95 期。
丁福保：《佛学大辞典》，文物出版社 1984 年版。
段玉泉：《元刊西夏文大藏经中的几个问题》，《文献》2009 年第 1 期。
段玉泉：《语言背后的文化流传：一组西夏藏传佛教文献解读》，博士学位论文，兰州大学，2009 年。
段玉泉：《西夏〈功德宝集偈〉跨语言对勘研究》，上海古籍出版社 2014 年版。
俄罗斯科学院东方研究所圣彼得堡分所、中国社会科学院民族研究所、上海古籍出版社：《俄藏黑水城文献》1—28 册，上海古籍出版社 1996—2019 年版。
［俄］戈尔芭切娃、克恰诺夫：《西夏文写本及刊本——苏联科学院亚洲民族研究所藏西夏文已考订写本及刊本目录》，白滨译，中国社会科学院民族研究所历史研究室编译《民族史译文集》第 3 集，1978 年。
龚煌城：《西夏语言文字研究论集》，民族出版社 2005 年版。
国立北平图书馆编：《国立北平图书馆馆刊》第 4 卷第 3 号“西夏文专号”，1932 年。
胡进杉：《西夏佛典探微》，上海古籍出版社 2015 年版。
惠宏、段玉泉编：《西夏文献解题目录》，黄河出版社传媒集团、阳光出版社 2015 年版。
蒋绍愚：《论词的“相因生义”》，载《语言文字学术论文集——庆祝王力先生学术活动五十周年》，知识出版社 1989 年版。
克平：《西夏语的动词》，段玉泉译，《西夏研究》2011 年第 1 期。
李范文：《宋代西北方音》，中国社会科学出版社 1994 年版。
李范文编：《西夏语比较研究》，宁夏人民出版社 2004 年版。
李范文：《夏汉字典》（修订版），中国社会科学出版社 2008 年版。

李若愚：《西夏文〈喜金刚现证如意宝〉考释》，博士学位论文，中国社会科学院研究生院，2017 年。

林光明、林怡馨合编：《梵汉大辞典》，嘉丰出版社 2005 年版。

林英津：《孙子兵法西夏译本中所见动词词头的语法功能》，《“中央研究院”历史语言研究所集刊》，1987 年。

林英津：《西夏语译〈真实名经〉释文研究》，《语言暨语言学》专刊甲种之八，“中央研究院”语言学研究所，2006 年。

刘立千：《印藏佛教史》，民族出版社 2000 年版。

罗福成：《圣大明王随求皆得经下卷释文》，《国立北平图书馆馆刊》第 4 卷第 3 号（西夏文专号），1932 年。

吕澂：《汉藏佛教关系史料集》，《华西协和大学中国文化研究所专刊》乙种第一册，1942 年版。

吕澂：《中国佛学源流略讲》，中华书局 1979 年版。

麻晓芳：《西夏文〈大宝积经•善住意天子会〉研究》，甘肃文化出版社 2020 年版。

马学良等：《藏缅语新论》，中央民族大学出版社 1994 年版。

马学良：《汉藏语概论》，民族出版社 2003 年版。

马忠建：《西夏语语法若干问题之研究》，博士学位论文，中国社会科学院研究生院，1997 年。

马洲洋：《西藏“道果法”早期传承述略——以卓弥译师的生平事迹为中心》，载沈卫荣主编《汉藏佛学研究：文本、人物、图像和历史》，中国藏学出版社 2013 年版。

聂鸿音：《西夏佛教术语的来源》，《固原师专学报》2002 年第 2 期。

聂鸿音：《俄藏 5130 号西夏文佛经题记研究》，《中国藏学》2002 年第 1 期。

聂鸿音：《西夏的佛教术语》，《宁夏社会科学》2005 年第 6 期。

聂鸿音：《西夏文藏传〈般若心经〉研究》，《民族语文》2005年第2期。
聂鸿音：《西夏帝师考辨》，《文史》2005年第3期。
聂鸿音：《〈仁王经〉的西夏译本》，《民族研究》2010年第3期。
聂鸿音：《西夏文献论稿》，上海古籍出版社2012年版。
聂鸿音：《西夏语名物化后缀 sji^{2}和 lew^{2}》，《语言研究》2013年第2期。
聂鸿音：《西夏佛经序跋译注》，上海古籍出版社2016年版。
聂历山、石滨纯太郎：《西夏文〈八千颂般若经〉合璧考释》，《国立北平图书馆馆刊》第4卷第3号（西夏文专号），1932年。
沈卫荣：《重构十一至十四世纪西域佛教史——基于俄藏黑水城汉文佛教文书的探讨》，《历史研究》2005年第5期。
沈卫荣：《序说有关西夏、元朝所传藏传密法之汉文文献——以黑水城所见汉译藏传佛教仪轨文书为中心》，《欧亚学刊》第7辑，中华书局2007年版。
沈卫荣：《何谓密教？关于密教的定义、修习、符号和历史的诠释与争论》，中国藏学出版社2013年版。
沈卫荣：《藏传佛教在西域和中原的传播——〈大乘要道密集〉研究初编》，北京师范大学出版社2017年版。
史金波、白滨、黄振华：《文海研究》，中国社会科学出版社1983年版。
史金波：《西夏佛教史略》，宁夏人民出版社1988年版。
史金波：《西夏的藏传佛教》，《中国藏学》2002年第1期。
孙伯君：《国外早期西夏学研究论集》，民族出版社2005年版。
孙伯君：《西夏佛经翻译的用字特点与译经时代的判定》，《中华文史论丛》第86辑，上海古籍出版社2007年版。
孙伯君：《西夏译经的梵汉对音与汉语西北方音》，《语言研究》

2007 年第 1 期。
孙伯君：《西夏新译佛经陀罗尼的对音研究》，中国社会科学出版社 2010 年版。
孙伯君：《简论西夏文“𗧓”*djij$^{2.33}$ 的语法功能》，《西夏学》2010 年第 5 辑。
孙伯君：《元刊〈河西藏考补〉》，《民族研究》2011 年第 2 期。
孙伯君：《西夏语时间名词简论》，《西夏研究》2012 年第 3 期。
孙伯君：《西夏仁宗皇帝的校经实践》，《宁夏社会科学》2013 年第 4 期。
孙伯君：《〈大乘要道密集〉与西夏文本关系再探》，《西夏学》2013 年第 2 期。
孙伯君：《西夏遗存文献所见藏传佛教的传承世系》，《中华文史论丛》2014 年第 115 辑。
孙伯君：《西夏文献丛考》，上海古籍出版社 2015 年版。
孙伯君：《西夏语“*·ja”的用法及与之相关的惯用型》，《宁夏社会科学》2016 年第 1 期。
孙伯君、聂鸿音：《西夏文藏传佛教史料——“大手印”法经典研究》，中国藏学出版社 2018 年版。
孙伯君、胡进杉：《西夏文〈菩提心及常作法事〉研究》，《西夏学》2019 年第 1 期。
孙伯君：《天理图书馆藏八思巴“赞叹”〈大乘无量寿宗要经〉：至元三十年（1293）的西夏文译本考释》，《敦煌研究》2022 年第 4 期。
孙昌盛：《西夏文〈吉祥遍至口合本续〉（第四卷）研究》，博士学位论文，南京大学，2006 年。
孙昌盛：《西夏文〈吉祥遍至口合本续〉整理研究》，社会科学文献出版社 2015 年版。

孙昌盛：《西夏文藏传密续〈广义文〉所见印度大成就者黑行师事迹译注》，《西夏研究》2016 年第 3 期。

孙昌盛：《西夏藏传文献中所见印度大成就者毗卢巴事迹译注》，《西夏学》2017 年第 2 期。

孙宏开：《从词汇比较看西夏语与藏缅语族羌语支的关系》，《民族语文》1991 年第 2 期。

孙宏开：《论藏缅语语法结构类型的历史演变》，《民族语文》1992 年第 5 期。

孙宏开：《论藏缅语的语法形式》，《民族语文》1996 年第 2 期。

孙颖新：《西夏文献中的通假》，《宁夏社会科学》2015 年第 6 期。

孙颖新：《西夏文〈无量寿经〉研究》，中国社会科学出版社 2018 年版。

孙雍长：《古汉语的词义渗透》，《中国语文》1985 年第 3 期。

［俄］索夫洛诺夫：《〈西夏语语法〉绪论》，孙颖新译，《西夏学》第 7 辑，上海古籍出版社 2011 年版。

索罗宁：《西夏佛教之"系统性"初探》，《世界宗教研究》2013 年第 4 期。

索罗宁：《西夏文"大手印"文献杂考》，载沈文荣主编《汉藏佛学研究：文本、人物、图像和历史》，中国藏学出版社 2013 年版。

土观·罗桑却季尼玛：《土观宗派源流》，刘立千译注，西藏人民出版社 1999 年版。

王静如：《〈佛母大孔雀明王经〉夏梵汉合璧校释》，《西夏研究》第 1 辑，国立中央研究院历史语言研究所单刊之八，1932 年。

王龙：《藏传〈圣大乘胜意菩萨经〉的夏汉藏对勘研究》，《北方民族大学学报》2017 年第 5 期。

王培培：《西夏文〈维摩诘经〉整理研究》，社会科学文献出版社 2015 年版。

王森：《西藏佛教发展史略》，中国藏学出版社 2002 年版。

王尧、陈庆英：《藏文大藏经》（德格版），西藏人民出版社、浙江人民出版社 1998 年版。

吴天墀：《西夏史稿》，广西师范大学出版社 2006 年版。

伍铁平：《词义的感染》，《语文研究》1984 年第 3 期。

［日］西田龙雄：《概观西夏语语法的研究》，鲁忠慧译，《宁夏社会科学》2010 年第 5 期。

向柏霖：《嘉绒语研究》，民族出版社 2008 年版。

许嘉璐：《论同步引申》，《中国语文》1987 年第 1 期。

杨富学：《西夏五台山信仰斟议》，《西夏研究》2010 年第 1 期。

杨杰：《西夏对藏传佛教的吸收与融创——以〈大乘要道密集〉所收数篇大手印文本为例》，《中国藏学》2020 年第 2 期。

张博：《组合同化：词义衍生的一种途径》，《中国语文》1999 年第 2 期。

张九玲：《西夏文〈大随求陀罗尼经〉研究》，花木兰文化出版社 2017 年版。

中国人民大学国学院汉藏佛学研究中心主编：《大乘要道密集》，北京大学出版社 2012 年版。

朱庆之：《佛典与中古汉语词汇研究》，文津出版社 1992 年版。

Donald M. Davidson, *Tibetan Renaissance: Tantric Buddhism in the Rebirth of Tibetan Culture*, New York: Columbia University Press, 2005.

Eric Grinstead, *The Tangut Tripitaka,* 9 vols, New Delhi: Sharada Rani, 1973.

K. J. Solonin, "The Glimpses of Tangut Buddhism", Giovanni Stary ed., *Central Asiatic Journal*, 52 (2008) 1.

M. G. Morisse, "Contribution préliminaire à l'étude de l'écriture et de la langue Si-hia ", *Mémoires présentés par divers savants à l'Académie des Inscriptions et Belles-Lettres*, 1re Série, tome XI, IIe partie(1904).

З. И. Горбачева и Е. И. Кычанов, *Тангутские рукописи и ксилографы*, Москва: Издательство восточной литературы, 1963.

Е. И. Кычанов, *Каталог тангутских буддийских памятников*, Киото: Университет Киото, 1999.

［日］荒川慎太郎：《西夏文〈金刚经〉研究》，松香堂书店 2014 年版。

［日］西田龙雄：《西夏文华严经》（三卷），京都大学文学部 1975—1977 年版。

［日］西田龙雄：《西夏语仏典目录编纂の诸问题》，收录于Е. И. Кычанов, *Каталог тангутских буддийски памятников,* Киото: Университет Киото, 1999. IX-XLVII。汉译本见［日］西田龙雄《西夏语佛典目录编纂的诸问题》，王曦译，载沈卫荣主编《汉藏佛学研究：文本、人物、图像和历史》，中国藏学出版社 2013 年版。

［日］西田龙雄：《西夏语研究与法华经（I、II）》，《东洋学术研究》第 44 卷第 1、2 号，2004 年。

［日］西田龙雄：《西夏语研究与法华经 III——西夏文写本和刊本（刻本和活字本）研究》，《东洋学术研究》第 45 卷第 1 号，2006 年。

［日］西田龙雄：《西夏语研究新论》，中西印刷株式会社出版部 2012 年版。

汉夏藏译名对照索引

本索引收录西夏文译本《解释道果语录金刚句记》（卷一）中的术语，按汉文、西夏文、藏文、梵文对照编排，以汉语拼音音序排列。若同一词语多次出现，则最多列出三个出处，其间以“/”号分隔。藏文取自《道果语录金刚句》或其他西夏文文献所据藏文底本，部分藏文和梵文未核出，暂时空缺。

	汉文	西夏文	藏文	梵文	出处
A	阿修罗	[illegible]（非天[1]）	lha ma yin	Asura	21.6
B	八天母	[illegible]（八天母）	lha mo brgyad		11.18
	白衣母	[illegible]（白衣母）	gos dkar mo	Pāṇḍaravāsini	17.14
	宝生佛	[illegible]（德生佛）	rin chen 'byung ldan	Ratna Saṃbhava	16.15
	报身	[illegible]（报身）	longs spyod rdzogs pa'i sku	Sambhogakāya	2.4/2.6/14.23
	本续	[illegible]（本续）	rgyud	Tantra	9.14/11.13/14.3
	标帜	[illegible]（手印）	phyag mtshan	Abhilakṣita	1.18
	般若（波罗蜜多）乘	[illegible]（彼岸到乘）	pha rol phyin theg pa	Prajñāpāramitā yāna	7.6/7.7/7.13
	不动如来	[illegible]（不动佛）	mi bskyod pa	Akṣobhya	17.6
	不净相	[illegible]（不净显现）	ma dag pa'i snang ba		6.1/6.6/6.10
	不空成就佛	[illegible]（有义成就）	don yod grub pa	Amogha Siddhi	16.24

① 括号内为西夏文直译。下同。

续表

	汉文	西夏文	藏文	梵文	出处
C	藏	[illegible]（真心）	snying po		2.12/15.7/15.9
	禅定/念定	[illegible]（念定）	bsam gtan	Dhyāna	7.20/12.16/19.2
	成所作智	[illegible]（成所作智）	bya ba nan tan gyi ye shes	Kṛtyānusthāna jñāna	17.4
	初地	[illegible]（初地）			4.16/4.21/15.16
	出定	[illegible]（出定）	mnyam par ma bzhag pa	Vyutthāna	18.8
	杵	[illegible]（石王）	rdo rje	Vajra	16.8/17.6/17.7
D	大手印果续	[illegible]（大手印果本续）	phyag rgya chen po 'bras bu'i rgyud		9.9-10
	大圆镜智	[illegible]（大圆镜智）	me long lta bu'i ye shes	Ādarśajñāna	17.9-10
	道果	[illegible]（道果）	lam 'bras	Mārgaphala	1.1/4.11/5.14
	第四灌	[illegible]（第四主受）	dbang bzhi pa	Śabdābhiṣeka	2.15-16/13.21/13.22
	顶髻	[illegible]（顶髻）	gtsug tor	Uṣṇīṣa	8.21
	定/等持	[illegible]（等持）	ting nge 'dzin	Samādhi	1.14/2.2/2.8
F	法轮	[illegible]（法轮）	chos kyi 'khor lo	Dharmacakra	12.23
	法身	[illegible]（法身）	chos kyi sku	Darmakaya	2.10/2.12/13.24
	佛	[illegible]（坏有出）	bcom ldan 'das	Bhagavān	12.8/17.6
	佛眼母	[illegible]（佛眼母）	sangs rgyas spyan ma	Buddha Locanā	16.16
	福资粮	[illegible]（福足）	bsod names kyi tshogs	Puṇyasaṃbhāra	8.12
G	甘露	[illegible]（汤药）	bdud rtsi	Amṛta	2.8/2.9/7.10
	戈哩	[illegible]（[瞿乌哩]）	gau rī	Gaurī	11.16/11.19/12.12
	根器	[illegible]（器袋）			7.18/15.2/15.6
	灌顶	[illegible]（主戒）	dbang bskur ba	Abhiṣeka	7.17
H	含藏	[illegible]（总位）	kun gzhi	Ālaya	9.23/10.2
	含藏因续	[illegible]（总位因本续）	kun gzhi rgyu rgyud		9.9/9.11/10.1

续表

	汉文	西夏文	藏文	梵文	出处
H	化身	𗼃𗍫（化身）	sprul pa'i sku	Nirmanakaya	1.17/1.21/3.3
	幻化	𗉜𗫡（幻术）	mig 'phrul	Māyā	14.2/19.22/20.8
	幻轮	𘍞𗳍（桔轮）	'phrul 'khor		21.13/21.14-15/21.20
	黄门	𗹭𗆮（黄门）	ma ning	Paṇḍaka	7.4/7.5
	慧灌	𗧓𗡞𗏁（智慧主）	shes rab ye shes kyi dbang	Prajñājñābhiṣeka	2.9/8.16/12.17
	火焰	𗍠𗓱（火焰）	'bar ba		16.9
J	建立	𗴮𗹙（建立）			6.3/6.16
	芥子	𗉐𗃮（芥果）	yungs dkar	Sarṣapaphala	20.9
	金刚	𗍳𗂧（石王）	rdo rje	Vajra	1.1/8.19/9.11
	金刚乘	𗍳𗂧𗪙（石王乘）	rdo rje'i theg pa	Vajrayāna	1.4/10.10
	金刚地	𗍳𗂧𗄊（石王地）	rdo rje'i sa gzhi		16.8
	金刚亥母	𗍳𗂧𘓺𗏴（石王亥母）	rdo rje phag mo	Vajravārahi	11.11
	金刚墙	𗍳𗂧𗾟（石王墙）	rdo rje'i ra ba		16.8
	金刚萨埵/金刚勇识	𗖵𗡡𗍳𗂧（胜势石王）	rdo rje sems dpa'	Vajra-sattva	12.22
	金刚帐	𗍳𗂧𗕣（石王帐）	rdo rje'i gur		16.9
	净梵	𗼻𗿒（净梵）	tshangs pa		21.7/21.12
	静虑	𗏹𘍦（静虑）	bsam gtan	Dhyāna	15.22/19.11
	九佛/九尊	𗒹𗷀（九佛）	lha dgu'i		11.13
	眷属	𗎫𗥤（围绕）	'khor rnams	Parijana	5.14/18.11
	决定	𗦬𗦬（真实）	gtan phab pa	Vyavasāya	3.14/7.14/20.17
	觉受相	𗢳𘕕𗟲𗗙（觉受显现）	nyams kyi snang ba		6.1/6.7/6.11
K	孔雀	𗌬𗌮（孔雀）	rma bya	Mayūra	9.19
L	楞伽	𗵘𘄿（[楞伽]）	langka	Laṅkā	6.20
	莲花	𗶅𗼻（净花）	pad ma	Padma	14.9
	铃	𗓁𗉮（鸣钟）	dril bu	Kiṅkiṇi	16.16/17.1/17.7

续表

	汉文	西夏文	藏文	梵文	出处
L	六趣	緂蘿（六趣）	'gro ba rigs drug	Ṣaḍgati	6.10/6.15/6.18
	六要门	緂艞焸蒳（六种要言）	gdams ngag drug tu bstan		3.17
	轮回	緆敍（流传）	'khor ba	Saṃsāra	1.20/10.2/10.8
M	麻麻机	嫲嫲毤（[麻麻鸡]）	mā ma kī	Māmakī	16.5/17.7
	迷相	皾蘶皫蒰（依迷显现）		Bhrāntilakṣaṇa	6.18
	密灌	嫥綠緻（密主受）	gsang ba'i dbang	Guhyābhiṣeka	2.3/8.13/11.4
	妙观察智	緵剢騳赧（妙观察智）	so sor rtog pa'i ye shes	Pratyavekṣanājñāna	17.16
	妙音/文殊	豲詭（妙音）	'jam dbyangs	Mañjusvara	1.3
	明点	蔙緈（明点）	thig le	Bindu	8.4/9.18/13.12
	明妃	頎豧（明女）	rig ma	Bhāryā	11.3/11.6/11.11
	末灌	豨綠緻（末主受）			1.16/12.20/12.23
N	能净	蔣蒞（能净）			1.15/2.9/2.15
	能依	蘶彦（依者）	brten pa	Āśraya	1.16/9.20/9.23
P	婆伽	毲皒（[末遏]）	bha ga	Bha ga	2.7/13.16/15.8
	毗卢遮那/大日如来	艞禢綠緋（众明主佛）	rnam par snang mdzad	Vairocana	17.19-20
	平等性智	緎焸赧（平等智）	mnyam pa nyid kyi ye shes	Samatajñāna	16.19
	瓶灌	蔣蔰綠（净瓶主）	bum pa'i dbang	Kalaśābhiṣeka	1.15/8.11/12.3
	菩提萨埵	豯毲脪膗（[菩提]勇识）	byang chub sems dpa'	Bodhisattva	11.5/11.14/12.5
	菩提心	豯毲緈（[菩提]心）	byang chub kyi sems	Bodhicitta	2.1/8.10/15.9
Q	脐轮	豨颩（脐轮）	ite 'khor	Maṇipūra	8.14/18.9
	前行	繉蒞（前行）	sngon 'gro	Pūrvaṃgama	8.4/21.2/21.14
	清净相	豥蔣皫蒰（清净显现）	dag pa'i snang ba		6.1/6.9/6.12
	情器	豣膗（情器）	snod bcud		20.8

续表

	汉文	西夏文	藏文	梵文	出处
R	日坛	[illegible]（日坛）			15.23
	如意宝	[illegible]（如意宝）	yid bzhin nor bu	Cintāmaṇi	1.6/5.19
	入定	[illegible]（入定）	mnyam par bzhag pa	Samāpatti	18.8
S	三河洲	[illegible]（三河圆）			7.4
	三昧耶/誓言	[illegible]（记句）	dam tshig	Samaya	1.20/2.5/18.8
	三相	[illegible]（三种显现）	snang ba gsum bstan	Trirūpa	3.12/5.24/9.4
	三续	[illegible]（三种本续）	rgyud gsum bstan		3.12/9.8
	善逝	[illegible]（乐逝）	bde bar gshegs pa	Sugata	8.9/8.10/8.11
	上师	[illegible]（上师）	bla ma	Guratva	1.2/4.8/4.10
	摄受/加持	[illegible]（摄受）	byin gyis brlabs pa	Adhiṣṭhita	1.3
	色界天	[illegible]（色界天）			21.7
	身方便续	[illegible]（身方便本续）	lus thabs rgyud		9.9/10.15/10.18
	胜妙宫	[illegible]（胜妙宫）			16.9/20.8
	施食	[illegible]（施食）	gtor ma		1.19/14.13
	十二地半	[illegible]（十二地半）			4.21/6.8/15.16
	十三地	[illegible]（十三地）			6.9/6.12/15.18
	手印	[illegible]（手印）	phyag rgya	Mudrā	7.10/14.6/14.11
	双融/双运	[illegible]（双入）	zung ’jug	Yuganaddha	4.7/8.6/16.22
	思	[illegible]（思）	basm pa	Cintā	3.7/7.12/7.14
	四耳传	[illegible]（四种耳传）	snyan brgyud bzhir bstan		3.18
	四量	[illegible]（四种正量）	tshad ma bzhi ru bstan		3.15
	所净	[illegible]（所净）			1.14/2.7/15.8
	所依	[illegible]（依所）	rten pa	Adhiṣṭhāna	1.16/13.22/16.7

续表

	汉文	西夏文	藏文	梵文	出处
	坛城/中围	[illegible]（中围）	dkyil 'khor	Maṇḍala	1.13
	调习/施教	[illegible]（调习）			21.21/21.23
T	同生智	[illegible]（同生智）			1.11/2.12
	头器	[illegible]（头器）	thod pa	Kapāla	12.12/16.3/16/16
	妄念	[illegible]（妄念）	rtog pa		4.16/10.9/13.8
	闻	[illegible]（闻）	thos pa	Śruta	3.7/7.12/7.14
	无量光佛	[illegible]（无量光佛）	'od dpag med	Amitābha	17.12
W	无漏	[illegible]（无漏）	zag med pa	Nāsravāś	16.4/16.6/17.24
	无我母	[illegible]（无我母）	bdag med ma		11.15/16.4
	五肉	[illegible]（五肉）	sha lnga		16.3
	五缘生	[illegible]（五种缘生）	rten 'brel lngar bstan		3.20/4.9
	兮噜葛	[illegible]（[形噜噶]）	he ru ka	Heruka	11.10/11.14
	习气	[illegible]（习气）	bag chags	Vāsanā	6.21
X	喜金刚	[illegible]（喜金刚）	kye rdo rje	Hevajra	1.13/9.14/11.13
	戏怛	[illegible]（[啰希怛]）	ro hi ta	Rohita	12.13
	虚空	[illegible]（虚空）	nam mkha'	Ākāśa	19.19/21.12
	须弥山	[illegible]（[须弥]山）	ri rab	Sumeru	16.10
	烟	[illegible]（烟）	du ba	Nīhāra	19.3
	阳焰	[illegible]（阳焰）	smig rgyu	Marīcikā	19.3
	要门	[illegible]（要言）	man ngag	Āmnāya	1.21/2.6/2.12
	业相	[illegible]（依业显现）		Karmalakṣaṇa	6.18/6.22
Y	一刹那	[illegible]（一[刹那]）	skad cig	Kṣaṇa	6.8/14.10/17.17
	一味	[illegible]（一味）	ro gcig	Ekarasa	9.6/12.2/20.22
	因灌	[illegible]（因主）			10.15/10.18
	勇父	[illegible]（勇士）	dpa' bo		11.7/11.11/11.12
	勇母	[illegible]（勇女）	dpa' mo		11.12

续表

	汉文	西夏文	藏文	梵文	出处
Y	瑜伽师	綝絾彦（默有者）	rnal 'byor pa	Yogācārya	3.12/5.23/6.24-7.1
	瑜伽自在	綝絾緕緰（默有自在）	rnal 'byor gyi dbang phyug		1.7
	欲界天	緌𗗚㨟（欲界天）			21.6
	圆寂/涅槃	瓻礻前（圆寂）	mya ngan 'das pa	Nirvāna	1.20-21/10.10/14.19
	圆满	緁㲹（了毕）	yongs su rdzogs pa		2.6/7.3/13.2
	月坛	䌆𗥤（月坛）			21.9/21.10/21.16-17
	钺刀/弯刀	𗹙𗿳（割刀）	gri gug	Chūrika	17.8/17.14/17.21
Z	择灭	𗂸𗼃（择灭）	so sor brtags 'gog	Pratisaṃkhyānirodha	4.9
	智资粮	𗧓𗌭（智足）	ye shes kyi tshogs	Jñānasaṃbhāra	8.13
	自生智	𗢳𗤶𗧓（自生智）	rang byung gi ye shes	Svayaṃbhu jñāna	1.10/2.6
	终旨	𗼃𗏴（终）			15.14/15.17
	众生/有情	𗖵𗡡（行往）	'gro ba	Jaga	6.10/6.15/6.18
	庄严	𗗙𗧓（庄严）	bkod pa		6.5/9.1/16.18
	宗趣	𗯴𗫡𗡶（所成宗）	grub pa'i mtha'		1.20/2.5/5.8

后　　记

本书是我的博士学位论文。现在距离博士研究生毕业已经半年了，但由于工作和家庭等原因，没有精力和能力对博士论文做更多修改和完善，实在惭愧。

感谢我的业师孙伯君研究员。从最初的选题，到最后论文的完成，我取得的点滴进步都离不开老师的悉心指导。孙老师和聂鸿音老师曾对西夏文藏传佛教“大手印”法经典进行系统整理和研究，为此类藏传佛教法本的研究提供了指导性参考。聂老师风趣幽默、学识渊博，对待学生十分热心慷慨。见贤思齐，两位老师的治学态度和人格风范为我树立了最好的榜样，深刻影响着我的学习和生活。

感谢魏道儒研究员、王洪君教授、张铁山教授、尕藏加研究员，以及三位匿名评审专家，他们从不同方面提出了许多宝贵的意见和建议。

宁夏大学的王龙师兄和陕西师范大学的房子超博士在资料上提供了很多帮助。我与房子超博士相识于一个研读俄藏黑水城出土藏传密教汉文文献的读书班，那时我还没有入学读博。现在想来，或许在三年前我就与黑水城藏传密教文献结下丝丝缘分。此外，尕藏加老师和故宫博物院的李若愚师兄都曾帮我寻找藏文本，谨致谢忱！

本书的出版，要特别感谢我的母校中国社会科学院大学，在

"中国社会科学院大学文库·学术研究系列"中设立"优秀博士学位论文出版资助计划"项目，资助出版我的博士论文。感谢社科大及民族学系学位评定委员对论文的认可。感谢民族学系孙懿老师，感谢科研处董金玲老师和本书责编刘芳女士，她们为该项目的成功申请及本书的顺利出版，都提供了莫大的帮助。

2021 年 12 月

中国社会科学院大学优秀博士学位论文出版资助项目书目

- 元代刑部研究
- 杨绛的人格与风格
- 与时俱化:庄子时间观研究
- 广告法上的民事责任
- 葛颇彝语形态句法研究
- 计算机实施发明的可专利性比较研究
- 唐宋诗歌与园林植物审美
- 西夏文《解释道果语录金刚句记》研究

越南海洋战略与中越海洋合作研究

美国阿拉斯加北坡石油开发与管道建设的争议及影响(1968—1980)

中国共产党“以史育人”的历史进程及基本经验研究